Statistisches Bundesamt

Joachim Klaus

und Beiträge von

L. Chies, W. Ebert und F. Reichert

Umweltökonomische Berichterstattung

– Ziele, Problemstellungen und praktische Ansätze –

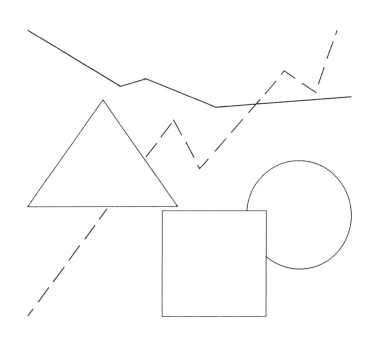

Band 5 der Schriftenreihe
Spektrum Bundesstatistik

METZLER
POESCHEL

Die Deutsche Bibliothek - CIP-Einheitsaufnahme

Klaus, Joachim:
Umweltökonomische Berichterstattung: Ziele,
Problemstellungen und praktische Ansätze / Joachim Klaus.
Statistisches Bundesamt. Und Beiträge von L. Chies ... -
Stuttgart: Metzler-Poeschel, 1994
   (Band ... der Schriftenreihe Spektrum Bundesstatistik ; 5)
   ISBN 3-8246-0358-6

NE: Schriftenreihe Spektrum Bundesstatistik

Erschienen im März 1994
Preis: DM 24,80
Bestellnummer: 1030505 - 94900
ISBN 3-8246-0358-6

Verlagsauslieferung:
Hermann Leins GmbH & Co. KG
Postfach 11 52
72125 Kusterdingen

Zum Geleit

Die Schädigung und die Schutzwürdigkeit der natürlichen Umwelt ist in den letzten Jahren zunehmend ins Bewußtsein der Allgemeinheit, der Medien, der Parteien und Interessenvertretungen gelangt.

Zugleich ist die Erkenntnis gewachsen, daß Umwelt- und Wirtschaftspolitik aufeinander abzustimmen sind, und daß hierzu verläßliche Informationen über die komplexen ökologischen Zusammenhänge und über die Interdependenzen zwischen wirtschaftlichen Aktivitäten und ökologischer Entwicklung erforderlich sind. Eine systematische und umfassende Darstellung fehlt jedoch bisher. In dem Bemühen, eine Informationsbasis als Grundlage für Entscheidungen in allen gesellschaftlichen Bereichen zur Verfügung zu stellen, hat das Statistische Bundesamt daher vor rund 4 Jahren mit dem Aufbau der Umweltökonomischen Gesamtrechnungen (UGR) begonnen. In enger Zusammenarbeit mit dem vom Bundesministerium für Umwelt, Naturschutz und Reaktorsicherheit einberufenen Wissenschaftlichen Beirat zu den UGR wurden Leitlinien entwickelt, die es ermöglichen sollen, zukünftig bei der Erstellung von statistischen Informationen zu diesem Themenbereich verstärkt langfristige Entwicklungen einzubeziehen.

„Nachhaltiges Wirtschaften" oder „Sustainability" sind die Stichworte für eine Umorientierung, die hier zu nennen sind. Dahinter verbirgt sich letztlich die aus der Ökonomie vertraute Grundregel, das Vermögen (hier: das Naturvermögen), aus dem Einkommen bezogen wird, intakt zu halten, und zwar – das ist das entscheidend Neue an diesem Ziel – auch und gerade über die zeitlichen Grenzen der Gegenwart hinaus.

Die vorliegende Studie, die im Rahmen des Aufbaus der Umweltökonomischen Gesamtrechnungen in Auftrag gegeben wurde, stellt ausführlich die vielfältigen Ansätze für eine Umweltökonomische Berichterstattung auf nationaler und internationaler Ebene dar – auch unter dem Blickpunkt des nachhaltigen Wirtschaftens. Sie zeigt deutlich die bestehenden Schwierigkeiten und die Bandbreite der Möglichkeiten, an die Probleme heranzugehen, und bildet damit eine Grundlage für die Arbeiten zur Weiterentwicklung der UGR.

Wiesbaden, im Dezember 1993

Der Präsident des Statistischen Bundesamtes

Hans Günther Merk

Inhalt

Ansatzpunkte, Ziele und methodischer Rahmen

Anstöße und Ansätze zur Umweltberichterstattung auf unterschiedlichen internationalen/supranationalen Ebenen

Umweltberichterstattung in ausgewählten Staaten

Umweltökonomische Berichterstattung in der Bundesrepublik Deutschland

Vorwort

Die vorliegende Analyse von Ansätzen zur ökonomisch-ökologisch orientierten Berichterstattung geht in ihrem Ursprung zurück auf Arbeiten im Rahmen eines Forschungsvorhabens „Satellitensystem Umwelt" der Deutschen Forschungsgemeinschaft (DFG) in den Jahren 1988 - 1990. Erweiterter Wissensstand, neue Entwicklungen und Veränderungen in der Gewichtung von Fragestellungen und Zielen führten zur Notwendigkeit der Erstellung einer wesentlich weiter ausgreifenden Studie über Ansätze der umweltökonomischen Berichterstattung im nationalen und internationalen Bereich.

Die Ansätze sind inzwischen sehr zahlreich; neue Entwürfe sind an vielen Stellen im Stadium des Entstehens. Ein gewisser (manchmal auch bescheidener) Grad an Reife und genereller Gültigkeit mußte vorausgesetzt werden, um sie hier zu behandeln. Nicht vorgestellt werden daher in der vorliegenden Studie Entwürfe lediglich partieller Rechenschemata, z. B. allein der öffentlichen Ausgaben (Spanien), eng begrenzte Indikatorensysteme (ECE, Dänemark) sowie singuläre, auf die spezifische Situation bestimmter Entwicklungsländer bezogene empirische Untersuchungen (Mexiko, Uruguay).

Teile der ursprünglichen Darstellung der DFG-Ergebnisse konnten als Beiträge von W. Ebert und F. Reichert übernommen werden; Unterstützung im Bereich der Länderstudien leistete auch L. Chies; die Bibliographieauswahl besorgte M. Rothgang. Für wertvolle redaktionelle Hilfestellung schließlich gebührt T. Fischer besonderer Dank.

Entscheidende Anregungen, kritische Begleitung und gedankliche Impulse erfuhr die vorliegende Arbeit durch den intensiven Gedankenaustausch mit W. Radermacher und C. Stahmer vom Statistischen Bundesamt sowie durch J. Nick vom Bundesministerium für Umwelt, Naturschutz und Reaktorsicherheit. Nicht zuletzt hat auch die Unterstützung mit grauer Literatur durch sie viele Teile der Gesamtdarstellung erst ermöglicht.

Das Hauptproblem einer derartigen Publikation, die an einer so sprunghaften Entwicklung ansetzt, wie sie in den letzten Jahren in Gang kam, ist die Gefahr, daß sie unter Umständen bald wieder umgeschrieben werden muß, um dann wieder nur für eine Weile aktuell zu sein. Dies hat sie allerdings mit Veröffentlichungen in vielen anderen Bereichen gemein.

Nürnberg, im Januar 1993

Joachim Klaus

Ansatzpunkte, Ziele und methodischer Rahmen

1 Umweltökonomische Sichtweise und Systemvarianten

1.1 Erweiterter Umwelt-Informationsbedarf und umweltökonomische Grundpositionen

Das in den letzten Jahren stark gewachsene Bewußtsein der Verflechtung und gegenseitigen Beeinflussung von Ökonomie und Umwelt hat zu einem progressiven Anstieg des Informationsbedarfs geführt. Neben dem generellen Interesse an dem Zustand der Umwelt „an sich" sind die vielgestaltigen Wechselbeziehungen zwischen ökonomischen Aktivitäten und ökologischen Tatbeständen bzw. Entwicklungsprozessen in den Vordergrund getreten. Dies ist der Startpunkt für eine umweltökonomische Berichterstattung, die die Aufgabe hat, ein quantitatives Rahmenwerk für die Abbildung der jeweils als relevant erachteten Zusammenhänge zu schaffen und zu vermitteln.

Die methodische Herangehensweise an den Aufbau einer umweltökonomischen Berichterstattung [1]) wird notwendigerweise entscheidend geprägt durch die wissenschaftlichen Standpunkte derjenigen, die über ihre Zielsetzung und ihre Struktur zu entscheiden haben. Hier lassen sich – zur Verdeutlichung stilisiert – eine ökonomisch zentrierte Betrachtungsweise einerseits und eine ökosystemare Sicht andererseits unterscheiden, die je nach wissenschaftlicher Vorprägung, ethischer Orientierung und persönlicher Interessenlage dominant sein können.

In ökonomisch zentrierter Betrachtung knüpfen die umweltbezogenen Zusammenhänge an unterschiedlichen, jeweils relevanten wirtschaftlichen Prozessen oder Ergebnissen an: Natur erhält gewissermaßen ihre Bedeutung (nur) als Produktionsfaktor und Konsumelement; Verknappungen von Naturgütern treten (nur) als Restriktionen für die Erreichung der Wohlfahrtsziele in den Gesichtskreis des reinen Ökonomen. Dementsprechend sind in diesem Fall die methodischen Prinzipien für den Aufbau einer umweltökonomischen Berichterstattung in hohem Maße von ökonomischen Denk- bzw. Analysemodellen abhängig. Ein besonders prägnantes Beispiel hierfür sind, wie sich zeigen wird, die Volkswirtschaftlichen Gesamtrechnungen (VGR).

Unter dem Gesichtspunkt der VGR-Kompatibilität ist die Struktur eines Berichtssystems so anzulegen, daß die Verbindung zur gewohnten Wirtschaftsberichterstattung (eben orientiert am System der Volkswirtschaftlichen Gesamtrechnungen) ohne Reibungsverluste gewährleistet ist. Methodische Grundlagen der VGR (Kreislaufanalyse, ausgeglichene Konten, Abschreibung, u. a.) sollen hier, soweit erforderlich, unverändert übernommen werden.

Gegenüber einem derartigen Berichtssystem stellt eine ökosystemare Sichtweise die komplexen ökologischen Prozesse und Zustände in den Mittelpunkt und sieht die ökonomischen Tatbestände (nur) als ein mit ihnen vielfältig verknüpftes Teilsystem. Auswirkungen, die von der Ökonomie auf die ökologischen Gleichgewichte oder Vorgänge ausgehen, werden unter dem Gesichtspunkt der Aufrechterhaltbarkeit verträglicher Umweltzustände beurteilt. Auch hier sind die Vorstellungen und Denkmodelle der ökologisch relevanten Disziplinen maßgeblich für die Betrachtungsmethoden, für die der quantitative Beobachtungsapparat bereitzustellen ist. Repräsentativ für die Denkweise in diesem Bereich ist das auf der

---

[1]) Im folgenden wird in einer Reihe von Gedankengängen zurückgegriffen auf Ebert/Klaus/Reichert (1991).

Zielsetzung eines Sustainable Development aufbauende Gedankengebäude, das die Strukturierung einer umweltökonomischen Berichterstattung wesentlich mitbestimmen muß.

Unter dem Leitmotiv einer nachhaltigen Entwicklung hat der Aufbau des Systems von vornherein diejenigen Tatbestände und Entwicklungen zu berücksichtigen, deren Abbildung Rückschlüsse auf das Ausmaß der Gefährdung dieses Ziels zu geben vermögen. Zu diesem Zweck muß das System so differenziert sein, daß es Zusammenhänge zwischen ökonomischen Aktivitäten und ihren ökologischen und ökonomischen Wirkungen zur Erstellung von Emissionskatastern, Umweltverträglichkeitsprüfungen, Produktlinienanalysen, regionalen Belastungsstudien und ähnlichen politikstützenden Analysen offenzulegen vermag.

Angesichts der skizzierten unterschiedlichen wissenschaftlichen Interessenlagen und methodischen Standpunkte besteht eine besondere Notwendigkeit, zu einem übergreifenden Berichtssystem zu gelangen, das eine einseitige Akzentuierung der ökonomischen oder der ökologischen Betrachtungsweise vermeidet, alle als relevant definierten Umwelt- wie auch Wirtschaftsdaten einschließt und je nach konkret verfügbarer Fragestellung besondere Schwerpunkte oder Ausschnitte zu wählen erlaubt. Ein derartiges „Supersystem" ist naturgemäß aus methodischen und praktischen Gründen nicht in kurzer Frist realisierbar. Nichtsdestoweniger sind seine grundsätzlichen Eigenschaften und seine inhaltlichen Elemente nach Art einer Leitvorstellung von Anbeginn im Auge zu behalten. Aus diesem Grund wird im weiteren (vgl. Abschnitt 3, S. 22 ff.) die Konzeption eines Modellrahmens für eine umweltökonomische Berichterstattung vorgestellt.

Zuvor ist noch auf einige gedankliche Anstöße im Rahmen der Diskussion der VGR einerseits, einige Entwicklungslinien bei ökologisch orientierten Berichtssystemen andererseits hinzuweisen (vgl. die folgenden Abschnitte 1.2 und 1.3). Vor allem jedoch sind wichtige Konsequenzen für die umweltökonomische Berichterstattung aus der Diskussion des Sustainability-Leitbildes zu ziehen (vgl. Abschnitt 2, S. 18 ff.)

1.2 Ergänzungserfordernisse für die Volkswirtschaftlichen Gesamtrechnungen (VGR)

1.2.1 Abgrenzung der Aussagemöglichkeiten einer umweltökonomischen Berichterstattung

Insoweit die Grundentscheidung einer umweltökonomischen Berichterstattung gefällt worden ist, eine umweltökonomische Berichterstattung (auch) auf der Basis der skizzierten ökonomisch zentrierten Betrachtung zu entwickeln, muß die Frage geklärt werden, ob und inwieweit das zentrale ökonomische Berichtssystem, die VGR, in der Lage ist, auch die Verknüpfungen von Entstehung, Verwendung und Verteilung des Sozialprodukts bzw. Volkseinkommens mit den relevanten Umwelttatbeständen befriedigend abzubilden. Die Beantwortung dieser Frage – und zugleich die Frage nach entsprechenden Ergänzungsmöglichkeiten – hat einen ersten Ansatzpunkt in der bereits seit längerem geäußerten Kritik an der Aussagefähigkeit der VGR.[2] In den letzten Jahren stützten sich die Angriffe im wesentlichen auf drei Argumente:[3] zum einen wurde die Eignung der VGR-Größen – hier vor allem des Bruttosozialprodukts (BSP) – als Maßstab für gesellschaftliche Wohlfahrt in Frage gestellt. Dabei wird auf die inkonsistente

---

[2] Hicks (1939), Kuznetz (1948), Leipert (1989 a).
[3] Peskin/Lutz (1990), Appendix III.

Behandlung der Begriffe „Einkommen" und „Wohlstand" verwiesen, die zur Nicht-Berücksichtigung etwa von Umweltschäden führten. Eine dritte Argumentationsrichtung problematisiert die Eignung des VGR-Rasters unter dem Aspekt ihrer Funktion, als strukturierendes und definierendes Informationssystem zu dienen und somit Grundlage für Entscheidung und Planung zu sein.

Im einzelnen wird wohlfahrtstheoretisch argumentiert, daß in der Logik der VGR sogenannte „defensive Ausgaben" – etwa zum Schutz der natürlichen Umwelt – unsinnigerweise wohlfahrtserhöhend ausgewiesen werden. Müssen z. B. in einer unterbeschäftigten Wirtschaft verstärkt Mittel für nötig gewordene Umweltschutzaktivitäten oder Gesundheitsausgaben gebunden werden, wird dies als Zunahme ökonomischer Aktivität verbucht; mit der damit gemessenen Steigerung des BSP ist jedoch keine echte Wohlstandserhöhung verbunden, da sie lediglich eine (angestrebte) Kompensation der sie induzierenden Verluste an Wohlstand darstellt.

Zudem sind die VGR allein auf Marktvorgänge fixiert, [4] außermarktliche Aktivitäten wie Hausarbeit, ehrenamtliche Tätigkeiten oder Nutzungen der Natur als Konsumgut oder Produktionsfaktor werden in ihrer Bedeutung für die gesamtgesellschaftliche Wohlfahrt weitgehend ignoriert.

Während die wohlfahrtsorientierte Kritik an der VGR von Ökonomen stets zurückgewiesen wurde mit dem Argument, die VGR sei nie auf diesen Zweck ausgerichtet gewesen, sondern bezwecke lediglich eine Beschreibung der nationalen Produktion unter dem Entstehungs-, Verwendungs- und Verteilungsaspekt, findet die Kritik am Einkommensbegriff der VGR weithin Zuspruch.

Analog zu Hicks [5] wird argumentiert, Einkommen sei zu definieren als die Größe, die in einer Gesellschaft während einer Periode konsumiert werden kann, unter der Bedingung, den Bestand ihres Kapitalstocks (und damit ihrer Zukunftsoptionen) zu erhalten. Die Inkonsistenz besteht unter diesem Blickpunkt darin, daß die konventionelle VGR den Wertverlust mancher Kapitalformen berücksichtigt (Gebäude, Maschinen), andere Kapitalformen (wie Naturressourcen und Umweltkapital) jedoch außer Betracht läßt, wie sie in einem nationalen Bestand an sauberer Luft, Wasser, Boden, unerschlossenen Landschaften, nicht erneuerbaren Ressourcen, usw. repräsentiert sind. Die fehlende Berücksichtigung der Umwelt-Wertminderung führt dazu, daß das Nettoeinkommen zu hoch eingeschätzt wird. Die Notwendigkeit entsprechender korrigierender (realloziierender) Impulse für wirtschaftspolitische Entscheidungen wird dementsprechend auch nicht offenbart. [6]

Verbesserungsvorschläge zur Wohlfahrtsmessung wurden Anfang der siebziger Jahre in Japan in Form des „Net National Welfare" (NNW) [7] sowie in den USA mit dem „Measure of Economic Welfare" (MEW) [8] erarbeitet. Beide Konzepte integrierten den Faktor der „Um-

---

[4] Sieht man von einigen Ausnahmen wie etwa der Verbuchung des Staatskonsums und der Abschreibungen ab.

[5] Hicks (1939).

[6] Dieses Defizit der VGR betrifft jedoch nicht allein Fragen der Umweltzerstörung, sondern ist auch von Bedeutung für Wertminderung oder Aufbau von Humankapital, die keine explizite Berücksichtigung finden, obwohl die Nutzung dieses Kapitals (Arbeit) zu einem großen Teil der volkswirtschaftlichen Leistung beiträgt.

[7] Z. B. NNW Measurement Commitee (1973).

[8] Nordhaus/Tobin (1973).

weltqualität" in ihre Berechnungen, wurden jedoch aufgrund methodischer und theoretischer Schwächen von der amtlichen Statistik nicht umgesetzt.

Neben der Messung des gesamtwirtschaftlichen Leistungsniveaus besteht eine weitere Funktion der VGR darin, als Informationssystem zu dienen, das relevante Parameter zur nationalen ökonomischen Entwicklung definiert und in ihrer Interaktion abbildet. Die VGR sind somit Grundlage für Organisation und Steuerung gesamtgesellschaftlicher Prozesse. Selbst wenn man die Problematik des Einkommensbegriffes und damit auch der Wohlstandsmessung in den VGR akzeptiert, bleibt die Kritik an der VGR bestehen, sie würde ihre Informationsaufgabe nicht erfüllen, weil entscheidende Komponenten gesamtwirtschaftlicher Aktivität unberücksichtigt bleiben. So würden etwa die Leistungen der Umwelt- und natürlichen Ressourcen im VGR-Raster ignoriert, obwohl sie für Produktion und Konsum von mindestens ebenso großer Bedeutung sind, wie etwa auch die Leistungen von Humankapital, technischen Anlagen und Ausrüstungsgegenständen, die bereits in der Wertschöpfung in Form von Arbeitsentgelten und Abschreibungen erfaßt werden.

In ihrer Funktion als Informationssystem ermöglichen die VGR lediglich einen begrenzten Blick auf die Produktionsbeziehungen der Gesamtwirtschaft: ein kurzzeitiges Bild der Umwandlung von (zu) eng definierten Produktionsfaktoren in ebenso (zu) eng definierte Produkte und Leistungen. Werden Umwelt- und natürliche Ressourcen nicht berücksichtigt, verzerrt sich das Bild auf zweierlei Weise: zum einen wird die Produktion unerwünschter Outputs übersehen, zum anderen werden viele entscheidende Inputs ignoriert.

1.2.2 Satellitensysteme zu den VGR

Ein in den letzten Jahren mit Nachdruck geförderter Ansatz ökonomisch-ökologischer Berichterstattung liegt in der Entwicklung sogenannter „Satellitensysteme". Generell greifen diese Systeme die Defizite der VGR auf und versuchen, entsprechende Informationslücken durch zusätzliche Angaben zu füllen. „Sie haben die statistische Durchleuchtung ausgewählter gesellschaftlicher Anliegen (Aufgabenbereiche) zum Ziel, wie Sozialschutz, Gesundheit, Bildung, Tourismus, Forschung, Umweltschutz. Für jeden dieser Aufgabenbereiche wird ein umfassendes, ausreichend detailliertes, nach einheitlichen Gesichtspunkten strukturiertes Darstellungsschema angestrebt, das sich einerseits in den Rahmen der VGR einfügt, andererseits die Einbeziehung anderer statistischer Quellen, so auch nicht–monetärer Daten erlaubt."[9]

Im Rahmen dieses Konzepts von „Satellitensystemen" wurden in Frankreich und in den USA bereits Mitte der siebziger Jahre erste Studien zur Erfassung der Umweltschutzausgaben veröffentlicht.[10] Vergleichbare Arbeiten in der Bundesrepublik Deutschland sind dagegen neueren Datums, wobei gegenüber den französischen Arbeiten eine eigenständige Entwicklung betont wird.[11] Ein sehr weitreichendes Modell, von australischen Statistikern Anfang der achtziger Jahre unter dem Namen AESOP entwickelt, wurde nie in die Praxis umgesetzt.[12]

---

9) Hamer (1985), S. 60 ff.
10) Vgl. die Beiträge zu „CSE" (siehe Kapitel „Umweltberichterstattung . . .", Abschnitt 2) und „PAC" (siehe Kapitel „Umweltberichterstattung . . .", Abschnitt 13) in diesem Band.
11) Vor allem wurde im deutschen Ansatz besonderer Wert gelegt auf die Kompatibilität der erhobenen bzw. errechneten Daten mit der VGR-Sektorengliederung.
12) Vgl. AESOP (siehe Kapitel „Umweltberichterstattung . . .", Abschnitt 3) in diesem Band.

Den wichtigsten Ansatz in der Familie der Satellitensysteme stellen derzeit die Arbeiten dar, die im Rahmen der Vereinten Nationen eine Erweiterung der seit langem akzeptierten Systematik des System of National Accounts (SNA) unter Umweltaspekten anstreben und sich dabei sehr eng an dessen methodisches Konzept anlehnen.[13]) Andere Institutionen, wie z. B. die Statistischen Ämter der EG, Kanadas oder in Schweden haben erst vor relativ kurzer Zeit mit der theoretischen und methodischen Annäherung an Satellitensysteme begonnen, entsprechende Arbeitsprogramme wurden initiiert.

Trotz dieser vielfältigen Aktivitäten handelt es sich bei Satellitensystemen um methodisches Neuland. National oder international anerkannte Konzepte liegen jedoch im Ansatz vor.

1.3   Ökologisch orientierte Berichtssysteme

Parallel und unabhängig davon wurde in einigen Ländern versucht, bestehende umweltbezogene quantitative Berichtssysteme um ökonomische Kategorien zu erweitern bzw. neue Klassifikationen und Systematiken zu erarbeiten, die geeignet sein sollten, der Interaktion Ökonomie-Ökologie in besonderem Maße Rechnung zu tragen.

Derartige Berichtssysteme, die nicht auf den Erfassungsbereich etwa des deutschen Umweltstatistikgesetzes begrenzt sind, können, anders als die Wirtschaftsstatistik, bislang nicht auf ein weitgehend akzeptiertes, geschlossenes System von Begrifflichkeiten und Klassifizierungen zurückgreifen. Die einzelnen Ansätze gleichen denn auch mehr einem Suchprozeß zur angemessenen Abbildung komplexer, interdependenter ökologischer Prozesse mit Bezug zu gewissen ökonomischen Vorgängen in einem begrenzten, übersichtlichen Schema. Entsprechend uneinheitlich präsentieren sich die Systeme.

Von besonderer Bedeutung ist in diesem Zusammenhang etwa der kanadische STRESS-Ansatz, der die traditionell streng mediale Gliederung der Umweltberichterstattung ersetzt durch ein ökonomisch-ökologisches Aktions-Reaktions-Schema. Bedeutung erlangt und Nachahmung gefunden hat auch das norwegische System des Resource Accounting, mit dessen Hilfe physische Ströme im ökonomischen und natürlichen Transformationsprozeß abgebildet werden. Interessante methodische Orientierungen zeigen sich zudem in dem französischen Ansatz der ,,Comptes du Patrimoine Naturel", der vor allem durch seine ökologisch orientierte Begriffsbildung besser als konventionelle Systeme in der Lage ist, komplexe Beziehungen in der Natur abzubilden.[14])

Der Hinweis auf einige stark unterschiedliche Herangehensweisen muß an dieser Stelle genügen. Zahlreiche und eingehende Darstellungen finden sich im Kapitel ,,Umweltberichterstattung in ausgewählten Staaten" (siehe S. 85 ff.) Von beiden Seiten, d. h. von der Wirtschaftsstatistik einerseits und umweltbezogenen Berichtssystemen andererseits, werden demnach Anstrengungen unternommen, um den vielfältigen Interaktionen zwischen ökonomischen Aktivitäten und Umwelt Rechnung zu tragen.

---

[13] Vgl. ,,SEEA" (siehe Kapitel ,,Anstöße und Ansätze . . .", Abschnitt 3) in diesem Band.
[14] Vgl. ,,CPN" (siehe Kapitel ,,Umweltberichterstattung . . .", Abschnitt 1) in diesem Band.

2 Leitmotiv eines Sustainable Development und Zielspektrum für die Konzeption eines Modellrahmens

2.1 Versionen der Sustainability-Forderung

2.1.1 Breite der Begriffsinhalte

Die Forderung der Nachhaltigkeit der Entwicklung und der Sicherung der Zukunftschancen wurde bisher auf sehr unterschiedliche Bereiche bezogen, von sehr unterschiedlichen Seiten aufgegriffen und in sehr unterschiedlicher Detaillierung gestellt.[15] Für den Bereich der Entwicklungspolitik spielt die Erhöhung der Wachstumschancen unter der Nebenbedingung eines sozialen Ausgleichs eine besondere Rolle. Die Gestaltung der Umweltbedingungen ist diesem Ziel untergeordnet.

Im Brundtland-Bericht wird der Akzent in sehr allgemeiner Form darauf gelegt, daß die lebenden Generationen ihren Lebensstandard erhöhen sollten, ohne die Erfordernisse zukünftiger Generationen (wie diese sich auch im einzelnen bestimmen lassen) zu beeinträchtigen.[16] Wesentlich stringenter tritt demgegenüber das Sicherungserfordernis in der umweltpolitischen Forderung zutage, daß nicht nur das Überleben der menschlichen Spezies in allen Regionen der Welt gewährleistet bleiben muß, sondern das Weiterbestehen aller Komponenten der Biosphäre, selbst solcher ohne gegenwärtig erkennbaren Nutzen für die Menschheit.[17]

Diese Chance des Weiterbestehens wird gefährdet, sobald der Anstieg des absoluten Niveaus der Bevölkerung sowie der wirtschaftlichen Aktivitäten die Tragfähigkeit der Natur übersteigt. Diese „Skalen"-erhöhung vermag die Natur und das Weiterbestehen ihrer Komponenten unabhängig davon zu schädigen, ob mit der Natur verschwenderisch oder gemäß optimaler Allokation der als knapp erkannten Produktionsfaktoren umgegangen wird.[18]

Aus einer anderen grundsätzlichen Haltung heraus wird in neoklassischer Sicht unter Rückgriff auf den Hicksschen Begriff des nachhaltigen Einkommens, „lediglich" verlangt, daß der Konsum nicht die Persistenz des Kapitalstocks gefährden dürfe, die ihrerseits die Erhaltung des Einkommens zukünftiger Perioden gewährleistet. Damit tritt die Erhaltung des „Naturkapitals" in den Gesichtskreis der Nationalökonomie. Jedoch ist unter neoklassischem Aspekt dieser Produktionsfaktor nur einer von mehreren, die im Prinzip jeweils untereinander substituierbar sind.

Damit ergibt sich die umweltpolitische Forderung nach dem, was im einzelnen zur Sicherung der Nachhaltigkeit der Entwicklung gewährleistet sein muß, aus der wissenschaftlichen Position des Betrachters im Hinblick auf Substituierbarkeit und Limitationalität in dem vorliegenden Realitätsausschnitt. Da hierüber an dieser Stelle keine Wertung erfolgen kann, müssen die weiteren Überlegungen von unterschiedlichen Substituierbarkeitsbedingungen ausgehen.

---

[15] Vgl. die Sammlung von Begriffsdefinitionen bei Pezzey, J., Economic Analysis of Sustainable Growth and Sustainable Development, World Bank, Washington 1989.
[16] World Commission on Environment and Development (Brundtland-Bericht) 1987).
[17] Brown et al. (1987), S. 717.
[18] Daly (1992), S. 185 ff.

2.1.2 Skalierung der Substitutionsmöglichkeiten und der daraus resultierenden Anspruchsgrade an die Umweltpolitik

Um im weiteren das Zielspektrum für die Anlage der Umweltberichterstattung unter dem Aspekt des Sustainable Development angeben zu können, müssen die unterschiedlichen Möglichkeiten der Substituierbarkeit systematisiert und die konkreten Substitutionsvorgänge mit den beteiligten Faktoren und Prozessen aufgelistet werden.

In erster Annäherung muß Limitationalität und Substituierbarkeit zwischen folgenden Produktionsfaktoren und Sektoren der Produktion bzw. des Konsums sowie auch Bereichen des Lebensstandards in Betracht gezogen werden:

1. Nicht-regenerierbare Ressourcen,

2. Regenerierbare Ressourcen,

3. Umweltmedien,

4. Produktionskapital für Umweltleistungen,

5. Übriges Produktionskapital,

6. Humankapital,

7. Umweltfreundliche Sektoren und

8. Nicht-materielle Lebensqualität.

In Zusammenhang mit dem Gesagten ergibt sich eine breite Skala von Anspruchsgraden und daraus resultierender Strategien der Umweltpolitik, für deren Fundierung die Umweltberichterstattung quantitative Anhaltspunkte zu geben hat:

Strategie 1: Falls eine Verbesserung der Umweltqualität in den einzelnen Lebensbereichen nicht möglich ist, sollen diese (als konservative Maximalforderung) zumindest sämtlich ihr Niveau halten.

Strategie 2: Sofern innerhalb des Umweltbereichs Substitutionen möglich sind, ergibt sich als Forderung, daß nicht-regenerierbare Ressourcen nur soweit abgebaut werden sollen, wie regenerierbare Ressourcen kompensierend aufgebaut werden. Regenerierbare Ressourcen ihrerseits sollen nur im Rahmen nachwachsender Bestände abgebaut (geerntet) werden. Die Inanspruchnahme der Medien ihrerseits soll sich im Rahmen der Assimilations- bzw. Regenerationsgrenzen halten.

Strategie 3: Falls eine Lastüberschreitung bei Umweltressourcen und -medien nicht vermeidbar ist, muß der Einsatz von Produktionskapital für Umweltleistungen nach Möglichkeit erhöht werden.

Strategie 4: Bei Überlastung der Umweltbereiche und fehlenden Kompensationsmöglichkeiten durch umweltorientiertes Produktionskapital müssen Substitutionsvorgänge bei dem übrigen Produktionskapital Entlastung schaffen (z.B. Verfahrensänderungen).

Strategie 5: Sofern möglich, muß der Einsatz von Humankapital (organisatorische, technologische und verhaltensbezogene Verbesserungen) zur Ergänzung und zur Substitution der materiell ansetzenden bisherigen Strategien forciert werden.

Strategie 6: Zur weiteren Entlastung sollten Umstrukturierungen der Produktion und des Konsums hin zu umweltfreundlicheren Sektoren nutzbar gemacht werden.

Strategie 7: Über alle genannten Politikansätze in vorwiegend materiellen Bereichen hinaus besteht schließlich noch die Möglichkeit einer Förderung der Bereiche der nicht-materiellen Lebensqualität, soweit dafür auch umweltschonende ,,Produktions"-verfahren zur Verfügung stehen.

Gemäß dieser Skalierung muß nunmehr die Bestimmung und Abgrenzung wichtiger Bereiche der Umweltberichterstattung erfolgen. Die entsprechenden quantitativen Angaben sind erforderlich, wenn zur Entscheidung über unterschiedlich ansetzende umweltpolitische Strategien spezifische Anhaltspunkte über die Chancen der Sustainability unter den verschiedenen Substituierbarkeitsbedingungen benötigt werden.[19] Dabei ist den unterschiedlichen Problemtypen Rechnung zu tragen, die sich daraus ergeben, daß sowohl die Verursachung von Umweltbelastungen, aber auch die Umweltveränderungen selbst, als auch die erforderlichen Strategien hohe, regionale, nationale oder globale Dimension aufweisen können. Für Systematik und quantitative Erfassung resultieren daraus unter Umständen schwierige Abgrenzungsprobleme.

2.2 Kernbereiche der Umweltberichterstattung in Abhängigkeit von den Versionen des Sustainability-Konzepts

2.2.1 Auf unterschiedliche (mögliche) Strategien bezogene statistische Kernmodule

Um Rückschlüsse auf erforderliche bzw. mögliche politische Anstrengungen zur Sicherung einer nachhaltigen Entwicklung ziehen zu können, müssen die quantitativen Informationen in einem regional spezifizierbaren statistischen Kernapparat zur Verfügung gestellt werden. Ein Minimalkatalog, der auf die vorgenannten Stufungen zugeschnitten ist, sollte physische Richtgrößen sowie Bewertungsgrößen aufweisen, die folgende Informationsbereiche betreffen (Aufzählung entsprechend den obigen strategischen Einstiegsstellen für die Umweltpolitik):

– Rohstoffbestands- und -veränderungsrechnungen:
   Abbaubeiträge des In- und Auslands,
   Neuentdeckungen,
   Investitionsströme und Kapitalproduktivität.

– Bestands- und Veränderungsrechnungen für regenerative Ressourcen:
   Abbaubeiträge des In- und Auslands,
   Neuentwicklungen,
   Investitionsströme und Produktivität eingesetzter Produktionsfaktoren.

– Umweltbelastungsrechnung:
   Emissionsrechnungen (schadstoff-, sektor- und güterspezifisch),
   Belastungsimporte und -exporte,
   Assimilationshilfen und Schadstoffumwandlung,
   Zustandsrechnungen und Grenzwertannäherungen in Medien und Ökosystemen.

---

[19] Obwohl die theoretisch-methodischen Probleme auch im vorliegenden Zusammenhang noch nicht geklärt sind, sollen dennoch, bereits zur Festlegung von Zielgrößen, rechtzeitig dafür relevante Daten ermittelt werden (Radermacher 1993, S. 337 - 338).

- Bestands- und Veränderungsrechnung für Produktionskapital für Umweltleistungen: Kapitalproduktivität.

- Verfahrensänderungen mit Umweltwirkungen: Produktivitätseffekte.

- Umweltadministration und -erziehung.

- Umweltinduzierte (kosten- und nachfrageinduzierte) Änderungen der materiellen Produktions- und Konsumstruktur, Änderungen der Kostenstruktur.

- Umweltpolitisch induzierte Veränderungen des Anteils nicht-materieller Produktion, Menschliche Leistungen für Umweltvorkehrungen, Umweltwerbekampagnen, statistisch meßbare Einstellungsänderung.

Die Anordnung dieser Informationsbereiche nach ihrer besonderen Notwendigkeit zur Stützung umweltpolitischer Entscheidungen in den skizzierten strategischen Schritten verdeutlicht, daß der statistische Informationsbedarf in hohem Maße davon abhängt, mit welchen strategischen Möglichkeiten, abhängig von den Substitutionsmöglichkeiten, eine auf Sustainability gerichtete Umweltpolitik ausgestattet ist.

2.2.2 Kostenstruktur der Maßnahmen zur Sicherung eines Sustainable Development

Ein weiterer wichtiger Erfassungsbereich für eine an dem Maßstab eines Sustainable Development orientierte Umweltberichterstattung ist die Kostenstruktur der Maßnahmen zu ihrer Sicherung: getätigte Maßnahmen schlagen sich in Vermeidungskosten nieder, die je nach ihrer Effektivität in stärkerem oder schwächerem Maße die Schädigung der Umwelt vermeiden helfen. Sofern sie den im Rahmen einer nachhaltigen Entwicklung angestrebten Umweltstandard nicht sichern konnten, verbleibt eine Lücke, die (weiterhin) Umweltschäden bewirkt – ein Ausdruck der Verschlechterung des ,,Naturkapitals". Diese Verschlechterung hätte jedoch verhindert werden können, wenn zeitgerecht entsprechende weitere Aufwendungen zur Vermeidung der Umweltschäden getätigt worden wären, um etwa den angestrebten Umweltstandard zu gewährleisten. Diese Aufwendungen sind in Analogie zu setzen mit den Aufwendungen, die in der Wirtschaft dazu dienen, die Leistungen des produktiven Kapitalstocks weiter zu sichern, d.h. ihn intakt zu halten. Sie sind damit ebenfalls ein Ausdruck für die sonst eintretende Verschlechterung des Naturkapitals und lassen sich in gesamtwirtschaftlichen Rechensystemen (etwa zur Ergänzung der traditionellen VGR) als Meßgröße dafür verwenden, in welchem Maße das Leistungsbild einer Volkswirtschaft überzeichnet ist [20] – und die Nutzung eingeschränkt werden müßte, um eine nachhaltige Entwicklung zu sichern.

---

[20] Die Berechnung eines Ökosozialprodukts zur Korrektur einer derartigen Verzerrung ist erst dann möglich (über einen Vermeidungskostenansatz), wenn bestimmte Standards für die Umwelt-Zielgröße politisch festgelegt wurden. Diese Standards können jedoch nicht von der Statistik entschieden werden (Radermacher 1993, S. 338).

3 Konzeption eines Modellrahmens für eine umweltökonomische Berichterstattung

3.1 Ökonomisch-ökologische Wechselbeziehungen als Ausgangspunkt

Notwendige Voraussetzung für die kohärente Erstellung der Module und der Kostenstruktur, wie sie für die Kernbereiche der Umweltberichterstattung unter dem Sustainability-Aspekt zu fordern sind, ist ein Systemkonzept, das die für die Umweltberichterstattung wichtigen Einzeltatbestände mit ihren Verknüpfungen in einem interdependenten Zusammenhang darzustellen erlaubt. Dazu gehört vor allem, daß für die wechselseitigen Zusammenhänge zwischen wirtschaftlichen Aktivitäten und Umweltzuständen auch jeweils die Schnittstellen identifiziert werden, an denen sich die gegenseitigen Einflüsse lokalisieren lassen.

Für eine derartige Gesamtdarstellung sind gegenwärtig noch so viele Schwierigkeiten zu überwinden,[21] daß ihre Realisierung in größerer Ferne liegt. Um jedoch den Aufbau der Umweltberichterstattung systematisch betreiben zu können, ist ein Modellrahmen als Referenzsystem erforderlich, der die Einordnung und den Vergleich bestehender Ansätze sowie die zielgerichtete Weiterentwicklung der realen Systeme erleichtert. Die Grundüberlegungen hierfür werden im folgenden dargelegt.[22]

Mit der Erstellung eines Modellrahmens sollen verschiedene Zwecke verfolgt werden:

- Zentrales Anliegen ist, die Wechselbeziehungen zwischen Umwelt und Wirtschaft formalisiert in einzelnen Grundelementen/-bausteinen abzubilden, um daraus die Anforderungen an ein möglichst umfassendes Berichtssystem ableiten zu können.

- Zudem soll es möglich werden, bestehende oder in Entwicklung befindliche Ansätze der Umweltberichterstattung systematisch einzuordnen und damit auch deren Defizite zu lokalisieren.

- Nicht zuletzt soll der Datenbedarf umweltpolitisch relevanter Fragestellungen und Analysen zu identifizieren sein.

Die Erstellung eines möglichst umfassenden Referenzschemas ökonomisch-ökologischer Berichterstattung benötigt ein Vorverständnis zur Wirkungsverflechtung zwischen ökonomischen und natürlichen Prozessen.

Generell bestehen das ökonomische wie das ökologische System aus einer Vielzahl räumlich und zeitlich interagierender Elemente und Prozesse. Beide Systeme sind vielfältig miteinander verflochten. Dieser globale Tatbestand wechselseitiger Beeinflussung erfordert die Einführung des Kreislaufgedankens als Modellrichtlinie. In detaillierter ökonomischer Betrachtung müssen sodann die ökonomischen Schnittstellen im umfassenden ökologischen Kreislauf im einzelnen identifiziert werden. Da ökonomische Aktivitäten als Hauptverursacher von Umweltbelastungen anzusehen sind, werden vom ökonomischen System ausgehend die Belastungs- und Schädigungsverläufe hin zu den Betroffenen verfolgt.

Aus dem ökonomischen Prozeß resultierende Emissionen (Luftschadstoffe, flüssige und feste Abfälle, Abwärme, Strahlung, Lärm) werden in natürlichen Prozessen verteilt und transfor-

---

[21] Holub et al. (1992).
[22] Passagenweise aus Reichert/Klaus/Ebert (1991).

miert und schließlich in veränderter Form wirksam in den Bestandteilen der Umwelt (Immissionen). Aus der Nutzung einzelner Umweltkomponenten (Ressourcen-, Bodenverbrauch) und aus dem Ausstoß von Emissionen resultieren zunächst Mengeneffekte. Damit verbunden sind Qualitätseffekte als Störungen kybernetischer Prozesse durch die anthropogenen Eingriffe – etwa wenn Grenzen der natürlichen Assimilationsfähigkeit überschritten werden.

Um den Ausstoß von Emissionen bzw. das Ausmaß von Immissionen zu begrenzen, werden im ökonomischen Prozeß Aufwendungen getätigt, die monetär als ,,defensive Aktivitäten'' im Rahmen der volkswirtschaftlichen Berichterstattung ausgewiesen werden. Real sind sie zu interpretieren als Entlastungen bestimmter Bereiche der natürlichen Umwelt von schädigenden Einflüssen.

Veränderungen einzelner Umweltbestandteile bedingen Wirkungen sowohl in der Natur als auch beim Menschen. Entsprechende, als Belastung empfundene bzw. definierte Veränderungen können anhand von Indikatoren abgebildet werden, bzw. machen sich als ,,Schäden'' in Bilanzen rechenbar. Im Hinblick auf die Zielsetzung der Sustainability stellt sich hier die Frage, durch welchen zusätzlichen Aufwand nach Art und Höhe diese nachteiligen Wirkungen vermeidbar (gewesen) wären.

3.2   Elemente eines Modellrahmens

3.2.1   Grundlegender Aufbau

Ein Berichtssystem, das möglichst umfassend ökonomisch-ökologische Wechselbeziehungen abbilden soll, muß sich auf folgende ,,Einzelbausteine'' beziehen (siehe Abbildung 1, S. 24):

Traditionelle Ökonomie

–   Ökonomische Aktivitäten in konventioneller Form.

–   Erweiterungen durch Angaben zu defensiven Aktivitäten und Umweltschäden.

Reale Größen zur Interaktion zwischen Ökonomie und Umwelt

–   Reale ökonomische Produktions-und Konsumaktivitäten.

–   Nutzung von Umweltbestandteilen.

–   Emissionen als Folge von Produktion und Konsum.

–   Entsorgungsaktivitäten.

–   Veränderungsprozesse (Abbau- und Anreicherungsprozesse) der natürlichen Umwelt.

–   Umweltbestände und -elemente, komplexe Ökosysteme.

–   Schadwirkungen von Umweltveränderung auf Mensch und Natur in natürlichen Einheiten bzw. Indikatoren.

–   Schadwirkungen in monetären Einheiten.

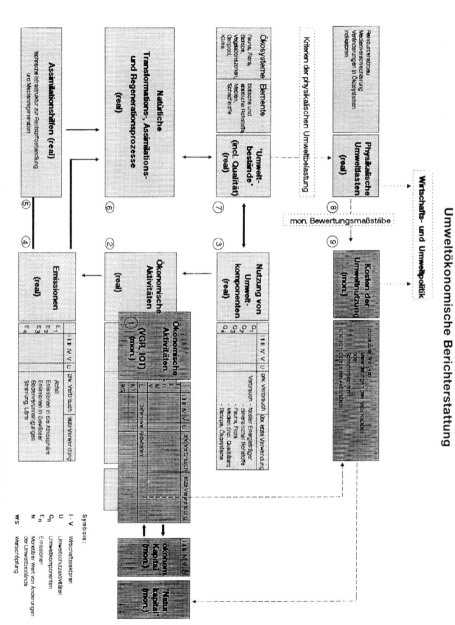

Abbildung 1

Umweltökonomische Berichterstattung

Quelle: Ebert/Klaus/Reichert (1991 b), S. 15

3.2.2 Inhaltliche Bestimmung der Einzelelemente

Ökonomische Aktivitäten, Nutzung und Schutz der Umwelt

1. Im ersten Modul wird ausgegangen von der konventionellen Darstellung ökonomischer Prozesse in Form des Systems der Volkswirtschaftlichen Gesamtrechnungen. Als Darstellungsform werden Input-Output-Tabellen gewählt, deren spezielle Aufgabe darin besteht, ein quantitatives Bild der produktions- und gütermäßigen Verflechtung innerhalb einer Volkswirtschaft von der Aufkommens- und der Verwendungsseite her zu liefern.

   Damit ermöglichen Input-Output-Tabellen umweltbezogene ökonomische Strukturuntersuchungen und Analysen, so z. B. über direkte und indirekte Auswirkungen von Nachfrage-, Preis-, Lohnänderungen u.a. auf die Gesamtwirtschaft und einzelne Sektoren.

   Ihre besondere Eignung, die Verflechtungen einzelner Sektoren differenziert darzustellen, macht Input-Output-Tabellen auch zum geeigneten Instrument im Zusammenhang bestimmter umweltökonomischer Fragestellungen:

   - ,, Sie eignen sich besonders für die Bestimmung der Höhe und Struktur der Ausgaben für den Umweltschutz und ihres Bezugs zu den gesamtwirtschaftlichen Strom- und Bestandsgrößen sowie für die Verzeichnung von Abschreibungsposten auf das Naturkapital,

   - der Wirkung umweltpolitischer Maßnahmen auf Produktion, Beschäftigung, Investition und Anlagevermögen,

   - der Auswirkungen der Kosten umweltschützender Maßnahmen auf Preisniveau und sektoralen Strukturwandel, . . . " [23])

   Voraussetzung dazu ist eine Erweiterung der Input-Output-Tabellen, in denen die Umweltschutzausgaben und der Verzehr von ,,Umweltkapital" gesondert ausgewiesen werden.

2. Aus ökologischer Sicht ist es in einem zweiten Modul notwendig, die entsprechenden Vorgänge auch ohne ,,Geldschleier", d. h. in physischen Einheiten darzustellen. Der entsprechende Baustein fungiert deshalb als reales Pendant zu den – in der erweiterten Input-Output-Tabelle ausgewiesenen – monetären Daten.

   Es ist jedoch fraglich, inwieweit eine differenzierte Darstellungsweise analog zu den monetären VGR möglich und sinnvoll ist: Will man den Informationsverlust aufheben, der durch die Reduktion verschiedener physischer Einheiten auf eine monetäre Einheit in monetären Rechenwerken entstand, muß gleichzeitig ein Mehr an Unübersichtlichkeit in Kauf genommen werden. Zwar lassen sich etwa Energieströme (in ihrer physikalischen Einheit ,,Brennwert") in gleicher Weise vergleichen wie Angaben in DM oder Dollar.[24]) Welches Bezugsmaß aber soll z. B. für den Vergleich von verschiedenen Gütern wie Gemüse und Computer oder gar deren Vergleich mit einer Dienstleistung gewählt werden? Ein Verlust der Kommensurabilität muß durch andere gewichtige analytische Vorteile aufgewogen werden. Diese Vorteile können sich aus den jeweiligen speziellen ökologischen Fragestellungen ergeben.

---

[23] Ryll/Schäfer (1988), S. 129.
[24] Reich/Stahmer (Hrsg., 1981).

Es ist unmittelbar ersichtlich, daß eine Ausweisung des ökonomischen Prozesses in realen Einheiten auf erhebliche Schwierigkeiten bezüglich der Datenorganisation und Datenverfügbarkeit stößt. Die Stellung des Moduls im Modellrahmen ist deshalb nicht orientiert an einer möglichst vollständigen Ausweisung von Daten. Prinzipielles Ziel ist vielmehr, über den ,,Geldschleier'' einer monetären Berichterstattung hinaus den Blick für die zugrundeliegenden realen Prozesse zu öffnen und die Sphäre der Ökonomie zugänglicher zu machen für ökologische Fragestellungen. Dabei ist im Hinblick auf die Realisierungsmöglichkeiten vorerst eine Beschränkung auf besonders wichtige Vorgänge erforderlich.

3. Zwischen der Sphäre der Ökonomie und dem System ,,Umwelt'' bestehen in beide Richtungen Material-, Energie- und Informationsströme. Die Lieferungen der Natur an das ökonomische System werden in einem dritten Modul ,,Nutzung von Umweltkomponenten (real)'' abgebildet.

Inhalt dieses Moduls ist nicht allein der begrenzte Blick auf mineralische Ressourcen (wie Erze, fossile Energieträger, u.ä.), sondern eine umfassendere Sicht der Nutzung von Umweltbestandteilen in ihren Quantitäten (Umweltgüter) und Qualitäten (Umweltdienstleistungen): [25])

In den Produktions- und Konsumprozeß gehen nicht allein einzelne ,,Elemente'' (Mineralien, ...), sondern auch organische Rohstoffe (Flora, Fauna), Medien (Boden, Wasser, Luft) oder komplexe Ökosysteme ein. Die Verzeichnung erfolgt in einer Input-Tabelle, mit einer zeilenweisen Darstellung der genutzten Ressourcen. In den Spalten finden sich entsprechend die Sektoren, die die Rohstoffe als Vorleistungen nutzen, sowie privater Verbrauch, Staatskonsum, Investitionen und Export. Auf diese Weise wird die spezifische Verwendung eines jeden Inputs in physischen Einheiten verzeichnet.

4. Der besondere Bedarf an Daten zur Emissionssituation resultiert aus dem zu erbringenden Verursachernachweis. Geht man von einer Schädigung der Umwelt in Form erhöhter Immissionswerte aus, dann läßt das oft unzureichende Wissen um natürliche Verteilungs- und Transformationsprozesse eine Identifizierung der verursachenden Aktivität allein aus den Immissionswerten nicht zu. Erforderlich ist demnach eine Erfassung der sektor- und/oder güterspezifischen Emissionswerte.

Eine umfassende Darstellung der Emissionssituation hat die Aufgabe,

- aufzuklären, welche Emittenten zu den jeweiligen Emissionen beitragen,
- sektorspezifische oder regionale Emissionsschwerpunkte zu benennen, für die weitergehende Analysen erforderlich sind,
- eine Datengrundlage für gezieltere Umweltschutzmaßnahmen zu liefern.[26])

Da Emissionen vor allem von wirtschaftlichen und technologischen Entwicklungen determiniert werden, ist es vorteilhaft, diesen Informationsbaustein so zu konzipieren, daß die Emissionsdaten mit den wirtschaftsstatistischen Daten (Systematik der VGR) verknüpft werden können.

---

[25] UNSO (1990).
[26] SRU (1987), S. 91 ff.

Jedem Sektor wird seine Gesamtemission der einzelnen Schadstoffe gegenübergestellt. Für einen Berichtsbaustein müssen folgende Festlegungen getroffen werden:[27]

– Definition des Begriffs „Emittent" und Konzeption einer einheitlichen Systematik der Emittentengruppen,

– Definition von „Emission" und Konzeption einer Systematik der Emissionsarten,

– Ermittlung der Emissionsmengen und konsequente Zuordnung zu den Emittentengruppen.

5. Im Mittelpunkt eines Moduls zur Darstellung der Assimilationshilfen stehen die Umweltentlastungs- und -belastungseffekte der Umweltschutzaktivitäten. Dargestellt wird zunächst, welche technischen Assimilationshilfen (z. B. Kläranlagen, Deponien, Luftfilter, u. a.) welche Emissionen/Schadstoffe „herausfiltern" bzw. umwandeln. Damit können, unter Berücksichtigung der im Emissionsbaustein ausgewiesenen Bruttoemissionen, Informationen zu den auf Umweltprozesse und -bestände einwirkenden Netto-Emissionen geliefert werden.

Bestandteil dieses Moduls sind zum einen emissionsorientierte Umweltschutzaktivitäten, die in Produktionsprozessen integriert sind (integrierte Technologien)[28], zum Teil „End-of-Pipe-Technologien", die unmittelbar vor dem Austritt des Schadstoffs in die Natur wirken, zum Teil aber auch Maßnahmen, die bereits in den Medien selbst durchgeführt werden (Belüftung von Gewässern) und deren Assimilations- und Transformationsprozesse unterstützen.

Letztlich soll dieser Baustein dazu dienen,

– einerseits reale Größenordnungen für die reale Entlastung der Umwelt nach vorhergehender Belastung, d. h. Umwandlung schädigender Einflüsse in weniger schädliche, zu liefern (Informations-/Berichtsfunktion),

– andererseits aber auch Kosten-Nutzen- und Kosten-Wirksamkeits-Untersuchungen (im weitesten Sinne) im Bereich des Umweltschutzes möglich zu machen, indem ökonomische und ökologische Effizienzen einander gegenübergestellt werden. Damit werden etwa Aussagen zur ökonomischen Effizienz unterschiedlicher Maßnahmen mit gleichwertiger Entsorgungsleistung möglich („Schadensvermeidungsproduktivität"). Diese Daten sind unverzichtbar für die ökonomisch sinnvolle Gestaltung umweltpolitischen Handelns.

Natürliche Umwelt- und Belastungsrechnungen

6/7. Die Umsetzung nicht vermiedener oder separierter Emissionen in Immissionswerte findet statt in höchst differenzierten Diffusions-, Transformations- und Assimilationsprozessen. Eine adäquate Beschreibung dieser Vorgänge ist bislang nur in Ansätzen und nur für Teilbereiche der natürlichen Umwelt möglich. Hier muß generell Entwicklungsarbeit

---

[27] SRU (1987), S. 108 ff.
[28] Für die Zurechnung entsprechender Anlagen zu den „Umweltschutzausgaben im engeren Sinne" führt dies zu Problemen: so kann etwa eine neue Heizanlage sowohl aus Gründen des Umweltschutzes installiert werden (geringere Emissionen), oder aber aus Kostengründen (geringere Kostenbelastung durch weniger Brennstoffeinsatz).

geleistet werden; dies gilt für statistische Zwecke im Besonderen. Gerade an dieser Stelle zeigt sich die Notwendigkeit einer disziplinübergreifenden Forschung zur sachgerechten Aufzeichnung der Zusammenhänge zwischen Ökonomie und Ökologie.

Aus der Sicht der Ökonomie wird vorrangig gefragt, welche Vermittlungszusammenhänge zwischen Verursachern (Schadensursache) und Betroffenen (Schadenswirkung) liegen.

Für die genaue Untersuchung dieser Zusammenhänge tritt noch vor der Frage nach Funktionsverlusten ökologischer Systeme der physische Bestand an „Umweltgütern" in den Mittelpunkt der Untersuchung. Der Baustein „Umweltbestände (real)" ist dann nicht abgeleitete, sondern zentrale Größe des Modells. Von ihm ausgehend werden ökonomisch-ökologische Vermittlungszusammenhänge identifiziert und schädigende (allgemeiner: verändernde) Kausalketten in die Sphäre der Ökonomie zurückverfolgt.

Aus der Sicht der Umweltökonomie ist eine Beschränkung auf die Analyse des bloßen Verzehrs mineralischer oder fossiler Ressourcen in ihrer Bedeutung für den Produktionsprozeß unangemessen. Daß existierende Bestandsrechnungen vor allem auf mineralische Rohstoffe abheben,[29] liegt vor allem darin begründet, daß sie methodisch relativ leicht zu realisieren sind. In abstrakter, modellhafter Sicht sind sie (ebenso wie andere Einzelbausteine, z. B. Wasserreserven, Schadstoff-Moleküle in der Luft, Sauerstoff, . . .) lediglich zu sehen als „Elemente", die miteinander interagieren. Diese Interaktion führt zu komplexen „Ökosystemen" (Mikroorganismen, Lebewesen, Klima, Vegetationszonen . . .), die nicht allein über Quantitäten, sondern vor allem über Qualitäten zu definieren sind.

So wie das Produktionssystem Anforderungen an Qualität und Quantität von Umweltbestandteilen (Elementen und Ökosystemen) definiert, um sie nutzen zu können, sind für die vielfältigen Funktionen der „Elemente" und „Ökosysteme" im Rahmen natürlicher Prozesse ebenfalls Qualitätsdaten von Bedeutung, die entsprechend differenziert ausgewiesen werden müssen.

8. Veränderungen der „Umweltbestände" sind zunächst völlig wertfrei zu sehen. Die Aussage, inwieweit von ihnen unerwünschte Wirkungen ausgehen, ist abhängig von einer entsprechenden Definition von „Belastung".

Diese Definition ist exogen. Ihr Wertbegriff kann sich orientieren an Wirkungen auf Menschen und/oder Disfunktionen im natürlichen System.

Erstere Belastungen können etwa sein: Gesundheitsschäden aus Umweltveränderung, Ästhetikverlust einer Landschaft, jegliche Art von Funktionsverlusten und Nutzenentgängen.

Disfunktionen im natürlichen System müssen sich an einer Vorstellung von „Normalität" der Prozesse und ihrer Ergebnisse orientieren.[30] Demnach ist bei einem Belastungsbegriff, der sich an einer ökonomisch bedingten Disfunktion der Natur orientiert, ebenfalls ein

---

[29] Vgl. vor allem das norwegische „System of Resource Accounting" (siehe Kapitel „Umweltberichterstattung . . .", Abschnitt 9) in diesem Band.
[30] Da die Definition der „Normalität" vom Menschen vorgenommen werden muß und damit durch die Wahrnehmung der Natur durch den Menschen strukturiert ist, ist letztlich keine originär „natürliche" Wertung möglich.

Vorverständnis der entsprechenden relevanten Prozesse, Bestände und Qualitäten sowie eine Wertung durch den Betrachter nötig.

Zu betonen ist, daß eine ausschließlich anthropozentrische Position auch Belastungen abbilden muß, die sich zunächst nur auf der Ebene natürlicher Prozesse abspielen, die jedoch längerfristig auf menschliche Nutzenkategorien durchschlagen (vgl. Aussterben nicht genutzter Tier- und Pflanzenarten – Störung von Nahrungsketten und ökosystemaren Zusammenhängen – verringerte Regenerationsfähigkeit auch von Nutzpflanzen und Nutztieren). Die fehlende Möglichkeit der Menschen, sich völlig von natürlichen Prozessen (Nahrung, Atmung, Klima, . . .) abzukoppeln, macht Naturschutz zu einer anthropogenen Nutzenkategorie.

Ein nachweisbarer Kausalzusammenhang zwischen Veränderungen der natürlichen Umwelt (z. B. erhöhte Konzentrationen von SO2 in der Atemluft) und bestimmten Erkrankungen (z. B. Asthma) macht die Umweltveränderung zu einem signifikanten Indikator der physischen Belastung der betroffenen Menschen. Die entsprechenden Werte finden sich also nicht auf der Ebene der direkten Betroffenheit („Nutzenentgang" bzw. „Leid" der Erkrankten), sondern in der Sphäre der natürlichen Umwelt (Immissionswerte).

Ein darüber hinaus gehender „natürlicher" Belastungsbegriff, der sich an Funktionen von Elementen und Ökosystemen für andere Umweltbestandteile orientiert, muß ebenfalls entsprechende Indikatoren finden. Aufgrund des unzureichenden Wissens über die Vielzahl intra-natürlicher Prozesse ist eine solche Intention wohl nur äußerst schwer zu realisieren.

9. Die Ausweisung einer monetären Schadensrechnung benötigt – analog zur Auswahl physischer Belastungskriterien – monetäre Maßstäbe für die Bewertung.[31]

Auch hier ist eine zweifache Konvention nötig: zum einen ist zu klären, was als „Schaden" definiert wird, zum zweiten ist eine Festlegung hinsichtlich des Bewertungsverfahren, zu treffen.

Für die Schadensdefinition ist zunächst festzulegen, auf welche Kategorien der Schädigung Bezug genommen wird: zählen alleine Schädigungen, die sich direkt in finanziellen Belastungen (Reparatur- oder Ausweichkosten) niederschlagen, oder versucht man zudem, immaterielle Nutzenentgänge (Ästhetikverlust einer Landschaft, Schmerzen durch umweltbedingte Krankheiten) zu erfassen.

Darüber hinaus ist, da die Umwelt ihre Schädigungen nicht selbst artikulieren kann, eine Definition dieser „Schädigung der Umwelt" zu treffen. Möglichkeiten dazu bieten Funktionsverluste ökologischer Prozesse (Aussterben einer Tierart, Unterbrechung einer Nahrungskette, Zusammenbruch eines Ökosystems) oder die Übertragung menschlicher Nutzenkategorien auf die Umwelt.

Als Bewertungsmaßstäbe stehen zwei Meßobjekte zur Verfügung: die hypothetischen Erhaltungskosten und die Schadenskosten im engeren Sinn. Der Erhaltungskostenan-

---

[31] Zur Bewertungsproblematik liegt inzwischen umfangreiche Literatur vor. Vgl. z. B. Schulz/Schulz (1989), Behrens-Egge (1991), Hautau et al. (1987), Ewers (1986), Pflügner (1988), Endres et al. (1991).

satz[32]) (siehe Abbildung 2, S. 31) orientiert sich allein an definierten Zuständen der Umweltbestände und vermeidet damit die problematische Identifikation subjektiver Schadenspositionen. Ausgangspunkt ist die naturwissenschaftliche bzw. politische Definition einer zulässigen Veränderung dieser Bestände. Dabei soll sichergestellt werden, daß die ökologischen Belastbarkeitsgrenzen nicht überschritten werden (,,Assimilationskapazität"). Sollte es dennoch zu Überschreitungen kommen, dann ergibt sich ein monetäres Maß für die Schädigung aus der Berechnung derjenigen Vermeidungskosten, die zusätzlich nötig gewesen wären, um die unerwünschte Umweltwirkung zu verhindern. Basis dieser Berechnung ist demnach nicht die Artikulation individuell und differenziert empfundener menschlicher Bedürfnisse im Zusammenhang mit Umweltnutzung, sondern die Vorgabe von Standards, verbunden mit quasi ,,technischen" Relationen der Zuweisung von Erhaltungskosten.

Es muß jedoch berücksichtigt werden, daß die grundsätzliche politische Entscheidung für eine Standardfindung und -setzung, die dem Ziel der sustainability gerecht wird, einem gegebenenfalls im demokratischen Prozeß artikulierten Ziel der Bevölkerung entspricht.

Ein klärungsbedürftiges Problem dieses Vorschlags ist allerdings noch die systembezogene Identifikation der Erhaltungskosten. Denn je nach Interventionspunkt unterschiedlicher Erhaltungsaktivitäten im Wirkungsablauf ergeben sich unterschiedlich hohe Kosten.[33]) Hier müssen Berechnungskonventionen gefunden werden.

In dem Schadenskostenansatz wird die Summe aus den tatsächlich realisierten defensiven und kompensatorischen Aufwendungen im Nutzersystem und der Restschädigung (in monetären Einheiten) als Maß des Gesamtschadens verwendet (siehe Abbildung 3, S. 32 und Übersicht 1, S. 33). Das Fehlen durchgängig vorhandener Marktpreise bedingt auch hier die Notwendigkeit von Konventionen, die klären, auf welcher Basis Bewertungen jenseits existierender Marktpreise vorgenommen werden sollen. Hier steht eine Reihe methodischer Probleme an. Insoweit sie gelöst werden, vermag in dem Baustein zur ,,Monetären Belastungsrechnung" oder zu den ,,Kosten der Umweltnutzung" erfaßt zu werden, welche Schädigungen aus der Nutzung der Umwelt resultieren. Im Gesamtkreislauf wird hier im Idealfall die Rückwirkung ökonomischer Aktivitäten über die Sphäre der natürlichen Bestände und Prozesse in die Ökonomie abgebildet.[34])

Es muß jedoch betont werden, daß, auch abseits des Problems der Wertfindung selbst, der Meßbarkeit von Schadenskosten bei globalen, vielfach synergistischen Umweltbelastungen und erst für die Zukunft zu vermutenden Schäden mit starken Zweifeln zu begegnen ist. Je begründeter sich diese Skepsis herausstellt, desto konsequenter erweist sich die Setzung von Standards als Grundlage für die Berechnung von Vermeidungskosten. Letztere schließlich sind selbst bei bestehender Abschätzbarkeit monetärer Schadenskosten ein zentrales Informationselement, um – je nach konkretem Fall – auch die Vorteilhaftigkeit von Vermeidungsstrategien wertmäßig nachweisen zu können.

[32)] In der Literatur wird auch der Begriff ,,Vermeidungskosten" gebraucht.
[33)] Vgl. dazu Modul 5: Assimilationshilfen.
[34)] Zur empirischen Erfassung von Schadenskosten für die Bundesrepublik Deutschland vgl. Leipert (1989 a), Wicke (1986), Statistisches Bundesamt (1990 c), Umwelt- und Prognose-Institut Heidelberg (1991), Endres et al. (1991), Junkernheinrich/Klemmer (1991).

Abbildung 2
Schadensbegriff nach dem Erhaltungskostenansatz

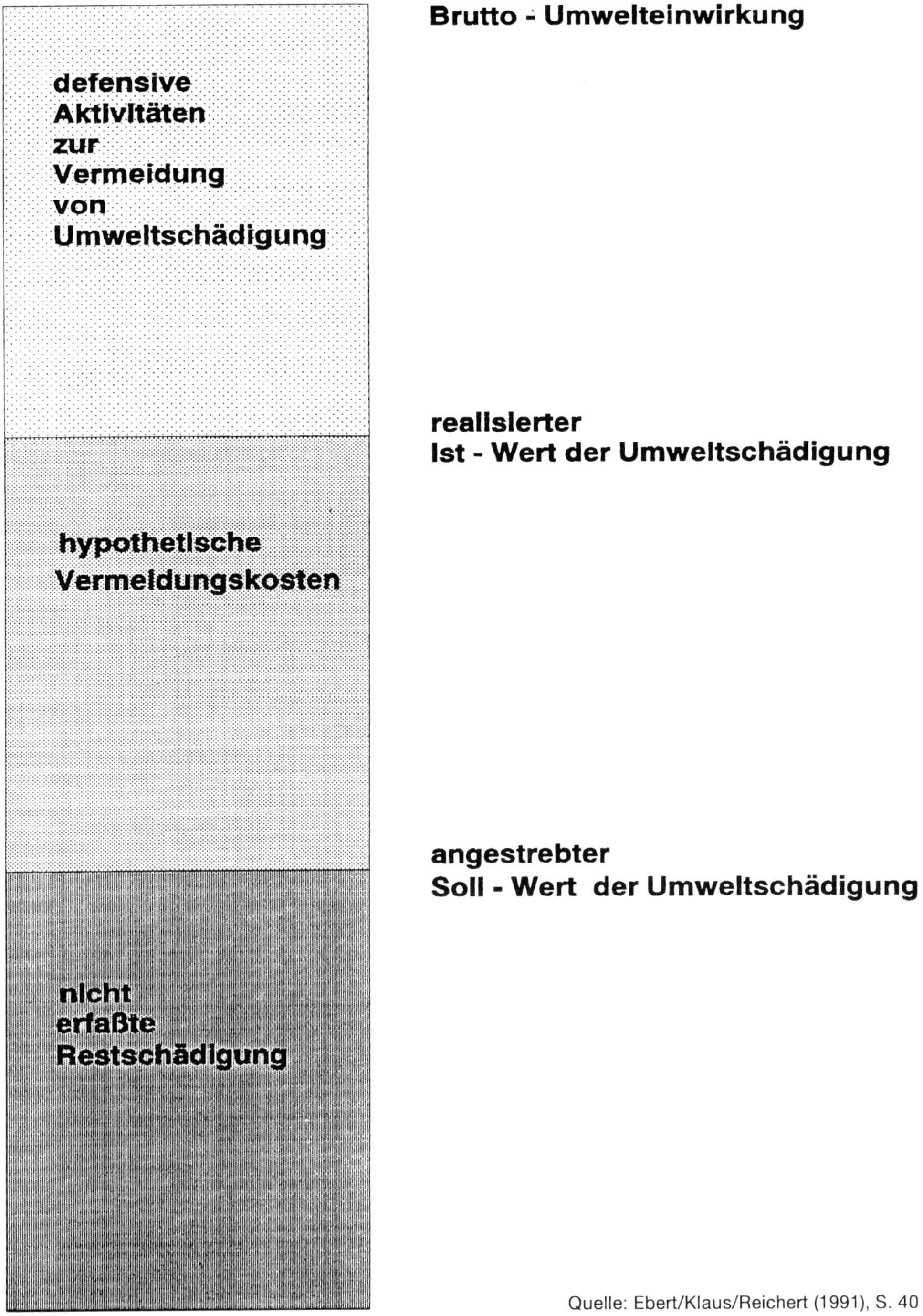

Brutto - Umwelteinwirkung

defensive Aktivitäten zur Vermeidung von Umweltschädigung

realisierter Ist - Wert der Umweltschädigung

hypothetische Vermeidungskosten

angestrebter Soll - Wert der Umweltschädigung

nicht erfaßte Restschädigung

Quelle: Ebert/Klaus/Reichert (1991), S. 40

Abbildung 3
Mikroökonomischer Schadensbegriff

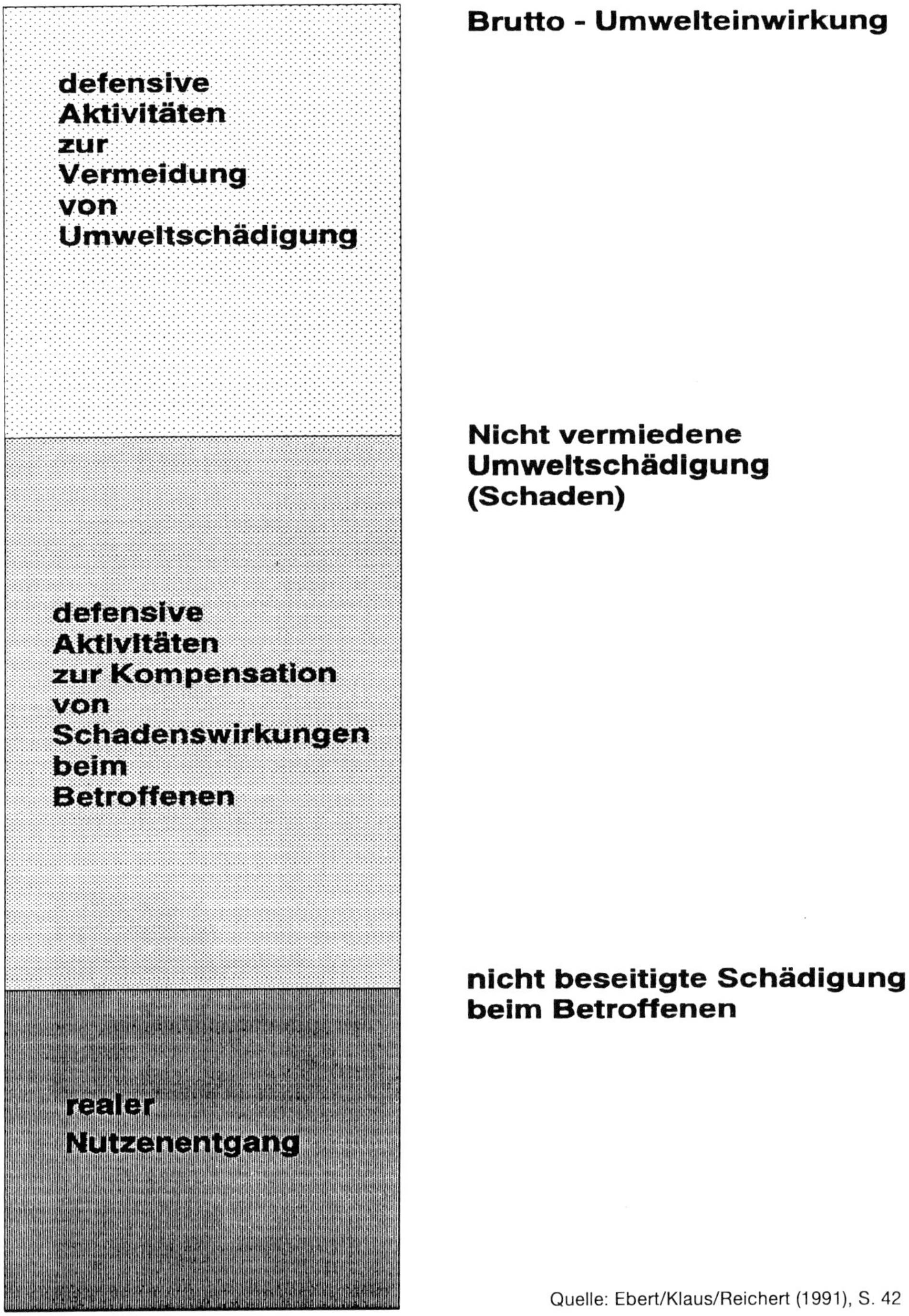

Brutto - Umwelteinwirkung

**defensive
Aktivitäten
zur
Vermeidung
von
Umweltschädigung**

**Nicht vermiedene
Umweltschädigung
(Schaden)**

**defensive
Aktivitäten
zur Kompensation
von
Schadenswirkungen
beim
Betroffenen**

**nicht beseitigte Schädigung
beim Betroffenen**

**realer
Nutzenentgang**

Quelle: Ebert/Klaus/Reichert (1991), S. 42

Übersicht 1
Schadenspositionen im Verursacher-, Medien- und Betroffenensystem

Emissionsvermeidungskosten

Verringerung des Produktions- und Konsumniveaus,
Input und Produktionsveränderrung,
Änderungen im Produktionsprozeß,
Recycling durch Produzenten und Konsumenten,
Schadstoffbeseitigung,
(Rechnerische Emissionsvermeidungskosten).

Kosten zur Vermeidung von Medien- und Systemverschlechterungen

Sammlung und Verteilung von Schadstoffen,
Abfall- und Schadstoffbeseitigung,
Recycling außerhalb der Produktionsbereichs
Regenerationshilfen für Umweltmedien,
(Rechnerische Immissionsvermeidungskosten).

Kompensatorische Kosten der Unternehmen und Haushalte

Neutralisierung von Beeinträchtigungen,
Ausweichbemühungen,
Reparaturen,
Ersatzaufwendungen,
Kompensationszahlungen.

Schadenskosten im engeren Sinn

Marktpreisverschlechterungen,
Qualitätseinbußen von Input und Produktion,
Einkommens- und Vermögensverluste,
Nutzenentgang nach Maßgabe der Zahlungsbereitschaft.

Quelle: Ebert/Klaus/Reichert (1991), S. 43

3.3   Analysemöglichkeiten im Modellrahmen

3.3.1 Monetär zentrierte Analysen

Form und Inhalt des Modellrahmens orientieren sich an drei Funktionen, die sich aus Defiziten der herkömmlichen volkswirtschaftlichen Berichterstattung ergeben. Dabei geht es einmal um die adäquate Wahrnehmung der Wechselbeziehungen zwischen Umwelt und Ökonomie, zum zweiten soll die ökonomische Leistungsmessung um umweltrelevante Tatbestände ergänzt werden („Ökosozialprodukt") und zum dritten soll ein umfassendes Berichtssystem Hilfestellung bei wirtschafts- und umweltpolitischen Entscheidungen geben.

Im Rahmen monetär zentrierter Analysen können unterschiedliche Fragestellungen verfolgt werden:

Unter dem Gesichtspunkt einer Analyse von Strukturveränderungen kann untersucht werden, wie sich Veränderungen der Nachfrage nach Umweltschutzleistungen auf die Struktur der Nachfrage nach Vorleistungsgütern auswirken. Nimmt weiterhin aufgrund umweltpolitischer Maßnahmen bzw. infolge veränderten Verbraucherverhaltens der Konsum von umweltfreundlichen Gütern zu, hat dies auch Konsequenzen für Produktion und Investition der einzelnen „sonstigen" Sektoren. Eine Analyse der Verflechtungen kann Informationen zu Entwicklungschancen bzw. -risiken einzelner Industriezweige liefern und strukturpolitische Maßnahmen unterstützen.[35])

Eine zweite interessante Fragestellung bezieht sich darauf, in welchen Bereichen und in welchem Ausmaß erhöhte Umweltschutzausgaben die Güterpreise beeinflussen. Damit können dann besonders „gefährdete" Sektoren identifiziert oder auch Inflationswirkungen des Umweltschutzes abgeschätzt werden.

---

[35]) Vgl. die Idee der „Ökologisierung der Industriegesellschaft" bzw. die Forderung, die Struktur einer Volkswirtschaft so umzubauen, daß Umweltqualität und Wachstum nicht konkurrierende, sondern komplementäre Ziele sind.

Über weitergehende Untersuchungen sind auch Aussagen zu beschäftigungs- oder wachstumspolitischen Effekten des Umweltschutzes zu treffen und allgemein dessen gesamtwirtschaftliche Wirkungen zu untersuchen.

Unter dem Gesichtspunkt einer Verbesserung der volkswirtschaftlichen Leistungsmessung ist es mit erweiterten Input-Output-Tabellen zunächst möglich, die Gefahr von Doppelzählungen auszuschalten und den Anteil der Umweltschutzausgaben am Sozialprodukt zu ermitteln. Werden darüber hinaus die Schadenskosten (bei unterschiedlichen Bewertungsmethoden) miteinbezogen, dann ist es möglich, – entsprechend der wohlfahrtstheoretischen Kritik an den VGR – die konventionelle Sozialproduktrechnung um Angaben zu den ökologischen Folgekosten zu ergänzen. Die Errechnung eines verbesserten Wohlfahrtsmaßes („Ökosozialprodukt") wird so von manchen Seiten für möglich gehalten, ist jedoch mit erheblichen Problemen belastet.

Über die Leistungsmessung hinausgehend können zudem umfassende gesamtwirtschaftliche Nutzen-Kosten-Analysen durchgeführt werden. Hier kann untersucht werden, wie sich der volkswirtschaftliche Netto-Gesamtnutzen verändert, wenn Variablen wie Niveau und Struktur von Umweltschutzausgaben einerseits, von Schadenskosten andererseits variieren.

Im Rahmen der Umweltpolitik bieten sich hierzu verschiedene Möglichkeiten. Von besonderem Interesse ist die Variation der defensiven Ausgaben. Umweltschutzaufwendungen lassen sich an verschiedenen Interventionspunkten im ökonomisch-ökologischen Wirkungsdurchlauf festmachen (siehe Abbildung 4, S. 35).

– Im Rahmen der Präventionsstrategie können Emissionen vermindert oder gar verhindert werden, wenn Verursacher auf Produktions- und Konsumaktivitäten verzichten oder Ausgaben tätigen, um Produktions- bzw. Konsumprozesse umzustrukturieren oder andere Produkte herzustellen (defensive Ausgaben durch Umstrukturierung oder Einschränkung von Produktion und Konsum).

– Nach der Entstehung von Emissionen kann nur noch nachsorgeorientiert vorgegangen werden. In diesem Spektrum läßt sich das Emissionsvolumen bzw. die Emissionsstruktur durch Ausgaben in sogenannte „End-of-Pipe-Technologien" vermindern bzw. verändern, wobei diese Maßnahmen innerhalb des Betriebes bzw. Haushaltes oder von staatlichen Stellen und Entsorgungsunternehmen durchgeführt werden können (defensive Ausgaben zur Emissionsrückhaltung).

– Danach ist es nur noch möglich, direkt in ökologische Prozesse (Diffusion, Konzentration, Abbau und Anreicherung) einzugreifen (Assimilationshilfen im engeren Sinn).

– Eine letzte Strategie ergibt sich auf Seiten der von den Umweltveränderungen potentiell Betroffenen. Hier können Ausgaben zur Verhinderung bzw. Verminderung der Schadwirkung getätigt werden, wie etwa technische Neutralisation, räumliches Ausweichen (Schadens-Neutralisationskosten).

– Reichen diese Ausgaben nicht aus, dann entstehen Schadwirkungen im ökonomischen Bereich in Form von Einkommens- und Produktionsverlusten, erhöhten Produktionskosten und Minderungen im Realkonsum. Auf diese monetären Verluste kann dann nur noch mit Reparatur- oder Ausgleichmaßnahmen reagiert werden, sofern die beschädigten Objekte repariert bzw. „nachproduziert" werden können (Reparaturkosten).

Abbildung 4
Umwelteffekte, defensive Ausgaben und Schadenskosten

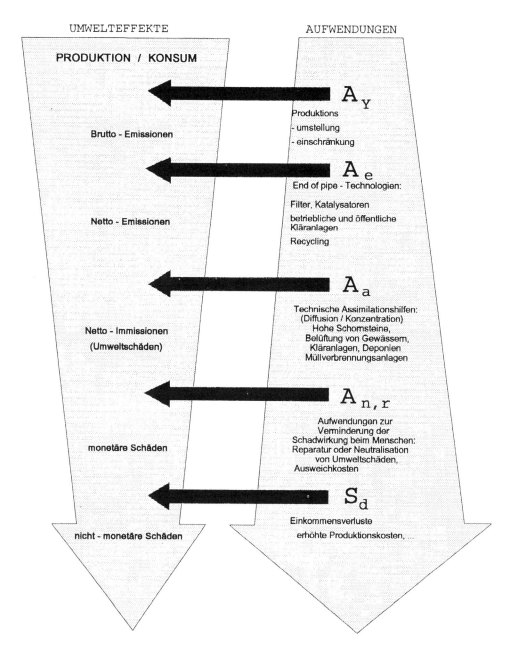

Quelle: Ebert/Klaus/Reichert (1991), S. 55

– Schadwirkungen, die nicht über Ausgaben zur Reparatur ausgeglichen werden können, schlagen sich in direkten Nutzenentgängen bei den Betroffenen nieder (direkte Schädigung).

Bei hinreichender Kenntnis der konkreten ökonomisch-ökologischen Wechselwirkungen könnte so im Rahmen von gesamtwirtschaftlichen Nutzen-Kosten-Analysen ermittelt werden, wie durch Umstrukturierungen der defensiven Ausgaben die gesamtwirtschaftlichen Kosten der Umweltnutzung (als Summe von Umweltschutz- und Umweltschadenskosten) zu senken sind.[36])

Ergebnis dieser Analyse wäre eine Strategie der Kostenminimierung. Auf diese Weise könnten Hinweise gegeben werden, ob präventive Maßnahmen, die zwar kurzfristig hohe Ausgaben verursachen, aber dagegen kaum Schadenskosten entstehen lassen, gesamtwirtschaftlich gesehen nicht doch kostengünstiger sind als eine reaktive Politik, die Schäden entstehen läßt und im nachhinein durch äußerst aufwendige Reparaturmaßnahmen auszugleichen (soweit überhaupt noch möglich) versucht. Auf diesem Wege sind präventive Strategien ökonomisch stringent zu begründen.

Idealerweise kann – bei einer gegebenen Methode der Schadensbewertung – ein monetäres Maß für die ,,externen Effekte" gefunden werden.

Eine Zurechnung dieser Effekte auf einzelne Produkte, Produktionsverfahren, usw. führt zu einer Erhöhung der Güterpreise. Sofern diese Bewertungen konsistent vorgenommen werden können, weisen die so errechneten Preiserhöhungen auf Güter- bzw. Produktionsbereiche hin, von denen besonders massive Wirkungen ausgehen. Besonders schadensintensive Produktionsbereiche würden damit identifiziert. Darauf aufbauend könnte untersucht werden, auf welche Wirtschaftsbereiche umweltpolitischer Einfluß ausgeübt werden müßte, um die gesamtwirtschaftlichen Schadenskosten zu senken.

Damit werden der Umweltverwaltung zugleich Anhaltspunkte für den Einsatz umweltpolitischer Instrumente geliefert. Geht man zudem von der Theorie ökonomischer Instrumente in der Umweltpolitik aus, dann könnte über den Imperativ ,,Internalisierung externer Effekte" in den Schadenskosten ein Maß für die Höhe einer zu setzenden Abgabe (z. B. Abfallabgabe) gefunden werden.

Zudem können Hinweise gegeben werden, welche Sektoren von Schadenskosten besonders stark betroffen sind und zu welchem Ausmaß ermittelte Preiserhöhungen auf Schäden zurückzuführen sind. Auf dieser Basis wäre es dann etwa möglich, umweltpolitisch motivierte Subventionsmaßnahmen für bestimmte Wirtschaftsbereiche zu begründen.

3.3.2 Komplexe umweltorientierte Wirkungsanalysen

Aus der Sicht der Umweltpolitik müssen ökonomisch-ökologische Zusammenhänge im gesamten Wirkungszusammenhang bezüglich ihrer ökologischen Effekte analysiert werden. Bislang werden umweltpolitische Entscheidungen auf sehr schmaler Datenbasis getroffen, womit Probleme häufig nur verlagert werden (z. B. Steigerung des Sondermüllaufkommens durch Klärschlämme, Belastung der Luft durch Emissionen aus Müllverbrennungsanlagen). Diese Wirkungen sind aufzudecken und zu analysieren.

---

[36] Dabei ist diese Annäherung rein theoretisch-modellhaft zu verstehen. Der Datenbedarf für entsprechende Untersuchungen übersteigt die derzeit verfügbaren Daten bei weitem.

Zudem soll Umweltpolitik – so die gängige Politikforderung – vor allem vorsorgeorientiert sein. Dazu benötigt sie hinreichend differenzierte Informationen über die Entstehungsbedingungen von Belastungen. Zu diesem Zweck können je nach konkreter Fragestellung bzw. Interessenlage unterschiedliche Ausgangspunkte gewählt werden. Zum einen sind dies Produkte, Produktions- und Konsumbereiche oder angewandte Technologien sowie die Emissionslinien, zum zweiten die technischen Assimilationshilfen und schließlich Umweltprozesse und -bestände.

3.3.3 Produkt- und Emissionslinienanalysen

„Ziel der Produktlinienanalyse ist es, anhand von verschiedenen Produktalternativen für ein bestimmtes Bedürfnis die Konsequenzen der Alternativen für den einzelnen und die Gesellschaft, für Natur und Wirtschaft aufzuzeigen und so eine umfassende Bewertung in ökologischer und sozialer Hinsicht zu ermöglichen." [37]

Als erster Schritt der Produktlinienanalyse wird das Produkt bzw. die Dienstleistung auf das zugrundeliegende Bedürfnis hinterfragt. Im Rahmen der sog. „Vertikalbetrachtung" geht es darum, ein Produkt über dessen ganzen Lebenszyklus hin zu untersuchen. Angefangen von der Rohstofferschließung und -verarbeitung, über Transport, Produktion, Handel bzw. Vertrieb, Konsum bis hin zur Beseitigung, werden alle Transformationsstufen (Produktlinie) betrachtet. In einer zusätzlichen „Horizontalbetrachtung" werden die einzelnen Lebenszyklus-Phasen einer Produktlinie auf die Dimension Natur und soziales Umfeld untersucht. Als ökologische Beurteilungskriterien können z. B. der Ressourcenverbrauch, die Belastung der Umweltmedien und die Auswirkungen auf Tier- und Pflanzenwelt herangezogen werden. Schließlich kann ein Vergleich zwischen Varianten von Produkten, Dienstleistungen und Produktionsverfahren (mit Null-Variante) bezüglich der ökonomischen Effekte vorgenommen werden.

Die Produktlinienanalyse beschränkt sich darauf, die Vieldimensionalität der zu untersuchenden Probleme darzustellen und Bewertungen überwiegend qualitativ vorzunehmen. Eine Bewertungsanleitung ist nicht enthalten. Insbesondere ein quantitativer Gesamtvergleich der Alternativen anhand von aggregierten Meßgrößen ist nicht vorgesehen.[38]

Denkbar sind auch Emissionslinienanalysen, mit denen die Herkunft (Nutzung von Umweltbestandteilen, ökonomische Aktivitäten) und der Verbleib von einzelnen Schadstoffen (technische Assimilationshilfen, Umweltbestände) nachgezeichnet werden können.

Zunächst kann in Verbindung mit der Emissionstabelle/Emittentenstruktur [39] gezeigt werden, aus welchen Vorleistungs- bzw. Endnachfragebereichen welche Emissionen bzw. Schadstoffe resultieren (direkte oder indirekte Emissionen). Aus analytischen Gründen ist es deshalb wichtig, die Emissionen nach Wirtschaftsbereichen darzustellen.

Untersuchbar sind damit die Zusammenhänge zwischen ökonomischen Aktivitäten, technischem Wandel, Umweltpolitik und Schadstoffemissionen. So können die Veränderungen der direkten und indirekten Emissionen infolge ökonomischer Strukturveränderungen (z. B. Nachfragestruktur, Produktmix eines Produktionsbereiches, u. a.) analysiert, der Zusammenhang zwischen ökonomischem Wachstum und Veränderung der Emissionen über die Zeit

---

[37] Baumgartner (1988), S. 156.
[38] Baumgartner (1988), S. 161.
[39] ISI (1990).

dargestellt, oder auch die Auswirkungen von Änderungen der Umweltschutztechnik, des Recyclings und der umweltpolitischen Rahmenbedingungen auf die direkten und indirekten Emissionen nachgerechnet werden.[40])

Auf dieser Grundlage kann dann angedeutet werden, welche Umweltschutzbereiche bzw. -produkte ausgeweitet und/oder welche traditionellen Sektoren bzw. -produkte zurückgenommmen werden müßten, um das gesamte Emissionsvolumen zu senken, bzw. die Gefährlichkeit, die aus der Emissionsstruktur resultiert, zu reduzieren. Dazu ist es sinnvoll, im Baustein 4 besonders gefährliche Emissionsarten zu kennzeichnen. Derartige Analysen liefern dann Anhaltspunkte für eine ökologisch orientierte Strukturpolitik.

Zudem ist es möglich, die ökologischen Effekte von Umweltschutzmaßnahmen zu eruieren und die wirksamste Strategie zur Minderung des Emissionsvolumens aufzudecken. Wie verändern sich Niveau und Struktur der Gesamtemissionen bei einer Steigerung der Umweltschutzaktivitäten bzw. bei einer Förderung bestimmter Umweltschutzbereiche? Erkennbar sein muß auf jeden Fall, welche sekundären Belastungseffekte auch von Umweltschutzanlagen ausgehen können. Die Entscheidungshilfe besteht dann darin, daß es ,,End-of-Pipe-Technologien" geben kann, bei deren Anwendung sich die Emissionssituation verschlechtert, so daß es sinnvoller wäre, auf den Einsatz zu verzichten bzw. nur präventionsorientierte Maßnahmen zu ergreifen.

Darüber hinaus können die Emissionsverflechtungen so umfassend wie möglich zurückverfolgt werden.

Zum einen kann über die verursachenden ökonomischen Aktivitäten hinausgehend im Feld der ,,Nutzung von Umweltbestandteilen" nach der Herkunft der Emissionen gefragt werden (z. B. SO_2 aus der Energieerzeugung in Zusammenhang mit Menge und Qualität von geförderter Kohle). Auf der anderen Seite ist der Verbleib der Schadstoffe darzustellen. Erforderlich sind Angaben zu Emissionen, die in technischen Anlagen vermindert bzw. umgewandelt werden, genauso wie Informationen zu Schadstoffen, die natürliche Prozesse und Umweltbestände qualitativ direkt beeinflussen.

Die umweltpolitische Bedeutung solcher Verflechtungsanalysen liegt vor allem in der Erkennung von Schwerpunkten und der Planung gezielter Minderungsstrategien.[41])

Assimilationshilfenanalyse

Von besonderer Bedeutung sind die mit dem Baustein ,,Assimilationshilfen" verbundenen Analysemöglichkeiten. Ihre Aufgabe besteht darin, die Wirksamkeit umweltpolitischer Maßnahmen – zunächst bezüglich der Verminderung eines Schadstoffes – zu untersuchen.

Dies kann am Beispiel Abwasserbeseitigung verdeutlicht werden. Den verschiedenen Teilverfahren im Gesamtkomplex ,,Produktion von Abwasserreinigung" stehen ökologische Erfolgsparameter gegenüber, auf die sie Einfluß nehmen (z. B. Schwermetallbelastung, BSB-Werte etc.). Zu untersuchen ist etwa, welche Strategien (Erhöhung des Anschlußgrades an die öffentliche Kanalisation, Erhöhung des Anteils privater Kläranlagen, Verteilung der Reinigungskapazität im Raum, . . .) mit welcher Auswirkung auf die Reinigungsleistung verbunden sind.

---

[40]) Ebert/Klaus/Reichert (1991), S. 164 f. bzw. ISI (1990), S. 51 - 53.
[41]) SRU (1987), S. 94.

Ein Vergleich der Wirksamkeit einzelner Maßnahmen liefert Hinweise für Ansatzpunkte einer rationellen Umweltpolitik. Ziel ist dabei, ein Maximum an Reinigungsleistung zu erbringen.

Unter einer zweiten Blickrichtung wird nach den Belastungseffekten von Umweltschutzaktivitäten gefragt. Geht man wiederum vom ersten Gesetz der Thermodynamik aus, dann kann eine Behandlung von Reststoffen die im ökonomischen Prozeß entstandenen Schadstoffe nicht beseitigen, sondern allenfalls umwandeln. Von den so behandelten, transformierten Stoffen gehen im günstigsten Fall keine weiteren schädlichen Umweltwirkungen aus. In der Regel findet jedoch allein eine Verlagerung der Problematik statt: die Behandlung von Abwässern in Kläranlagen erzeugt hochkonzentrierte Klärschlämme, deren Behandlung in Müllverbrennungsanlagen erzeugt Abwärme, Luftschadstoffe und stark mit Schadstoffen angereicherte Filterstäube. Filterstäube benötigen Deponieräume. Deponien setzen oft Sickerwasser frei, das wiederum in Kläranlagen behandelt werden muß – kurz: Umweltschutzaktivitäten sind hochsensible Bereiche, die unter dem Aspekt der Umweltverträglichkeit besonderer Aufmerksamkeit bedürfen.

Recycling ist als Entsorgungsaktivität zu qualifizieren, weil mit seiner Hilfe die Menge der an die Umwelt abgegebenen Emissionen reduziert wird: Reststoff wird zu Input, der Verbleib im ökonomischen System wird verlängert. Gleichzeitig ist natürlich mit dem Recycling-Prozeß wiederum eine Belastung der Umwelt verbunden.

Analog zu den hier dargestellten Emissionswirkungen von Entsorgungsaktivitäten müssen im Rahmen des Moduls auch deren Wirkungen durch die Nutzung von Umweltbestandteilen differenzierter ausgewiesen werden, als im Entwurf zu Modul 3 dargestellt.[42])

Kombinierte Analysen (Kosten-Wirksamkeits-Analysen)

Zusätzliche Erkenntnismöglichkeiten eröffnen sich, wenn monetäre und nicht-monetäre Analysen kombiniert werden. Damit sind gleichzeitig Aussagen zu ökologischem Wirkungsgrad und ökonomischer Effizienz ableitbar. Zur umfassenden Bewertung können Kosten-Wirksamkeits-Analysen herangezogen werden.

Im Rahmen von Kosten-Wirksamkeits-Analysen ist es zum einen möglich, die ökonomische Effizienz alternativer (Assimilations-)Maßnahmen darzustellen und gleichzeitig Umweltverträglichkeit zu gewährleisten. Von exogen vorgegebenen Reinigungsgraden ausgehend, wäre zu untersuchen, welche Kostenrelationen bei unterschiedlichen Assimilationstechniken zum Tragen kommen, um so eine kostenminimale Lösung zu erreichen.

Ausgangspunkt dieser Überlegungen ist wiederum die Identifikation unterschiedlicher Zielvorgaben für Interventionen im ökonomisch-ökologischen Wirkungsdurchlauf. Wird das Ziel formuliert, bestimmte Qualitäten und Quantitäten bei Umweltbestandteilen zu erhalten (etwa in Form zulässiger Immissionsobergrenzen), dann ist ein breites Maß an Handlungsmöglichkeiten gegeben. Sie reichen von direkten Eingriffen in die ökonomische Struktur bis zur Steigerung der Assimilationsfähigkeit, über nachgeschaltete Technologien bis zu integrierten Technologien zur Minderung des Emissionsvolumens.

---

[42]) Z. B. Flächennutzung einer Deponie, Ressourcennutzung bei der Erstellung einer Müllverbrennungsanlage, . . .

Setzen dagegen die ökologischen Restriktionen bei Emissionsobergrenzen an, dann vermindert sich die Zahl der Eingriffsmöglichkeiten. Es ist dann nur noch möglich zwischen integrierten und „End-of-Pipe-Technologien" zu wählen, sofern die Produktion nicht eingestellt werden soll.

Die einzelnen Strategien sind dabei mit unterschiedlichen Kosten verbunden. Sind die Kostenrelationen tatsächlich bekannt, dann ist es möglich, zur Erreichung von ökologischen Vorgaben die kostengünstigste Alternative zu wählen. Aus der Vorgabe von Grenzwerten würde also eine kosteneffiziente Struktur der Assimilationshilfen resultieren, die auch den ökologischen Restriktionen gerecht wird.

So kann zum Beispiel die Einhaltung einer bestimmten Sauerstoffkonzentration in Gewässern durch öffentliche Kläranlagen oder durch betriebliche Abwasserreinigung erreicht werden. Zu fragen ist dann, welche der beiden Alternativen mit den geringeren (gesamtwirtschaftlichen) Kosten verbunden ist. Dabei sind nicht nur die Kosten der Assimilationsanlagen zugrundezulegen, sondern auch die damit verbundenen Minderungen der Schadenskosten zu berücksichtigen. Diese Vorgehensweise würde einer umfassenden Kosten-Wirksamkeitsanalyse entsprechen. Geliefert werden dadurch Kosten-Wirksamkeits-Relationen in bezug auf Anlagen zur technischen Assimilationshilfe.

Zum anderen kann von gegebenen Budgets ausgegangen und ermittelt werden, wie mit diesem Fixbetrag ein Maximum an Reinigungsleistung erzielt werden kann. Eruierbar sind damit die ökologischen Konsequenzen einer ökonomisch restringierten Umweltpolitik. Stehen z. B. dem Bereich Abwasserbeseitigung nur begrenzte Mittel zur Verfügung, kann untersucht werden, ob der Gesamtreinigungseffekt durch viele, kostengünstigere, biologische Kläranlagen oder mit wenigen, aber teueren, chemischen Anlagen maximiert wird.

3.4   Grenzen von Anspruch und Realisierung

Inwieweit ist es nun möglich, mit Methoden wie dem vorgestellten Modellrahmen tatsächlich den drei wesentlichen Funktionen – adäquate Wahrnehmung ökologischer Dimensionen im ökonomischen Prozeß, verbesserte Wohlfahrtsmessung, Hilfestellungen in konkreten Entscheidungssituationen der Umwelt- und Wirtschaftspolitik – zu entsprechen?

3.4.1 Ökonomische Sichtweise der ökologischen Rahmenbedingungen und Prozesse

Wie bereits ausgeführt versteht sich das vorliegende Modell als in starkem Maße ökonomisch orientiert. Das Fehlen einer umfassenden ökonomisch-ökologischen Theorie, die unzureichende (vielleicht unmögliche) Begriffsbildung einer konsistenten, umfassenden Theorie ökologischer Prozesse (in deren Rahmen auch die Ökonomie abgebildet werden kann) bedingt ein Vorgehen, das sich immer wieder auf das akzeptierte, kodifizierte Wahrnehmungsraster der ökonomischen Berichterstattung in Form des Systems der Volkswirtschaftlichen Gesamtrechnungen bezieht.

Eine solche Vorgehensweise bedingt – über systemimmanent notwendige Vereinfachungen und Strukturierungen – eine Übertragung ökonomischer Sichtweisen auf Umweltzustände und -prozesse. Eine solche Unterordnung bedingt Verzerrungen zu Lasten einer adäquaten Wahrnehmung und Beschreibung der ökologischen Sphäre im Kontext des Modellrahmens. Insofern kann der vorliegende Entwurf nur als ein Ansatz in Richtung auf eine befriedigende und hinreichende Lösung angesehen werden.

Die vorgestellten Gedanken deshalb zu verwerfen, wäre dennoch unangebracht. Im Vergleich zur bislang gängigen Berücksichtigung der Natur in der ökonomischen Rechnungslegung werden hier Wirkungszusammenhänge verdeutlicht, die als Ausgangspunkt für weitere Überlegungen gelten können. Klärungsbedarf besteht vor allem hinsichtlich einer Theorie der ökonomisch-ökologischen Interaktionen als unabdingbare Voraussetzung einer schematisierten Darstellung in einem Rechensystem.

3.4.2 Differenzierungserfordernisse für eine verbesserte Wohlfahrtsmessung – Reizwort „Ökosozialprodukt"

Eine einhellige Beantwortung der Frage nach dem Sinn und Unsinn der Berechnung eines Öko-Sozialprodukts kann nur vorgenommen werden, soweit Konsens über die gesellschaftlichen Funktionen einer derartigen Wertgröße und die aus ihrer gesamten Konstruktion resultierenden tatsächlichen Aussagemöglichkeiten besteht. Hierzu ist eine sorgfältige Differenzierung vorzunehmen:

1. Aus den theoretischen Grundlagen, den Begriffsverwendungen und den empirischen Begrenzunggen der Volkswirtschaftlichen Gesamtrechnungen ergibt sich, daß die Größe des Sozialprodukts als deren rechnerisches Ergebnis keinen hinreichend urteilssicheren Wohlstandsmaßstab darstellen kann.

    Aus diesem Grund sind auch auf Gesamtrechnungsbasis erstellte umweltbezogene Korrektur- oder Ergänzungsgrößen nicht dazu geeignet, die Aufgabe der (jetzt umweltberücksichtigenden) Wohlstandsmessung (mit) zu erfüllen.

2. Nichtsdestoweniger ist es, spätestens seit die meisten Umweltgüter (zum Teil gefahrbringend) knapp geworden sind, bereits unter dem Gefährdungsaspekt zwingend notwendig, die wechselseitigen Beziehungen zwischen wirtschaftlichen Aktivitäten und Umweltveränderungen ebenso sorgfältig zu beobachten wie die wirtschaftlichen Zusammenhänge selbst.

3. Ein ernst gemeintes Interesse an einer optimalen Allokation der Ressourcen muß mit Selbstverständlichkeit auch Informationen über die Stellung der Umweltgüter und -leistungen im Entstehungs- und Verwendungsprozeß der Volkswirtschaft verlangen. Dies bedeutet, daß einerseits die Leistungen der Umweltgüter (aus Medien bzw. Biosystemen) zu der Güterproduktion rechenhaft gemacht werden müssen. Dies gilt unabhängig davon, ob aufgrund einer solchermaßen „richtigeren" Kostenrechnung auch eine verursachergerechtere Kostenanlastung angestrebt wird, oder aber vielleicht auch weiterhin ein freier Einsatz, d. h. in Wirklichkeit eine Subventionierung des Einsatzes von Umweltgütern durch die Allgemeinheit toleriert werden soll.

Das allokative Interesse verlangt andererseits, daß der Anteil der Güter der intermediären und auch der letzten Verwendung, die für die Erhaltung und Verbesserung der Umweltqualität sowie für Restauration und Kompensation von Umweltschädigungen aufgewendet werden, als spezifische Leistung verzeichnet wird. Was hier zugunsten der Umwelt getan wird, stellt im Hinblick auf andere Verwendungsmöglichkeiten eine Belastung dar.

Damit ergibt sich (bereits unter dem Gesichtspunkt einer verbesserten ökonomischen Analyse) eine doppelte Aufgabe für eine auf Umwelttatbestände hin erweiterte Volkswirtschaftliche Gesamtrechnung: Das möglichst exakt zu zeichnende Bild von dem Einsatz der Umwelt für die Produktion von Gütern sowie die simultan vorzunehmende Verzeichnung des Einsatzes von produzierten Gütern für die Erhaltung und Verbesserung der Umwelt.

Dieser Aufgabe kommt von der Sache her wesentliche Bedeutung zu; sie ist unabhängig von den Meinungsverschiedenheiten darüber, wann bzw. ob überhaupt die Errechnung einer einzigen, als Saldo von zum Teil schwer bewertbaren Einzelgrößen zu ermittelnde Öko-Sozialproduktziffer in Angriff genommen werden kann. Die Errechenbarkeit einer derartigen korrigierten Gesamtgröße stößt auf erhebliche methodische und empirische Schwierigkeiten. Dies gilt in besonderem Maße für eine in Analogie zu den Abschreibungen für Kapital in der traditionellen Volkswirtschaftlichen Gesamtrechnung vorgeschlagene abzusetzende Rechengröße für Wertminderungen des „Naturvermögens". Jedoch auch die Berücksichtigung von Beträgen der Einkommensverwendung, die lediglich der Vermeidung und Kompensation von umweltbedingten Schädigungen dienen (z. B. Umweltschutzaufwendungen der privaten Haushalte), entziehen sich vielfach einer genaueren Erfassung.

3.4.3 Begrenzte Datenverfügbarkeit für umwelt- und wirtschaftspolitische Entscheidungen

Der vorliegende Modellrahmen bezieht sich vor allem auf hochaggregierte Daten auf volkswirtschaftlicher Ebene. Dagegen erfordern Entscheidungen der Umweltpolitik in starkem Maße Angaben in ausgeprägter sachlicher und räumlicher Differenzierung.

Dieses Spannungsverhältnis wäre nur zu lösen, wenn das Berichtssystem neben Globalzahlen auch einzelne Angaben in entsprechend weiter Disaggregation vorlegen kann, so daß die jeweiligen Nutzer (Bundesbehörden, Länder, Kommunen, Umweltschutzorganisationen, Betriebe, Forschungsinstitute, . . .) Daten zu ihren spezifischen Fragestellungen auswählen können. Der entsprechende Datenbedarf wäre allerdings sehr hoch.

Dem stehen die bislang sehr begrenzten verfügbaren Angaben gegenüber, vor allem, was den Bereich der Umweltstatistik betrifft. Wie im Rahmen einer Pilotstudie zur Verfügbarkeit von Daten zu Abwasserbeseitigung und Gewässerschutz sichtbar wurde,[43] ist der Datenbestand insgesamt unzureichend, legt man so weitreichende Anforderungen zugrunde, wie sie aus dem skizzierten Modellrahmen abgeleitet werden können.

So fehlen im Bereich des Gewässerschutzes Daten zu genauen Schadstoffemissionen einzelner Emittenten sowie Angaben über Kosten von Vermeidungsaktivitäten bzw. Schäden. Erhebliche Defizite bestehen auf der Ebene der güte- und qualitätsbezogenen Daten. Schließlich ist es nicht möglich, die Informationsanforderungen (wie Daten zur Umweltverträglichkeit von Produkten oder Maßnahmen) aus der spezifischen Sicht von Ländern und Kommunen zu erfüllen.

Ob die zusätzlich erforderlichen Daten des Systems in ausreichendem Umfang erhoben werden können, ist abhängig vom anvisierten Zeithorizont und von den zur Verfügung stehenden Mitteln zur Erhebung der Daten. Es muß jedoch bezweifelt werden, daß ein Berichtssystem in tiefer Differenzierung wie der vorgestellte Modellrahmen in kurzer Zeit mit Daten aufgefüllt werden kann.

Um dennoch dem gegebenen Datenbedarf langfristig gerecht werden zu können, sollte ein Modellrahmen sich auch verstehen als strukturierendes Ordnungssystem, dessen Rahmen eine Integration unterschiedlichster Daten nach einheitlicher Struktur hinsichtlich der Begrifflichkeiten und Klassifikationen ermöglicht.

---

[43] Zipfel (1991).

Anstöße und Ansätze zur Umweltberichterstattung auf unterschiedlichen internationalen/supranationalen Ebenen

1 Grundlegende Ausrichtungen im Überblick: Systementwicklungen und Marksteine für eine umweltökonomische Berichterstattung

Ähnlich wie in den einzelnen Staaten hat sich auch in internationalen Institutionen und Organisationen sowie supranationalen Behörden eine breite, weitaufgefächerte Diskussion um eine Umweltberichterstattung entwickelt. Dabei sind vor allem die Ebenen

- der Vereinten Nationen (UN),
- der Organisation für wirtschaftliche Zusammenarbeit und Entwicklung (OECD) sowie
- der Europäischen Gemeinschaften (EG)

einander gegenüberzustellen. Die ebenenspezifischen Ansätze gehen auf verschiedenartige Anstöße zurück, weisen zum Teil divergierende Zielsetzungen auf und sind methodisch entsprechend unterschiedlich ausgerichtet. Nach einem Überblick sind im folgenden besonders wichtige und charakteristische Ansätze jeweils einer gesonderten Darstellung und Würdigung zu unterziehen.

1.1 Integrative Konzeptionen auf der Ebene der UN

Auf der Ebene der Vereinten Nationen lassen sich unterschiedliche Entwicklungsimpulse feststellen, die einerseits den Aufbau einer Umweltberichterstattung insgesamt betreffen, andererseits auf die Erfassung der spezifischen Wechselbeziehungen zwischen ökonomischen Aktivitäten und natürlicher Umwelt (mit dem Akzent auf monetären Größen) gerichtet sind.

Bereits seit 1978 betrieb das Statistische Amt des Sekretariats der Vereinten Nationen (UNSO) mit Unterstützung des Umweltprogramms der Vereinten Nationen (UNEP) in verschiedenen Programmabschnitten die Erstellung eines Rahmenwerks zur Entwicklung einer Umweltstatistik (Framework for the Development of Environmental Statistics- FDES). Wichtige methodische Ergebnisse liegen inzwischen vor.[1] Sie beziehen sich vor allem auf Darstellungs- und Rechenkonzepte, Definitionen und Klassifikationen für statistische Größen zur Beschreibung der Umweltbedingungen und -probleme auf nationaler und internationaler Basis. Das gesamte Rahmenwerk soll eine Datenbasis erhalten, die auch nationale Ressourcenbilanzen aufzustellen erlaubt und zugleich eine Verknüpfung einer Umweltrechnungslegung mit den Volkswirtschaftlichen Gesamtrechnungen ermöglicht.[2] Es ist im folgenden Abschnitt 2 (siehe S. 52 ff.) einer näheren Betrachtung zu unterziehen.

Das auf eine derartige integrative Sicht abzielende Rechensystem einer ,,Integrierten Umwelt- und Ökonomischen Gesamtrechnung" liegt inzwischen ebenfalls als Vorschlag des Statistischen Amts der Vereinten Nationen vor. Bereits seit Beginn der achtziger Jahre wurden in gemeinsamen Workshops der UN und der Weltbank konzeptionelle Ansätze für ein Umwelt-Satellitensystem zu den Volkswirtschaftlichen Gesamtrechnungen erörtert. Auf der Weltkonferenz für Umwelt und Entwicklung in Rio de Janeiro ist in vorläufiger Fassung ein Handbuch zur Integrierten Umwelt- und Ökonomischen Gesamtrechnung[3] erschienen, das die Konzep-

---

[1] UNSO (1991 a), UNSO (1988).
[2] UNSO (1991 a), S. 138.
[3] UNSO (1992).

tion für ein derartiges Satellitensystem enthält, ,,welches ergänzend neben das System der Volkswirtschaftlichen Gesamtrechnungen der Vereinten Nationen tritt und die Wechselbeziehungen zwischen natürlicher Umwelt und Wirtschaft beschreibt. ''[4])

Das System ist im folgenden Abschnitt 3 (siehe S. 57 ff.) eingehend zu referieren.

In jüngster Zeit intensivieren sich die Bemühungen weiterhin. So ist von der Konferenz Europäischer Statistiker im Rahmen der Economic Commission for Europe (ECE) die Einrichtung einer Task Force beschlossen worden, die gezielt methodologische Fragen zu den vorstehend skizzierten statistischen Problemen diskutieren soll. Insbesondere stehen die Bilanzierung von natürlichen Ressourcen und die Einflüsse auf die natürliche Umwelt, jedoch auch konzeptionelle Fragen betreffend Umweltindikatoren und ein Umwelt-Satellitensystem im Vordergrund. Darüber hinaus wurde auch auf einem Workshop von UNEP in Nairobi ein Entwicklungsprogramm konzipiert, das als wesentliche Schwerpunkte die oben skizzierten konzeptionellen Ansätze und Elemente enthält.

1.2   Darstellungsschwerpunkte auf der Ebene der OECD

Auf der Ebene der OECD entwickelten sich die methodischen und statistischen Arbeiten zur Umweltberichterstattung[5])

–   einerseits in Richtung auf eine allgemeine Darstellung von Umweltdaten in Form eines periodischen Kompendiums bzw. eines Berichts zum Stand der Umwelt und

–   andererseits in Richtung auf die Ermittlung von Umweltindikatoren für besonders spezifizierte, wichtige Umweltzustände und Umweltansprüche.

Die Zielsetzungen beider Ausrichtungen überdecken sich zu einem großen Teil. Sie beziehen sich

–   auf eine verstärkte Integration von Aspekten der Ökonomie und der Umwelt in die Politik einer nachhaltigen Entwicklung in den einzelnen Ländern,

–   auf eine Verbesserung der internationalen Koordinationsmöglichkeiten der Umweltpolitik und

–   auf die Sicherung hinreichender Umweltinformationen für die Öffentlichkeit.

Die Informationsbereiche und der Darstellungsrahmen von ,,The State of the Environment'' werden durch die folgende Abbildung 1 (siehe S. 45) verdeutlicht. Im Vordergrund stehen Leistungen der vergangenen Jahrzehnte zur Sicherung und Verbesserung der Umwelt, die Beziehungen zwischen Umwelt und wirtschaftlichem Wachstum mit den entsprechenden Strukturveränderungen sowie weltweite ökonomische-ökologische Wechselwirkungen. Eine breite Anlage und Konkretisierungen anhand der Situation in den Mitgliedsländern sichern die unmittelbare Verständlichkeit der Berichterstattung auch für die breitere Öffentlichkeit.

Eine straffere und eingegrenztere analytische Darstellung sowie eine besondere statistisch-technische Fundierung erfahren die drei Typen von Indikatorsätzen, die zunächst stark an ,,The State of the Environment'' angelehnt wurden. Ihre Entwicklung ist betrieben worden, um die Leistungen der Umweltpolitik gestrafft darzustellen, u.a. im Vergleich mit national und international festgesetzten Zielen. Zusammengefaßte Indikatoren können hier für die Informationen der Öffentlichkeit wichtig sein. Die Indikatorsätze sollen darüber hinaus die Interde-

---

[4]   Radermacher (1992), S. 412; vgl. auch schon früher Bartelmus/Stahmer/van Tongeren (1991 a).
[5]   OECD (1991 a und 1991 b).

Abbildung 1
Scope and Framework of the Report

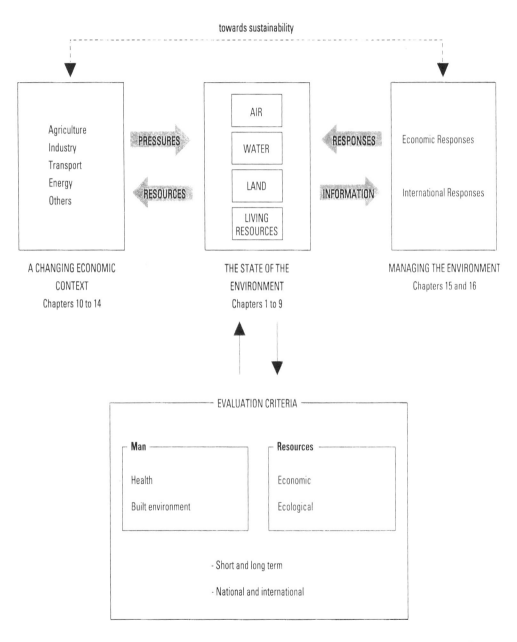

Quelle: OECD (1991 a), S. 14

pendenzbeziehungen zwischen Umweltbeanspruchung und sektoralen Entwicklungen deutlich machen. Schließlich wird erwartet, daß bestimmte Indikatoren auch die Arbeiten an Satellitensystemen und Ressourcenbilanzen erleichtern helfen.

In mittelfristiger Sicht soll ein mit den Mitgliedsländern abgestimmter Satz von Indikatoren entwickelt und für Länderanalysen angewendet werden. Für bessere Datenlieferung seitens der Länder müssen Anreize geschaffen werden. Eine ,,Zweite Generation" statistischer Information würde geographisch weitreichender sein, breitere Verknüpfungen sichern und stärker zusammengefaßte Informationen sicherstellen.[6])

1.3   Entwicklungslinien auf der Ebene der EG

Auf der Ebene der Europäischen Gemeinschaften lassen sich besondere Entwicklungen in Richtung auf eine europäische Umweltberichterstattung erkennen, die zu dem Bemühen um eine Ausweitung des umweltbezogenen statistischen Instrumentariums geführt haben. Sie schlugen sich nieder in

- einem neuen Statistischen Vierjahresprogramm 1993-1997, das starken Akzent auf den weiteren Ausbau der Umweltstatistik legt,

- dem Beschluß des Rates der Umweltminister zur Transformation des Prototyp-Systems CORINE in ein permanentes Informationssystem und zur Gründung einer Europäischen Umweltagentur sowie

- einer weiteren Ausformulierung des Europäischen Systems zur Sammlung umweltbezogener Wirtschaftsdaten (SERIEE).

Die neugeschaffene Eurostat-Arbeitsgruppe für Umweltstatistik hatte mit dem Statistischen Programm 1989/92 ihre eigentliche Arbeit aufgenommen, in dem Ziele, Arbeitsbereiche und die Zusammenführung von Umweltstatistiken aus anderen Sektoren von Eurostat und internationalen Organisationen festgelegt worden waren. Die ersten Schritte beinhalteten die Publikation von Basisserien, die Einführung der Umweltdaten in die Eurostat-Publikationen, Datensammlung in verschiedenen wirtschaftlichen Sektoren sowie Studien einer Eurostat Task-Force über die Einführung eines Geographischen Informationssystems (GIS). Die weiteren Entwicklungen hängen in hohem Maße von der Einrichtung der Europäischen Umweltagentur ab.

Wesentliche Ziele des Vierjahresprogramms 1993-1997 erstrecken sich zunächst darauf, die Internationale Konsistenz und Vergleichbarkeit des umweltstatistischen Systems zu steigern und zu sichern.[7]) Darüber hinaus wird der Ausrichtung an der Zielsetzung des Sustainable Development eine besondere Bedeutung beigemessen.

Neben der Verbesserung der Umwelt-Datensammlung und dem Aufbau eines Geographischen Informationssystems wird auch die Kooperation mit der Europäischen Umweltagentur angestrebt. Darüber hinaus wird besonderer Wert gelegt auf den Ausbau eines kohärenten statistischen Systems und die Entwicklung von ökonomischen und ökologischen Satellitenkonten, Indikatoren und Bilanzen. Dazu gehört auch die Entwicklung von Methoden zur

---

[6]   OECD (1991 a), S. 14.
[7]   SAEG (1991).

Ermittlung der Kosten von Umweltverschmutzung und -ausbeutung in einer Ökonomischen Rechnungslegung.

Das Prototyp-System CORINE, das Leitlinien für die Europäische Umweltagentur entwickelt und für deren Start wichtige Vorarbeiten geleistet hat, zielt ab auf die Sammlung, Koordinierung und Konsistenzsicherung von Umweltinformationen. Insbesondere sollten Nutzen und Machbarkeit eines permanenten Informationssystems für die EG-Umweltpolitik geprüft und wichtige Informationen über Biotope, Luftverschmutzung und Umweltsituation im Mittelmeerraum bereitgestellt werden.

Das CORINE-Programm hat sich als ein Katalysator zur Beschleunigung der Schaffung nationaler Informationssysteme erwiesen.[8]) Einen Überblick über den Inhalt des Informationssystems vermittelt Übersicht 1 (siehe S. 48 ff.). Der enge Bezug, in dem CORINE sowohl zu der geplanten Errichtung einer Umweltagentur als auch zu dem erwähnten Vierjahresprogramm für die Entwicklung einer Umweltstatistik steht, ergibt sich auch aus den vorgesehenen Aufgaben dieser Einrichtung. Dazu gehören im Besonderen

– „Erfassung, Zusammenstellung und Bewertung von Daten über den Zustand der Umwelt, Erstellung von Sachverständigengutachten über die Qualität, die Empfindlichkeit und Belastungen der Umwelt im Gebiet der Gemeinschaft, Aufstellung einheitlicher Bewertungskriterien für Umweltdaten, die in allen Mitgliedstaaten anzuwenden sind,

– Förderung der Vergleichbarkeit der Umweltdaten auf europäischer Ebene, Förderung der Entwicklung und der Anwendung von Verfahren zur Vorhersage im Umweltbereich . . .,

– Förderung der Entwicklung von Methoden zur Bewertung der Kosten von Umweltschäden sowie der Kosten für Vorsorge-, Schutz- und Sanierungsmaßnahmen im Bereich der Umwelt."[9])

Eine dominierende Stellung in der EG-Berichterstattung wird seit einiger Zeit dem statistischen System zugewiesen, das auf „europäischer Ebene einen Rahmen für die Sammlung der von den zuständigen Stellen benötigten Wirtschaftsdaten zur Bewirtschaftung und zum Schutz der Umwelt"[10]) schaffen sollte. Die Arbeiten an diesem Instrument laufen unter dem Namen „Europäisches System für die Sammlung umweltbezogener Wirtschaftsdaten" (SERIEE).

Vorschläge zur Verwirklichung des SERIEE werden in kleinen Ad-hoc-Arbeitsgruppen diskutiert, angepaßt und in der Praxis erprobt. Teilnehmer an diesen Ad-hoc-Arbeitsgruppen sind Vertreter der Statistischen Ämter der EG-Mitgliedstaaten Bundesrepublik Deutschland, Niederlande, Frankreich, Spanien und Italien. Bei der Ausarbeitung von Vorschlägen für SERIEE ist das Statistische Amt der Europäischen Gemeinschaften bestrebt, dem Informationsstand sowie den verwendeten bzw. geplanten Datensammlungs- und Datenverarbeitungsverfahren in den einzelnen Mitgliedsstaaten soweit wie möglich Rechnung zu tragen. Das SERIEE verfolgt als Hauptziel eine spezifische Beschreibung der „Beziehung zwischen Mensch und Natur."[11]) Im Vordergrund der Darstellung stehen Ausgaben, die von Wirtschaftssubjekten für Maßnahmen zu Gunsten der Umwelt getätigt werden. In diesem Zusammenhang ist vorgesehen, zum einen für alle Wirtschaftssubjekte solche Finanzströme zu erfassen, die

---

[8])   Cornaert (1992), S. 35.
[9])   Sprenger et al. (1992), S. 14 ff.
[10])   SAEG (1989 a), S. 2.
[11])   SAEG (1989 b), S. 2.

Übersicht 1
Überblick über den Inhalt des Informationssystems CORINE

Thema	Art der Information	Umfang der Information Beschreibung	Mega-bytes	Auflösung/Maßstab
Biotope	Lage und Beschreibung der Biotope, die für die Erhaltung der Natur in der EG von vorrangiger Bedeutung sind	5 600 Biotope, nach jeweils etwa 20 charakteristischen Merkmalen beschrieben.	20.0	Angabe des Mittelpunktes des jeweiligen Ortes
		Informatisierte Speicherung der Umrisse von 440 Biotopen (Portugal/Belgien)	2.0	1/100000
Bezeichnete Gebiete	Lage und zusammenfassende Beschreibung der nach Art des Schutzes eingestuften Gebiete	13000 Gebiete, nach 11 Merkmalen beschrieben (Datei nahezu fertiggestellt).	6.5	Angabe des Mittelpunktes des jeweiligen Ortes
		Informatisierte Speicherung der Grenzen der gemäß Artikel 4 der Richtlinie EWG/409/79 über die Erhaltung der wildlebenden Vogelarten bezeichneten Gebiete		1/100000
Emissionen in die Luft	Menge der im Jahr 1985 emittierten Schadstoffe (SO_2, NO_x, COV) in 1 pro Kategorie der Schadstoffquelle: Kraftwerk, Industrie, Verkehr, Natur, Ölraffinerien, Verbrennung	Eine Zahlenangabe pro Schadstoff, Kategorie der Schadstoffquelle und Region, weitere Daten für über 1 400 Quellen, d. h. insgesamt ± 200 000 Angaben	2,5	Regional (NUTS III) und Ortsangabe großer Anlagen
Wasser-ressourcen	Lage der Eichstation, Fläche des Einzugsgebietes, durchschnittlicher und Mindestdurchsatz, Zeitraum 1970–1985, für die Mittelmeerregion der EG	Gespeicherte Daten zu 1 061 Eichstationen, für 12 Variablen	3,2	Lage der Eichstation

Quelle: Cornaert (1992), S. 33 ff.

Übersicht 1
Überblick über den Inhalt des Informationssystems CORINE

Thema	Art der Information	Umfang der Information Beschreibung	Mega-bytes	Auflösung/Maßstab
Küstenerosion	Morpho-sedimentologische Merkmale (4 Kategorien), vorhandene Bauwerke, Merkmale der Küstenentwicklung (Erosion, Stabilität, Ausdehnung)	+/– 17 500 beschriebene Küstenabschnitte	25,0	Basisdaten: 1/100 000 Generalisierung: 1/1 000 000
Bodenerosions-risiko	Bewertung des potentiellen und tatsächlichen Bodenerosionsrisikos durch Kombination von 4 Datenquellen: Boden, Klima, Hänge, Vegetation	180 000 homogene Gebiete (Mittelmeerregion der EG)	400,0	1/100 000
Wichtige Boden-ressourcen	Bewertung der Bodenqualität durch Kombination von 4 Datenquellen: Boden, Klima, Hänge, Bodenverbesserungen	170 000 homogene Gebiete (Mittelmeerregion der EG)	300,0	1/100 000
Potentielle Vegetation	Kartierung von 140 Klassen natürlicher potentieller Vegetation (Europa)	2 288 homogene Gebiete	2,0	1/3 000 000
Landdecke (Land Cover)	Inventar der biophysikalischen Bodenbedeckung; Nomenklatur: 44 Klassen	Vektorisierte Datenbanken für Portugal, Luxemburg	51,0	1/100 000
Hydrographisches Netz	Schiffbarkeit, Kategorien (Fluß, Kanal, See, Reservoir)	49 141 Flußabschnitte digitalisiert	13,8 / 0,3	1/1 000 000 / 1/3 000 000

Quelle: Cornaert (1992), S. 33 ff.

Geographisches Institut der Universität Kiel

Übersicht 1

Überblick über den Inhalt des Informationssystems CORINE

Thema	Art der Information	Umfang der Information Beschreibung	Mega-bytes	Auflösung/Maßstab
Qualität der Badegewässer	Jährliche Werte für bis zu 18 Parameter, 113 Stationen, im Zeitraum 1976–1986, vorgelegt gemäß Richtlinie EWG/76/160	2 650 Werte	0,2	Lage der Stationen
Bodentypen	Kartierung von 320 Bodenklassen	15 498 homogene Gebiete	9,8	1/1 000 000
Klima	Niederschläge und Temperatur (sonstige klimatische Variablen: unregelmäßige Daten)	monatlicher Durchschnitt für 4 773 Stationen	7,4	Lage der Stationen
Hänge	durchschnittliches Gefälle pro km² (Mittelmeerregion der EG)	1 Wert pro km², d.h. 800 000 Werte	150	1/100 000
Verwaltungsgrenzen	NUTS-Regionen (Nomenklatur der territorialen statistischen Einheiten) der EG, 4 hierarchische Ebenen	470 statistische Regionen	0,7	1/3 000 000
Küsten und Staaten	Küstenlinie und nationale Grenzen (EG und angrenzende Länder)	62 734 km	0,3 3,2	1/3 000 000 1/1 000 000
Küsten und Staaten	Küstenlinie und Grenzen (Erde)	196 Länder	1,5	1/25 000 000
EFRE-Regionen	Förderungsfähigkeit im Rahmen der Strukturfonds	309 eingestufte Regionen (3 Typen)	0,01	Förderungsfähige Regionen

Quelle: Cornaert (1992), S. 33 ff.

Übersicht 1

Überblick über den Inhalt des Informationssystems CORINE

Thema	Art der Information	Umfang der Information Beschreibung	Mega-bytes	Auflösung/Maßstab
Städte	Name, Lage und Einwohnerzahl von Städten mit > 20000 Einwohnern	1 542 Städte	0,1	Lage der Stadt
Sozioökonomische Aktivitäten	Statistische Reihen aus der Datenbank REGIO des OSCE	Bevölkerung, Verkehr, Landwirtschaft, usw.	40,0	Statistische Einheiten NUTS III
Luftverkehr	Name, Lage von Flughäfen, Art und Umfang des Luftverkehrs (1985–1987)	254 Flughäfen	0,1	Lage der Flughäfen
Kernkraftwerke	Kapazität, Reaktortyp, Stromproduktion	97 Kraftwerke, 1985 aktualisiert	0,03	Lage der Kraftwerke

Quelle: Cornaert (1992), S. 33 ff.

durch die Bewirtschaftung und den Schutz der Umwelt bedingt sind;[12]) zum anderen sind alle an den Finanzströmen beteiligten Wirtschaftssubjekte zu ermitteln und darzustellen.[13]) Ziel ist auch eine Ergänzung der monetären Darstellung durch physische Einheiten.

Den Initiatoren von SERIEE erschien es sinnvoll, bei der Erfassung und Eingrenzung der Mensch-Natur-Beziehung von einem Umweltbegriff auszugehen, der nicht nur die natürliche Umwelt umfaßt, sondern darüber hinaus auch einige Bestandteile des Lebensraumes, wie z.B. die Funktion von Naturgütern als Erholungsgebiete. Diese weitergefaßte Definition wurde bei den Arbeiten zu SERIEE als Basis für die Klassifikation der relevanten Umweltschutzmaßnah-men verwendet. „Charakteristische umweltspezifische Maßnahmen" stehen im SERIEE zur Beschreibung der Umweltschutzaktivitäten der Wirtschaftssubjekte. Sie sollten „einen Bezug zu Elementen des natürlichen Lebensraumes, zu Arten von Umweltverschmutzungen bzw. -belastungen oder zu Techniken der Bekämpfung umweltschädlicher Einflüsse haben."[14])

Um die Datenerfassung zu erleichtern, ist die Abgrenzung der Akteure so angelegt, daß sie im wesentlichen einer homogenen, verwaltungsunabhängigen Einheit zuzuordnen sind. Außer-dem sollten die erwähnten charakteristischen Maßnahmen für eine vereinfachte Gegenüber-stellung von Finanz- und entsprechenden Technischen Daten auf einen homogenen Typus von Elementen der natürlichen Umwelt bezogen sein. Die relevanten Finanzströme sind um-weltspezifische Ströme im engeren Sinne (d.h. Ströme, die durch die Bewirtschaftung und den Schutz der Umwelt selbst entstehen) und im erweiterten Sinne verbundene Ausgaben, wie z.B. für Forschung oder Ausbildung.

Im einzelnen wird das System in Abschnitt 4 (siehe S. 70 ff.) einer näheren Betrachtung unterzogen.

2 Framework for the Development of Environment Statistics (FDES); Concepts and Methods

2.1 Zielsetzung

Die Konzeption des Statistischen Büros der Vereinten Nationen für eine statistische Umwelt-berichterstattung stellt darauf ab, trotz der Heterogenität und Verstreutheit der Daten sowie der Vielfalt von Datensammelstellen und -verarbeitungsmethoden einen Rahmen für die Präsen-tation von umweltbezogenen Statistiken zu schaffen, der relevante biophysikalische, gesell-schaftliche, demographische und ökonomische Daten enthält. Er bezieht sich zunächst auf die Umweltkomponenten

– Umweltmedien,

– darin vorhandene Biota sowie

– menschliche Landnutzung und Siedlungstätigkeit.

Die statistische Deskription muß zugeschnitten werden auf die Erfassung

– der Qualität und Verfügbarkeit natürlicher Ressourcen,

---

[12]) SAEG (1989 c), S. 2.
[13]) SAEG (1989 c), S. 2.
[14]) SAEG (1989 c), S. 3.

– umweltrelevanter menschlicher Aktivitäten und natürlicher Ereignisse,

– Auswirkungen dieser Tätigkeiten und Vorgänge sowie

– gesellschaftlicher Reaktionen auf die entsprechenden Einwirkungen.

Dabei muß der Vielfalt der Datennutzergruppen soweit wie möglich Rechnung getragen werden.

2.2 Organisationsschemata

Die schematische Anlage der Berichterstattung zielt ab auf eine Gegenüberstellung der Beziehungen zwischen einerseits den erwähnten natürlichen und menschlich beeinflußten Umweltkomponenten, andererseits den Informationskategorien: menschliche Aktivitäten und Naturereignisse, Einwirkung auf die Umwelt, Reaktion auf diese Einwirkungen sowie natürliche Bestände, Naturvorräte und Hintergrundbedingungen.[15] Dabei steht die wechselseitige Wirkungsweise dieser Gruppen von Tatbeständen im Vordergrund der Darstellung, jedoch ist an eine Spezifizierung von Ursache-Wirkungsbeziehungen in dem FDES-System nicht gedacht.

Dem skizzierten FDES-Anlageschema folgt auch die Aufgliederung der statistischen „Blöcke", die in einer detaillierten Methodenstudie (A. Friend, Universität Ottawa, mit Unterstützung von Statistics Canada) für eine möglichst vollständige Berichterstattung vorgesehen wurden.[16] Sie sind in Übersicht 2 (siehe S. 54) wiedergegeben. Diese Analyseelemente, zusammen mit denen einer etwas früheren Studie,[17] decken den Gesamtbereich der Umweltstatistik ab, wie er in FDES abgesteckt ist.

Die erstgenannte Studie verfolgt den hauptsächlichen Zweck, Konzepte, Definitionen und Klassifikationen unter Berücksichtigung der Erfordernisse für Planung, Politik und Verwaltung vorzuschlagen, auch im Hinblick auf ihre Eignung zur Bildung von Indikatoren. Besonders betont wird dabei, daß die besonderen Bedingungen hinsichtlich Umwelt und statistischen Erfordernissen länderweise Relativierungen erfordern können. Auf diese Weise erhält der vorgeschlagene Gesamtrahmen den Charakter einer Auswahlliste.

2.3 Strukturen wünschbarer umweltstatistischer Informationen

2.3.1 Streßfaktoren

Menschliche Aktivitäten und natürliche Ereignisse üben „Streß" auf die Umwelt aus. Die Ausgestaltung eines umweltstatistischen Systems hängt von der inhaltlichen Definition des Streßbegriffs ab. Im vorliegenden System sind folgende Aktivitäten berücksichtigt:

– Nutzung nicht-erneuerbarer Ressourcen sowie erneuerbarer Ressourcen, Strukturveränderungen sowie „am Ort"- Nutzung der Umwelt,

– Emission von Abfall- und Giftstoffen in Luft, Wasser und Boden,

– natürliche Tatbestände und Vorgänge, die die Umwelt und das soziale Wohlbefinden stören (Überflutung, Vulkanausbrüche u.a.).

---

[15] UNSO (1991 a), S. 2.
[16] UNSO (1991 a), S. 5.
[17] UNSO (1988).

Übersicht 2

Framework for the Development of Environment Statistics: Statistics of the Natural Environment

Social and economic activities and natural events (A)	Environmental impacts of activities and events (B)	Responses to environmental impacts (C)	Stocks and inventories (D)
1. Use of natural resources and related activities 1.1 Agriculture 1.2 Forestry 1.3 Hunting and trapping 1.4 Fisheries 1.5 Minerals, mining and quarrying 1.6 Energy production and consumption 1.7 Water use for human activities 1.8 Land use and environmental restructuring	1. Resource depletion and increase 1.1 Biological resources 1.2 Cyclical and non-renewable resources	1. Resource management and rehabilitation 1.1 Protection and conservation of nature 1.2 Management and conservation of natural resources 1.3 Rehabilitation of degraded environments	1. Biological resources 1.1 Agricultural stocks 1.2 Forestry stocks 1.3 Fishery stocks 1.4 Fauna and flora inventories
2. Emissions, waste loadings and application of biochemicals 2.1 Emissions and waste loadings in environmental media 2.2 Application of biochemicals	2. Environmental quality 2.1 Atmospheric pollution 2.2 Water quality 2.3 Soil and land quality 2.4 Quality of biota and ecosystems	2. Pollution monitoring and control 2.1 Pollution research and surveillance 2.2 Standards, control and enforcement 2.3 Environmental clean-up and rehabilitation 2.4 Public pollution control facilities	2. Cyclical and non-renewable resources 2.1 Hydrological systems 2.2 Climate 2.3 Lithosphere 2.4 Mineral resources
3. Natural events	3. Human health and environmental disasters 3.1 Human health and contamination 3.2 Impacts of environmental disasters	3. Prevention and hazard mitigation of natural disasters	3. Energy stocks 3.1 Non-renewable energy sources 3.2 Renewable energy sources
		4. Private sector responses 4.1 Enterprises 4.2 Households	4. Ecosystem inventory

Quelle: UNSO (1991 a), S. 5

Die Aufgliederung in einzelne Informationsbereiche erfolgt hier, wie auch in den folgenden Abschnitten, gemäß der bereits angesprochenen Übersicht. Statistische Meßgrößen und Indikatoren werden im Detail aufgegliedert.

2.3.2 Änderung der Umweltbedingungen

Umweltwirkungen von menschlichen Aktivitäten und natürlichen Ereignissen lassen sich nur unter Schwierigkeiten hinsichtlich der zeitlichen und räumlichen Entwicklung und Verteilung verzeichnen. Erst die Einführung geographischer Informationssysteme hat die Möglichkeiten räumlicher Analyse wesentlich erleichtert.

Drei Kategorien von statistischen Variablen sind zu berücksichtigen:

– Quantitative Veränderungen natürlicher Ressourcen einschließlich biologischer, zyklischer und nicht-erneuerbarer Ressourcen,

– Änderungen der Umweltqualität im Hinblick auf Medien, Biota und Ökosysteme,

– Gesundheits- und Wohlfahrtswirkungen aus Verschlechterungen der Medien und der Lebensbedingungen in menschlichen Siedlungen.

2.3.3 Gesellschaftliche Reaktionen

Die Reaktionen der Menschen auf unerwünschte Umweltbedingungen zielen im Grunde darauf ab, ungünstige Entwicklungen abzuwenden sowie gesunde ökologische Systeme und nachhaltige Nutzungsmöglichkeiten der natürlichen Ressourcen sicherzustellen. Vermeidungsmaßnahmen sind wegen ihrer geringeren Kosten gegenüber den nachsorgenden und ausweichenden Maßnahmen besonders auszuweisen; in gleicher Weise wichtig ist die Unterscheidung zwischen öffentlichen und privaten Reaktionen.

Generell ergibt sich eine unterschiedliche Akzentuierung von umweltpolitischen Strategien:

– Schutzmaßnahmen, die auf die Qualität von Medien und Ökosystemen, menschliche Gesundheit und Lebensqualität abstellen,

– Erhaltung von hochwertigen natürlichen und kulturellen Werten, erneuerbaren und nicht-erneuerbaren Ressourcen sowie genetischem Bestand,

– Integration ökonomischer und ökologischer Ziele im Interesse einer nachhaltigen und im Hinblick auf die Umwelt gesunden Entwicklung; dazu gehören die Internalisierung externer Effekte ebenso wie die Förderung umweltfreundlicher Technologien und eine Politik der Verteilungsgerechtigkeit zwischen Generationen und Nationen.

Materielle Infrastruktur zur Förderung umweltgerechter Entwicklungen spielt in unterschiedlichen Formen eine wichtige Rolle, ebenso wie die immaterielle Infrastruktur in Gestalt gesetzlicher und managementbezogener Vorkehrungen.

2.3.4 Natürliche Kapitalbestände und Natur„vorräte"

Während in den bisherigen Abschnitten die Veränderungen der Umwelt im Vordergrund standen, ist unter der Zielsetzung einer Rechnungslegung über natürliche Ressourcen (Natural Resource Accounting) die Aufnahme von deren Beständen erforderlich. Für vergleichende Bewertungen sind zeitliche Entwicklungen der quantitativen Größen mit Maßstabfunktion erforderlich, sie sind zusammen mit Angaben über umweltbezogene Infrastruktur für die Analyse einer nachhaltigen Entwicklung unentbehrlich.

Drei Arten natürlicher Bestände sollten klassifiziert und in die Berichterstattung aufgenommen werden:

- biologische (reproduktive) Ressourcen,

- nicht-erneuerbare Ressourcen,

- zyklische Systeme (z. B. Atmosphäre).

Von besonderer Bedeutung ist hier die genaue Lokalisierung, die bei Ausweisung von regionalen Durchschnittswerten verschleiert wird. Die Verwendung von geographischen Informationssystemen wird hier große analytische Vorteile mit sich bringen.

2.3.5 Relativierte Leistungsfähigkeit des Systems und Beziehungen zwischen Umweltstatistik, Natural Resource Accounting und dem System der Volkswirtschaftlichen Gesamtrechnungen

Für alle skizzierten Erfassungsbereiche gilt eine wichtige Einschränkung. Die statistisch zu ermittelnden Einzeltatbestände werden normativ für die einzelnen Module detailliert vorgeben. Ihre faktische Erfaßbarkeit in statistischen Variablen und Indikatoren hängt jedoch von den länderweise stark variierenden Gegebenheiten ab. Daher ist das Gesamtsystem weniger als standardisierendes Realsystem, sondern eher als idealisierendes Referenzsystem anzusehen.

Darüber hinaus bedürfen, über den Rahmen des hier skizzierten Systems hinaus, die analytischen Verknüpfungen, insbesondere zur Analyse zirkulärer Beziehungen zwischen Umwelt und Nutzersystem einer weiteren Analyse. Um dies genauer verdeutlichen zu können (und auch ungerechtfertigte Kritik entkräften zu können), müssen die Beziehungen zwischen Umweltstatistik, Natural Resource Accounting und dem System der Volkswirtschaftlichen Gesamtrechnung näher umrissen werden.

Im Zuge der Bemühungen um eine analytische Bewältigung der Forderung nach einer nachhaltigen Entwicklung (Sustainable Development) wurde gefordert, die Bestände an Naturvermögen als Aktiva bzw. natürliches Produktionskapital in Systeme der naturbezogenen und der wirtschaftlichen Rechnungslegung einzufügen. Dies erlaubt die Berücksichtigung von Abbau und Verschlechterungen in Beständen natürlicher Ressourcen bei der Ermittlung gesamtwirtschaftlicher Produktions- und Einkommensgrößen und damit zugleich die Berechnung von umweltbedingt korrigierten Indikatoren. Eine derartige Berücksichtigung von Bestand und Änderungen des Naturkapitals in den Volkswirtschaftlichen Gesamtrechnungen setzt die Aufstellung von Ressourcenbilanzen voraus (Natural Resource Accounting, NRA), die ihrerseits die Daten aus einer allgemein umweltbezogenen Datenbasis erhalten müssen. Diese Basis steht nach Ausfüllung des oben skizzierten Umweltdatenrahmens (FDES) zur Verfügung.

Natürliche Ressourcenbilanzen müssen über Daten verfügen zu[18])

- Quantität und Qualität natürlicher Ressourcenbestände,

- Abbau- bzw. Accretionsraten,

---

[18] Vgl. im folgenden die Darstellung in UNSO (1991 a), Annex I, S. 137 ff.

– der Verwendung von natürlichen Ressourcen in der Produktion,

– den Beiträgen natürlicher Ressourcen zum Wohlbefinden der Menschen.

Die beiden letztgenannten Positionen repräsentieren wesentliche Verknüpfungsstellen mit den volkswirtschaftlichen Prozessen, vor allem über Erweiterungen von Input/Output-Rechnungen und Einbeziehung von Kosten und Nutzen der Veränderungen des Naturkapitals. Satellitensysteme für eine Erweiterung der Volkswirtschaftlichen Gesamtrechnung werden auf diese Weise unterstützt.

Je nach natürlichem Analysefeld sind unterschiedliche Kategorien von Ressourcenbilanzen aufzustellen. Eine wichtige Untergliederung stellt sich wie folgt dar:

– Bilanzen für biologische Ressourcen und Ökosystem-Ressourcen (etwa bezogen auf Populationen, Habitate und Biomasse),

– Bilanzen für nicht erneuerbare Ressourcen (Abbau entsprechend den Produktionsprozessen, Neuentdeckungen und Neubewertungen),

– Bilanzen für Ressourcen zyklischer Systeme (Beeinflussungen der Luft- und Wasserqualität sowie der Landnutzung und Bodenfertilität).

Die Verwendbarkeit von Ressourcenbilanzen für eine Erweiterung der Volkswirtschaftlichen Gesamtrechnungen ist darauf angewiesen, den Übergang zwischen physischen und monetären Größen sowie ihre gemeinsame, verbundene Verwendung methodisch in den Griff zu bekommen. Gerade für diese Probleme werden Lösungsvorschläge in dem, ebenfalls vom Statistischen Amt der Vereinten Nationen erarbeiteten, System für eine Integrierte Umwelt-und Ökonomische Gesamtrechnung vorgelegt und zur Diskussion gestellt. Dort wird auch deutlich, welche Struktur die natürlichen Ressourcenbilanzen erhalten müssen, um die physische Fundierung eben dieser Integrierten Umwelt- und ökonomischen Gesamtrechnung zu bieten. Wichtige Datenverknüpfungen zwischen den angesprochenen Systemen der FDES, NRA und SNA bzw. SEEA lassen sich aus der nachfolgenden Abbildung 2 (siehe S. 58) ersehen.[19])

3   System for Integrated Economic and Environmental Accounting (SEEA)

3.1   Neue Erfordernisse für die Revision der Volkswirtschaftlichen Gesamtrechnungen

In den vergangenen Jahren wurde die Frage der Notwendigkeit einer grundlegenden Veränderung der Volkswirtschaftlichen Gesamtrechnungen unter dem Umweltaspekt zunehmend diskutiert.[20]) Die Gründe dafür waren unterschiedlich. Zum einen wuchs bekanntermaßen die Skepsis hinsichtlich der Aussagefähigkeit der publizierten Sozialproduktgrößen als Wohlfahrtsmaß. Sie gründete auf dem Mangel, lediglich defensive Ausgaben nicht getrennt auszuweisen, und der mangelnden Berücksichtigung von Umweltbelastungen und Schäden im Rahmen der Entstehung und Verwendung des Sozialprodukts. Zum anderen trat die Zielsetzung einer nachhaltigen Entwicklung in den Vordergrund, verbunden mit der Frage nach einem Produktionswachstum, das keine weitere Naturzerstörung zur Folge hätte. Der Ausweis einer derartigen umwelterhaltenden Sozialproduktentwicklung müßte die Kosten zur Erhaltung bzw. zum Ersatz des „Naturkapitals" in Analogie zum traditionell produzierten Kapitalstock einer Volkswirtschaft in Rechnung stellen.

---

[19]) UNSO (1991 a), S. 138.
[20]) Hamer/Stahmer (1992 a), S. 87 ff.

Abbildung 2

Data Linkages between FDES, NRA and the SNA

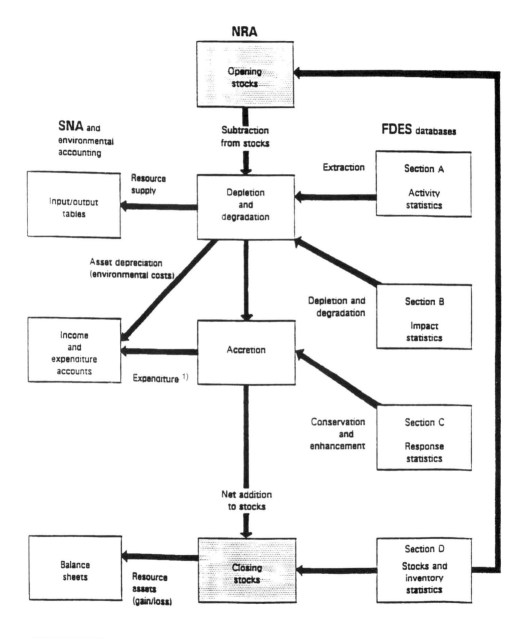

1) Includes costs of environmental protection, conservation, rehabilitation and expenditure to enhance the productivity of biological resources (e.g. afforestation) and exploration and discovery of non-renewable resources.

Quelle: UNSO (1991 a), S. 138

Darüber hinaus wurden Überlegungen angestellt, inwieweit und in welcher Form internationale Aspekte der umweltschädigenden Wirtschaftsaktivitäten sowie längerfristige Wirkungszusammenhänge ebenfalls in die volkswirtschaftliche Rechnungslegung einzubeziehen sind.

Gegen eine grundlegende Umgestaltung der Volkswirtschaftlichen Gesamtrechnung aus den genannten und ähnlichen Gedankengängen heraus sprachen allerdings eine Reihe von Gründen, insbesondere ihre primäre Aufgabe, das Marktgeschehen zu beschreiben sowie kurz- und mittelfristig relevante Anhaltspunkte für die Wirtschaftspolitik bereitzustellen. Dies führte bereits aus dem Bereich der Deutschen Bundesstatistik zu Vorschlägen, lediglich ergänzend zu den traditionellen Sozialproduktberechnungen ein Rechenwerk für die Darstellung der ökonomisch-ökologischen Zusammenhänge aufzubauen, das als eigenständiges Datenwerk, ein sogenanntes Satellitensystem, allerdings eng mit den traditionellen Volkswirtschaftlichen Gesamtrechnungen verknüpft werden müßte.[21]) Für diesen Weg sprechen auch die ,,noch vorhandenen methodischen und statistischen Defizite.''[22])

Die Diskussion, die in Workshops und Arbeitsgruppen im Rahmen der Aktivitäten der Vereinten Nationen geführt wurde, verfolgt die gleichen Gedankenansätze.

Wie bereits oben skizziert, wurde nach entsprechenden Vorarbeiten[23]) eine Interim Version eines Handbuches publiziert, das die konzeptionellen Grundlagen[24]) eines System of Integrated Economic and Environmental Accounting (SEEA) enthält.[25])

3.2 Aufgabenstellung und grundlegende Orientierungen

Inhaltlich bietet das in dem Handbuch vorgelegte SEEA die konzeptionelle Grundlage für ein Satellitensystem zu dem SNA, ,,das die Beziehungen zwischen der natürlichen Umwelt und der Wirtschaft beschreibt'' und ,,die bestehenden Systeme ökonomischer und umweltbezogener Rechnungslegung verknüpft.''[26]) Ansetzend an den Volkswirtschaftlichen Gesamtrechnungen einerseits, an einem umfassenden umweltstatistischen System andererseits[27]) soll es verdeutlichen, ,,in welcher Weise wirtschaftliche Aktivitäten die Umwelt nutzen, diese in ihrer freien Entfaltungsmöglichkeit einengen, sie verändern, belasten und teilweise zerstören, aber auch, welche Anstrengungen unternommen werden, um negativen Entwicklungen entgegenzuwirken.''[28]) Dieser Ansatz orientiert sich an den gravierendsten Unzulänglichkeiten des SNA-Grundsystems:

– Der Abbau (depletion) und daraus resultierende Knappheiten bei nicht oder nur sehr langsam erneuerbaren, natürlichen Ressourcen sowie die Verschlechterung der Umweltqualität (degradation) und damit verbundene Effekte auf die menschliche Gesundheit werden nur unzureichend erfaßt. Als Grund ist hier die Enge des dem SNA zugrundeliegenden Kapital- und Vermögenskonzeptes zu nennen, in dem lediglich das reproduzierbare Produktivvermögen erfaßt wird. Das ,,produktive und konsumtive Vermögen'' der Natur bleibt außer Acht.

21) Hamer (1986), Reich/Stahmer (1988), Stahmer (1988).
22) Hamer/Stahmer (1992 a), S. 89.
23) UNSO (1990) sowie Bartelmus/Stahmer/van Tongeren (1991 a).
24) Stahmer (1992).
25) UNSO (1992).
26) UNSO (1992), S. 11; Übersetzung hier und im folgenden von J. Klaus.
27) Beutel (1983), Schäfer/Stahmer (1989).
28) Hamer/Stahmer (1992 a), S. 91.

– Ausgaben zur Erhaltung einer bestimmten Umweltqualität bzw. die getätigten Folgekosten nach Veränderung der Umweltqualität werden nicht gesondert ausgewiesen und nicht als lediglich defensive Ausgaben gekennzeichnet.[29])

– Es besteht das dringende Erfordernis, eine konsistente Datenbasis für eine Politik der „nachhaltigen Entwicklung" zu schaffen.[30])

Bei den bisherigen Überlegungen, insbesondere im Zuge der Vorarbeiten zum SEEA standen folgende Fragestellungen im Vordergrund:[31])

– Wie kann zur Hervorhebung ökologischer Aspekte das geplante Satellitensystem genügend Unabhängigkeit erlangen?

– Wie kann das Satellitensystem mit dem Kernsystem des SNA verknüpft werden, um eine tragfähige Basis für das SEEA zu liefern?

Genannt werden generelle Vorbedingungen, die eine erfolgreiche Konstruktion des Satelliten-systems gewährleisten können. So sollen Satellitensysteme

– einen hohen Grad „an Freiheit" im Vergleich zur VGR besitzen,

– ein umfassendes Bild der ökologisch-ökonomischen Wechselbeziehungen geben können,

– auch ökologische Standpunkte berücksichtigen,

– Bewertungsmethoden hilfsweise verwenden, die im Vergleich zur VGR eine schwächere Datenbasis besitzen (z. B. auf der Grundlage von Befragungen),

– Möglichkeiten eröffnen, verschiedene Bewertungsmethoden zu testen und unterschiedliche Optionen zu beschreiben.

Der Konflikt zwischen enger Verbindung zur VGR einerseits und ökologischer Orientierung mit experimentellem Charakter andererseits, kann am ehesten gelöst werden, wenn das Satellitensystem flexibel gestaltet wird. Dies kann erreicht werden, wenn[32])

– das System Module oder Bausteine enthält, die mit der traditionellen VGR nach verschiedenen Graden verknüpfbar sind,

– für Kern- und Satellitensysteme die gleichen Konzepte verwendet werden,

– in Fällen, in denen unterschiedliche Konzepte zum Zuge kommen, Überleitungstabellen (Brückentabellen) gebildet werden, die die konzeptionellen Unterschiede explizit aufzei-gen und als Verknüpfungen zwischen betrachteten Daten und der traditionellen VGR genutzt werden können.

Im Verlauf der gegenwärtigen SNA-Revision stellt sich die konkrete Frage, wie die verschie-denen Konzepte, Definitionen, Klassifikationen und Tabellarisierungen der Umwelt- und Ressourcenstatistiken in das SNA einbezogen werden können. Wichtigste Basis sind die Prinzipien und Regeln des SNA, insbesondere dessen Produktionskonzept.

---

[29]) Bartelmus/Stahmer/van Tongeren (1989), S. 3.
[30]) UNSO (1990), S. 36 sowie World Commission on Environment and Development 1987.
[31]) UNSO (1990), S. 37.
[32]) UNSO (1990), S. 39.

3.3   Struktur und Inhalt des SEEA

3.3.1 Gesamtaufbau

Aufgrund der grundlegenden Konzeption des SEEA ergeben sich entsprechende Darstellungsbereiche, denen die Beschaffung und Präsentation umweltökonomischrelevanter Daten gerecht zu werden hat. Die Daten sind nach drei Darstellungsebenen zu ordnen:[33])

A: Umweltrelevante Untergliederung der monetären Daten der Volkswirtschaftlichen Gesamtrechnung.

B: Nicht-monetäre Daten über die wirtschaftliche Nutzung der Umwelt und deren Auswirkungen.

C: Rechnerische Kosten aufgrund des Abbaus und der Verschlechterung der Umwelt, interpretierbar als Entwertung bzw. Abschreibung des natürlichen Kapitalstocks.

Unabhängig von den bestehenden Realisierungsproblemen stellt dieses System einen einheitlichen Gesamtzusammenhang dar, der unterschiedlich ausgerichtete Analysen ermöglicht. So ist auch eine Weiterentwicklung von dem kostenorientierten Ansatz zu einem wohlfahrtsorientierten Konzept vorgesehen.

Die drei genannten Darstellungsebenen bestimmen mit jeweils gesonderten Tabellen die Grobstruktur des SEEA wie folgt:

Teil A orientiert sich primär an den im Prinzip nicht modifizierten Konzepten des SNA. Wichtige Ansatzpunkte sind dessen Input/Output-Teil (mit Produktions- und Konsumaktivitäten) sowie die nicht-finanziellen Vermögenskonten. Zum einen ist es jedoch notwendig, innerhalb des SNA tiefer zu disaggregieren, um Umweltschutzaktivitäten und Schadenskosten identifizieren zu können; zum anderen ist bereits zu berücksichtigen, daß die nächste Revision des SNA auch die Position ,,Naturvermögen" enthalten wird. Letzteres wird daher in das SNA-Konzept eingefügt.[34])

Die Beschreibung der Wechselbeziehung zwischen natürlicher Umwelt und Wirtschaft in physikalischen Einheiten steht in Teil B im Vordergrund. Dabei werden die konzeptionellen Überlegungen und empirischen Erfahrungen der Ressourcen-Material-Energie-Bilanzen sowie der Input/Output-Rechnung zugrundegelegt und eine enge Verbindung zu den monetären Strömen und Beständen des SEEA geknüpft.

Während die Erweiterungen der Teile A + B die SNA-Konzepte als Rahmen unverändert lassen, wird in Teil C, über das SNA hinausgehend, die ökonomische Nutzung der natürlichen Umwelt soweit wie möglich monetär bewertet. Hauptsächlich verwendetes Bewertungskonzept ist der sogenannte ,,Erhaltungskostenansatz". Geschätzt werden die Kosten, die wenigstens zur Erhaltung des gegenwärtigen Niveaus des Naturvermögens notwendig sind. Dieser Ansatz ist, wie argumentiert wird, realisierbar und theorieverträglich, da er als Erweiterung des Abschreibungskonzepts, das im SNA für produziertes Kapital entwickelt worden ist, interpretiert werden kann. Die Erhaltungskosten geben damit ,,unterstellte Umweltkosten" wieder.

---

[33]) Hamer/Stahmer (1992 a), S. 92 ff., Stahmer (1992) und UNSO (1992), S. 11 ff.
[34]) UNSO (1992), S. 87 ff.

Darüber hinaus ist hier vorgesehen, zusätzliche Bewertungskonzepte zu verwenden. Es wird betont, daß der offene Charakter des SEEA die Möglichkeit bietet, unterschiedliche Optionen zu testen und die Effekte einer SNA-Konzeptänderung aufzuzeigen.[35])

Schließlich ist es wichtig, internationale bzw. globale Aspekte in einem derartigen System mit zu berücksichtigen. Das SEEA konzentriert sich auf die Beschreibung von ökonomisch-öko-logischen Wechselbeziehungen in einem Land. Soweit wie möglich sollten deshalb Export und Import von ,,Umweltproblemen" erfaßt werden. Zum einen muß der direkte und indirekte Anteil von (unterstellten und aktuellen) Umweltkosten bei importierten Gütern über In-put/Output-Analysen abgeschätzt werden, zum andern sollen die Exportströme von Rückstän-den in natürlichen und monetären Einheiten erfaßt werden.

Abbildung 3 (siehe S. 63) gibt den Gesamtaufbau des SEEA wieder.[36])

3.3.2 Umweltbezogene Disaggregierung und Erweiterung des SNA

Die Darstellung konzentriert sich auf die für ökonomische Analysezwecke bewerteten Input/Output- und VGR-Tabellen. Diese werden zur Identifikation und gesonderten Darstel-lung von umweltbezogenen Aufwendungen entsprechend disaggregiert und um Positionen des Naturvermögens erweitert. Inhalt der ersten ,,Ebene" des neuen Berichtssystems sind alle Umweltkosten und Vermögensänderungen, die von Produktions- und Konsumaktivitäten ausgehen. Davon ausgeschlossen sind Phänomene, die vollständig in der natürlichen Umwelt stattfinden. Auch werden Beeinträchtigungen von Gesundheit und Wohlbefinden im Zusam-menhang mit Umweltveränderungen nicht vollständig erfaßt, bzw. sind derzeit nicht erfaßbar. Dennoch soll die Möglichkeit offengelassen werden, die Berücksichtigung von intangiblen Effekten nachträglich vorzunehmen.

Im einzelnen werden die umweltrelevanten monetären Angaben nach Stromgrößen im Zusammenhang mit defensiven Aktivitäten sowie nach Bestandsgrößen gegliedert und in dem Rechenwerk der Volkswirtschaftlichen Gesamtrechnungen auf Entstehungs- und Verwen-dungsseite lokalisiert.

Zu den defensiven Leistungen zählen ,,Umweltschutzaktivitäten, die der Vermeidung oder Restaurierung von Schädigungen der natürlichen Umwelt durch menschliche Eingriffe dienen, sowie kompensatorische Aktivitäten, mit denen die Rückwirkungen einer geschädigten Umwelt auf den Menschen abgemildert werden sollen."[37]) In einem Wirkungsschema läßt sich die Einordnung der verschiedenen Leistungsarten entsprechend den wechselseitigen Bezie-hungen zwischen wirtschaftlichen Aktivitäten und natürlicher Umwelt verdeutlichen. Ein Klassifizierungsvorschlag der UN ist in Abbildung 4 (siehe S. 64) wiedergegeben.[38])

Ein Unterschied im Vergleich zur traditionellen SNA-Verwendungstabelle besteht darin, daß bestimmte Umweltschutzleistungen, die bisher in den Endverbrauch der privaten Haushalte, des Staates und der Organisationen ohne Erwerbszweck eingingen, nun als Zwischenverbrauch jener Sektoren verbucht werden sollen (Environmental Adjustment of Final Demand).

---

[35] UNSO (1990), S. 42.
[36] UNSO (1992), S. 44a.
[37] Hamer/Stahmer (1992 a), S. 100.
[38] UNSO (1992), S. 70 und 72.

Abbildung 3

SNA Satellite System for Integrated Environmental and Economic Accounting (SEEA)

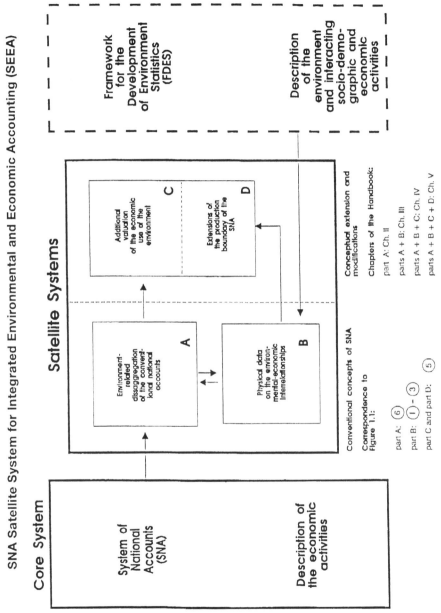

Quelle: UNSO (1992), S. 44 a

Abbildung 4

Environment-related defensive Activities

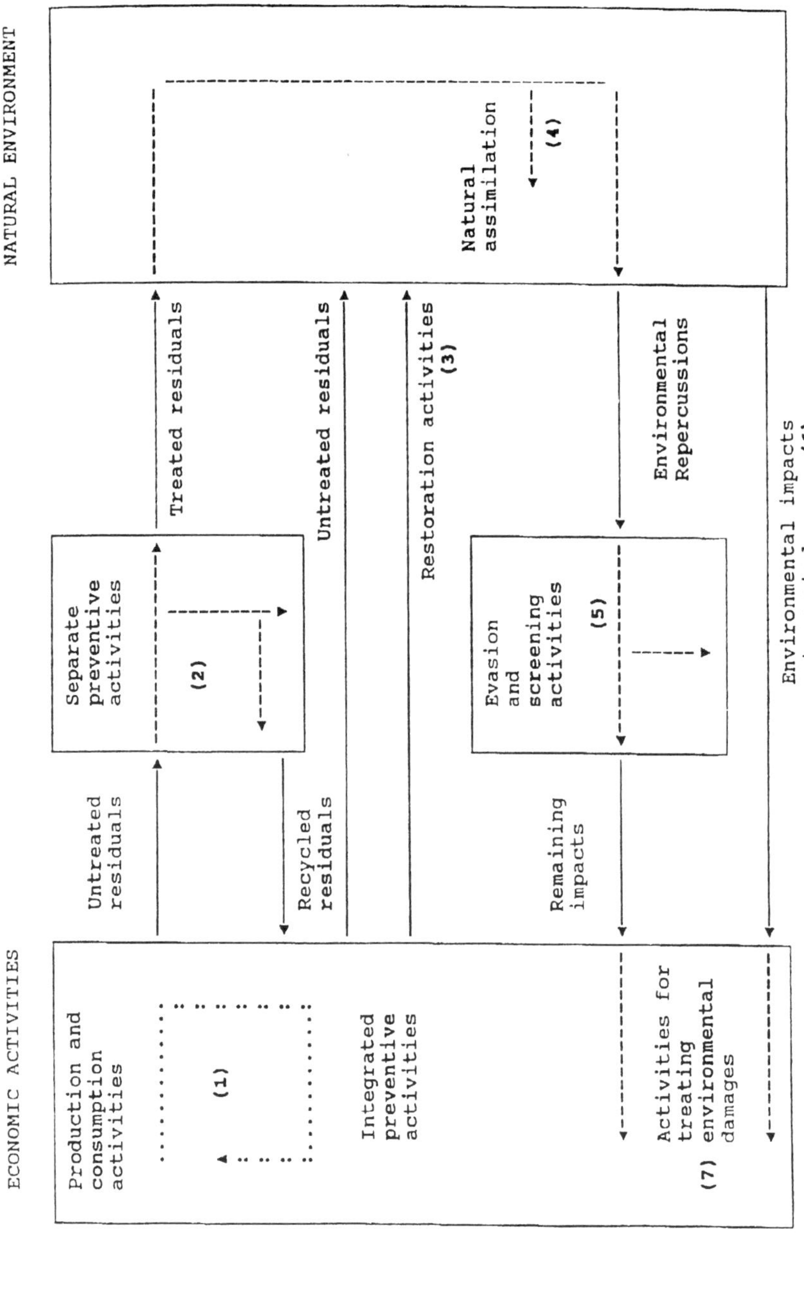

NATURAL ENVIRONMENT

Natural assimilation
(4)

Treated residuals

Untreated residuals

Restoration activities
(3)

Environmental Repercussions

Environmental impacts not averted
(6)

Separate preventive activities
(2)

Evasion and screening activities
(5)

Untreated residuals

Recycled residuals

Remaining impacts

ECONOMIC ACTIVITIES

Production and consumption activities
(1)

Integrated preventive activities

Activities for treating environmental damages
(7)

Quelle: UNSO (1992), S. 72 a

Insgesamt wird die Kostenstruktur dieser Schutzaktivitäten erkennbar. Interne Leistungen werden zu Kosten ausgewiesen, d.h. durch die Ausgaben für andere Güter und Dienstleistungen, die Vergütung für den Verschleiß von Fixkapital und auch Lohnzahlungen. Die externen Leistungen dagegen gehen mit realen oder unterstellten Beträgen für die Verkäufe in den Bruttoproduktionswert ein.

Eine umweltbezogene Aufgliederung der Güterströme erweist sich im vorliegenden Zusammenhang ebenfalls als notwendig, sofern Entnahmen natürlicher Ressourcen, Transformationsprozesse und Rückfluß von Stoffen an die Natur prozeßspezifisch aufgezeigt werden sollen.

Von besonderer Bedeutung für das SEEA sind schließlich umweltbezogene monetäre Angaben über Veränderungen der Vermögensgrößen sowie ihre absolute Höhe. Dabei ist eine Disaggregation des für den Umweltschutz produzierten Vermögens, des produzierten Naturvermögens sowie des nicht-produzierten Naturvermögens sinnvoll. Die Möglichkeiten einer statistischen Ausfüllung dieser Positionen sind jedoch (naturgemäß) sehr unterschiedlich. Die besten Realisierungschancen dürfte der Ansatz haben, bei dem ,,unterstellte`` Kosten für den Abbau natürlicher Ressourcen (depletion) und die Verschlechterung der Umweltqualität (degradation) durch ökonomische Aktivitäten ausgewiesen werden sollen.

Der Ressourcenabbau (depletion) bezieht sich einerseits auf die Ausbeutung mineralischer Rohstoffe bzw. auf die Über-Nutzung von natürlichen Ressourcen, wie tropischen Wäldern oder ozeanischen Fischbeständen. Der Betrachtung liegt die Annahme zugrunde, daß die Ressourcen nicht mehr frei verfügbar, also knapp sind. Ihr Abbau vermindert deshalb das Vermögen eines Landes und wird negativ verbucht.

Andererseits wird beim Verbrauch an Naturvermögen der Nettowert der Umweltqualitätsverschlechterung (degradation) verbucht, die durch ökonomische Sektoren, private Haushalte und Staat verursacht wird. Berücksichtigt wird hier, daß durch Umweltschutzausgaben die Qualitätsveränderung verhindert bzw. vermindert werden kann, so daß allein die verbleibenden Schäden (Nettowert) verbucht werden müssen.

Der Nettowert der Verschlechterung soll mit den potentiellen Verhinderungs- bzw. Restaurierungsausgaben bewertet werden, die notwendig gewesen wären, um entweder das Umweltqualitätsniveau vom Periodenanfang oder ein durch Umweltstandards spezifiziertes Niveau sicherzustellen.

Insgesamt ist der Unterschied zur traditionellen Behandlung der Kapitalströme sehr beträchtlich: Zum einen werden (noch nach der üblichen SNA-Vorgehensweise) die Änderungen bei dem ökonomisch-produzierten Kapital verbucht. Zum anderen sollen jedoch Änderungen beim Umweltvermögen völlig neu dargestellt werden.

Ökonomisch produziertes bzw. reproduzierbares Vermögen stammt aus Produktionsprozessen und wird entsprechend verzeichnet. Im Verwendungsnachweis kommt diese Vermögensart über Bildung von Fixkapital (= Bruttoanlageinvestitionen) und als Vorratsveränderungen zum Ausdruck. Auch bei den Bruttoanlageinvestitionen ist die Unterscheidung zwischen Umweltschutz- und anderen Investionen wichtig.

Der Verschleiß des Anlagevermögens geht sektoral differenziert in die Wertschöpfung ein, ein entsprechend negativer Wert wird in den Spalten der Bruttoanlageinvestitionen verbucht. Der Vorteil dieser Verbuchungsweise liegt darin, die Kapitalbildung nicht nur in Bruttobeträgen, sondern auch in Nettoveränderungen aufzuzeigen.

Biologische Ressourcen, deren Wachstum durch menschliche Eingriffe kontrolliert wird (Naturalbiota), sind Bestandteil des ökonomischen Vermögens oder der Vorräte und werden demzufolge wie reproduzierbares Kapital verbucht. Dagegen wird die (Über-) Nutzung dieser erneuerbaren natürlichen Bestände beim Umweltverbrauch (positiv) bzw. bei den Umweltvermögensänderungen (negativ) verzeichnet.

Im Bereich der (nicht-produzierten) Naturvermögen können einzelne „Kapitalarten" differenziert betrachtet werden. Land und Boden haben, sofern sie in ökonomische Prozesse eingehen, einen ähnlichen „permanenten" Charakter wie (reproduzierbares) Anlagevermögen und sind damit auch Basis der Produktion und Einkommensbildung. Mineralische Ressourcen (Bodenschätze) haben dagegen mehr Vorratscharakter. Im SNA werden Urbarmachung und Verbesserung von Land sowie die Förderung mineralischer Ressourcen als Bruttoanlage-Investitionen verbucht. Im Satellitensystem sollen Transfers von nicht-erneuerbaren Ressourcen in Produktionsprozesse in der „Umweltspalte" negativ bzw. beim „ökonomisch-produzierten Naturvermögen" positiv verbucht werden. Beim Landverbrauch wird nur die Qualitätsminderung aus ökonomischen Nutzungen bzw. aufgrund von natürlichen und anderen Ursachen verbucht. Dabei findet einerseits eine Buchung in der „Umweltspalte" statt, andererseits treten zusätzliche Umweltkosten bei den jeweiligen Sektoren auf.

Luft und Wasser werden als Teil der natürlichen Umwelt betrachtet. Die Nutzung knappen Wassers wird als quantitativer Abbau infolge ökonomischer Aktivität angesehen. Wie bei den „unkontrollierten" natürlichen Ressourcen wird ein bestimmter Betrag als Umweltverbrauch verbucht.

Wichtig ist schließlich die Betrachtung der internationalen Verflechtungen. Im SEEA werden deshalb zum einen die Güterexporte gezeigt, zum andern aber auch, inwieweit der Import von Emissionen das inländische Naturvermögen wertmäßig schmälert.

3.3.3 Nicht-monetäre (physische) Daten zur wirtschaftlichen Umweltnutzung und deren Auswirkungen

Die Darstellung der ökonomisch-ökologischen Wechselbeziehungen mittels physischer Größen bedeutet eine entscheidende Erweiterung der Berichterstattung gegenüber den Volkswirtschaftlichen Gesamtrechnungen. Die Beschreibung orientiert sich zu einem großen Teil an zwei etablierten, in verschiedenen Staaten praktizierten physischen Berichtssystemen, den Material-Energy-Balances sowie den Natural Resource Accounts. Die physischen Konten des SEEA werden von diesen Rechenwerken abgeleitet, indem deren Ergebnisse verknüpft und in die Sprache der Volkswirtschaftlichen Gesamtrechnungen „übersetzt" werden.

Der in physischen Größen zu messende Teil des SEEA weist demgemäß im Vergleich zum monetären SNA zwei wesentliche Charakteristika auf. Zum einen entsprechen die physischen Größen in Definition und Klassifikation ihrem monetären SNA-Gegenstück, zum anderen kann das SEEA Fakten beschreiben, die im konventionellen SNA nicht enthalten sind.

Material-Energie-Bilanzen konzentrieren sich auf den ökonomischen Bereich und zeigen die natürlichen Inputs, ihre Transformation in den ökonomischen Prozessen und ihren Rückfluß in die natürliche Umwelt. Natural Resource Accounts beschreiben ebenfalls besonders Tatbestände und Vorgänge im Hinblick auf den Teil der natürlichen Umwelt, der ökonomisch genutzt (und beeinflußt) wird.[39] Das SEEA beschränkt sich in der Darstellung; gezeigt werden vor allem der Abbau von natürlichen Ressourcen sowie der Rückstands- bzw. Emissionsfluß.

Die Klassifikationen des physischen SEEA-Berichtssystems entsprechen jenen der Angebots- bzw. Verwendungstabellen im SNA (und sind auch den Spalten der Material- und Energie-Bilanzen ähnlich).

– Die Produktionsaktivitäten der Wirtschaftsbereiche haben (mit einigen kleineren Abweichungen) dieselbe Klassifikation im SNA und SEEA.

– Die ökonomisch-produzierten Vermögen sind in SNA und SEEA gleich definiert und klassifiziert.

– Die SNA-Vermögensklassifikation muß lediglich bei produzierten, biologischen Vermögen zur Identifizierung des Kapitals für Umweltschutzzwecke disaggregiert werden.

– Das nicht-produzierte Naturvermögen beschreibt die natürliche Umwelt, soweit sie durch ökonomische Aktivitäten genutzt oder beeinflußt wird.

– Der „Rest der Welt" bezieht sich nicht nur auf ausländische Ökonomien (wie im SNA), sondern auch auf die globale natürliche Umwelt, soweit sie durch die inländische Wirtschaft genutzt oder beeinflußt wird.

Die physischen Konten des SEEA bestehen aus Strom- und Vermögenskonten. Stromkonten gibt es für

– Produkte (Angebot und Verwendung gemäß SNA-Definition),

– Nicht-produzierte natürliche Ressourcen (Herkunft und Verbleib der Ströme),

– Rückstände (verschiedene Quellen der Rückstände und deren Verbleib).

Die Vermögenskonten in physikalischen Einheiten enthalten im SEEA Konten für produziertes und nicht-produziertes Vermögen. Vermögenskonten liefern nicht nur Informationen über Quantitäten, sondern auch über qualitative Bestandteile dieser Mengen; dies ist für die natürlichen Medien Land, Wasser, Luft besonders wichtig. Die Bilanz der produzierten Vermögen enthält:

Anfangsbestände, Erhöhung durch Brutto-Kapitalbildung, Erhöhung des produzierten Anlagevermögens für Umweltschutzzwecke durch abgelagerte Rückstände (!), Verminderung der Lagerbestände von Produkten, Verminderung durch Beendigung der Nutzungsperiode und damit Herausnahme von Beständen aus der ökonomischen Nutzung, Verminderung aus anderen Gründen, insbesondere als Folge natürlicher Ereignisse.

Die Bestände „biologischer Ressourcen" sind sowohl produziert als auch natürlich. Ihr natürliches Wachstum wird als Produktion behandelt, ihr natürliches Absterben führt zu Rückständen.

---

[39] Vgl. die Systemdarstellung in UNSO (1992), S. 100a.

Die Zunahme von Rückständen aus ökonomischen Aktivitäten, die in der natürlichen Umwelt beseitigt werden, haben einen qualitativen Einfluß auf das Naturvermögen. Im physischen SEEA wird auch diese Belastung über Qualitätsindikatoren erfaßt.

Ein besonders wichtiger Berichtsgegenstand ist die Beschreibung der Landnutzung und der zugehörigen Ökosysteme. Damit ermöglicht sich der Übergang zur geographischen Darstellung der Umweltnutzungen und Umweltlasten; wenngleich dafür andere Systeme primär zuständig sein werden (etwa spezielle Geographische lnformationssysteme) bestehen hier Schnittstellen im Hinblick auf die Weiterentwicklung der Berichtssysteme.

3.3.4 Kosten der Umweltbelastung und monetäre Bewertung der Änderungen und Bestände des Naturvermögens

Das skizzierte Rechenwerk, das in physischen Einheiten die Wechselbeziehungen zwischen Umwelt und Wirtschaft sowie die Zustandsänderungen der Umwelt abbildet, erlaubt es, nunmehr das System der Volkswirtschaftlichen Gesamtrechnungen durch zusätzliche, entsprechend bewertete monetäre Größen zu ergänzen. Zur Korrektur der (derzeit im Hinblick auf Umweltfaktoren unzulänglichen) Kostenrechnung müssen die Quantitäts- und Qualitätsminderungen des natürlichen Kapitalstocks in die Volkswirtschaftliche Rechnungslegung einbezogen werden.

Die für die Volkswirtschaftlichen Produktionsverhältnisse bedeutsamste umweltbedingte Veränderung ist die Wertminderung bei der wirtschaftlichen Nutzung des nicht-produzierten Naturvermögens. Sie wird bewirkt durch

- Abbau von Bodenschätzen,
- Über-Nutzung der Pflanzen- und Tierwelt,
- Verwendung der Umwelt als Auffangbecken für Abfallstoffe.

Ein den Abschreibungs- und Reinvestitionserfordernissen zur Kapitalerhaltung entsprechender Wertansatz könnte die Wertminderung mittels desjenigen Aufwandes angeben, der eben zu ihrer Vermeidung erforderlich gewesen wäre. Diese Größe ließe sich bei Qualitätsminderung der Umweltmedien durch den Aufwand zur Vermeidung der Emissionen oder zur Restaurierung der Medienqualität ausdrücken. Demgegenüber wären bei quantitativem Verzehr erneuerbarer Ressourcen über die Erneuerungsrate hinaus die Kosten für entsprechende Ausgleichsmaßnahmen anzusetzen. Für nicht-erneuerbare Ressourcen könnten schließlich Kosten zur Entwicklung von Ersatzstoffen, -energien und -verfahren als Wertminderungsansatz Verwendung finden.

Mit einem derartigen Vorgehen wird in den SEEA zugleich eine Ergänzung der monetären Strombilanzen und eine Erweiterung der monetären Sachvermögensrechnung sichergestellt.

3.3.5 SEEA-Gesamtschema, Sustainability und Ökoinlandsprodukt

Wie groß der Transparenzgewinn ist, den die empirische Ausfüllung der drei Darstellungsebenen ermöglicht, läßt sich aus Übersicht 3 (siehe S. 69) ersehen, in der die jeweiligen statistischen Elemente in einer Gesamttabelle in Matrixform nebeneinander angeordnet sind.[40]

---

[40] Hamer/Stahmer (1992 a), S. 97.

Übersicht 3

Integrierte Volkswirtschaftliche und Umweltgesamtrechnung nach Darstellungsebenen*)

	Produktions-aktivitäten (1)			Konsum-aktivitäten (2)			Sachvermögen: produziert (einschl. produziertes Naturvermögen) (3)			Sachvermögen: nicht-produziertes Naturvermögen (ohne Land) (4)			Sachvermögen: Land (Landschaft, Öko-systeme) (5)			Übrige Welt (6)		
1. Anfangsbestände																		
+ 2. Verwendung der produzierten Güter	A_{21}	B_{21}	C_{21}	A_{22}	B_{22}	C_{22}	A_{23} (+,-)	B_{23} (+,-)	C_{23} (+,-)	A_{24}	B_{24}	C_{24}	A_{25}	B_{25}	C_{25}	A_{26}	B_{26}	C_{26}
3. Nutzung des produzierten Anlagevermögens	A_{31}		C_{31}															
+ 4. Verwendung von natürlichen Rohstoffen u.ä.		B_{41}	C_{41}		B_{42}	C_{42} (+,-)					B_{44}						B_{46}	C_{46}
5. Landnutzung als Standort und Lebensraum			C_{51}			C_{52} (+,-)								B_{55}				
6. Verbleib der Rest- und Schadstoffe		B_{61}	C_{61}		B_{62}	C_{62} (+,-)		B_{63}	C_{63} (+,-)		B_{64}	C_{64} (-)					B_{66}	C_{66} (-)
+ 7. Nettowertschöpfung	A_{71}		C_{71}															
- 8. Herkunft der produzierten Güter	A_{81}	B_{81}	C_{81}				A_{83}	B_{83}	C_{83}							A_{86}	B_{86}	C_{86}
- 9. Herkunft des genutzten produzierten Sachver-mögens							A_{93}	B_{93}	C_{93}									
10. Herkunft der natürlichen Rohstoffe u.ä.		$B_{10.1}$							$C_{10.3}$		$B_{10.4}$	$C_{10.4}$					$B_{10.6}$	$C_{10.6}$
11. Herkunft des genutzten Landes														$B_{11.5}$	$C_{11.5}$			
12. Herkunft der Rest- und Schadstoffe		$B_{12.1}$			$B_{12.2}$			$B_{12.3}$									$B_{12.6}$	$C_{12.6}$ (-)
+ 13. Andere ökonomische Einflüsse							$A_{13.3}$ (+,-)	$B_{13.3}$ (+,-)	$C_{13.3}$ (+,-)	$A_{13.4}$ (+,-)	$B_{13.4}$ (+,-)	$C_{13.4}$ (+,-)	$A_{13.5}$ (+,-)	$B_{13.5}$ (+,-)	$C_{13.5}$ (+,-)			
14. Einfluß natürlicher Umwandlungsprozesse u.ä., andere außerökonomische Einflüsse							$A_{14.3}$ (+,-)	$B_{14.3}$ (+,-)	$C_{14.3}$ (+,-)	$A_{14.4}$ (+,-)	$B_{14.4}$ (+,-)	$C_{14.4}$ (+,-)	$A_{14.5}$ (+,-)	$B_{14.5}$ (+,-)	$C_{14.5}$ (+,-)			
= 15. Endbestände					$B_{15.2}$		$A_{15.3}$	$B_{15.3}$	$C_{15.3}$	$A_{15.4}$	$B_{15.4}$	$C_{15.4}$	$A_{15.5}$	$B_{15.5}$	$C_{15.5}$			

Quelle: Hamer/Stahmer (1992 a), S. 97

*) A = Monetäre Angaben der traditionellen Volkswirtschaftlichen Gesamtrechnungen (VGR) mit umweltrelevanter Untergliederung. B = Umweltrelevante nichtmonetäre Darstellung. C = Traditionelle VGR (siehe A) mit zusätzlichen monetären Angaben mit Umweltrelevanz.– Die in Klammern gesetzten Vorzeichen werden im Text erläutert.

rung an dem Leitbegriff der Sustainability auch innerhalb des Volkswirtschaftlichen Rechnungswesens Rechnung zu tragen: Als Sustainable Income wäre ein Einkommens- bzw. Produktionsniveau berechenbar, das kurzfristig ohne (weitere) Schädigung der Umweltbedingungen aufrechtzuerhalten wäre und im weiteren auch längerfristig eine Verschlechterung der zukünftigen Lebens- und Wirtschaftsbedingungen vermeiden helfen könnte. Zur Abschätzung dieser Richtgröße müßte auf eine (Netto-) Inlandsproduktgröße rekurriert werden, die sich bei Erhaltung des gesamten reproduzierbaren und natürlichen Kapitals ergeben hätte. Ein derartiges (vielfach so bezeichnetes) ,,Öko-Inlandsprodukt" ließe sich rechnerisch nach folgendem Schema ableiten:[41])

Produktionswert (Wert der produzierten Güter)

./. Vorleistungen (Verbrauch von Gütern)

= Brutto-Inlandsprodukt zu Marktpreisen (Bruttowertschöpfung zu Marktpreisen)

./. Abschreibungen (Wertminderung des reproduzierbaren Sachkapitals)

= Netto-Inlandsprodukt zu Marktpreisen (Netto-Wertschöpfung zu Marktpreisen)

./. Verminderung des nichtproduzierten Naturvermögens als Folge der wirtschaftlichen Aktivitäten in der Berichtsperiode:

    a) Quantitative Verminderung z. B. der Bodenschätze und des Bestandes an Pflanzen und Tieren,

    b) Qualitative Verschlechterung der natürlichen Umwelt (Umweltmedien, Landschaft, Ökosysteme) durch Änderungen der Landnutzung und Abgabe von Rest- und Schadstoffen,

= Ökoinlandsprodukt.

Der Differenzbetrag zwischen dem Netto-Inlandsprodukt zu Marktpreisen und dem Ökoinlandsprodukt gibt einen Wert für das Ausmaß an, in dem Produktion und Konsum der Wirtschaftsgüter von der natürlichen Umwelt ,,subventioniert" werden.

4 Europäisches System für die Sammlung umweltbezogener Wirtschaftsdaten (SERIEE)

4.1 Grundanliegen

Auf Initiative des Statistischen Amtes der Europäischen Gemeinschaften wurden in den letzten Jahren Arbeiten durchgeführt, die darauf gerichtet waren, ein ,,Europäisches System für die Sammlung umweltbezogener Wirtschaftsdaten" (SERIEE) zu schaffen. Dessen Grundkonzeption ist inzwischen erarbeitet[42]) auf der Basis von Vorschlägen aus der französischen Forschung und nach enger wechselseitiger Abklärung in ad-hoc-Arbeitsgruppen, zusammengesetzt aus Vertretern einer Reihe von Mitgliedsländern.[43]) Damit konnte bei der Ausarbeitung des Konzepts dem Informationsstand und den Verfahren von Datensammlung und Verarbeitung in den Mitgliedsländern soweit wie möglich Rechnung getragen werden.

---

[41] Hamer/Stahmer (1992 a), S. 111.
[42] SAEG (1992 a), S. 5 ff.
[43] SAEG (1992 a), S. 1.

Grundanliegen des SERIEE ist es, in einem Rahmenwerk nach Art von Satellitenkonten die statistischen Informationen bereitzustellen, die für eine Beurteilung der Ausgaben für Bewirtschaftung und Schutz der Umwelt erforderlich sind. Um die Beziehungen zwischen Wirtschaft und Umwelt unter diesem Gesichtspunkt beschreiben zu können, müssen für alle Mitgliedsländer vergleichbare Statistiken sowie mit den Volkswirtschaftlichen Gesamtrechnungen kompatible Zahlen verfügbar gemacht werden. Angestrebt ist eine Darstellung der Art und Weise, wie die Aufwendungen für die Umwelt zustande kommen und finanziert werden. Dies beinhaltet insbesondere Informationen darüber,

– von welchen Entscheidungsträgern die jeweiligen Umweltmaßnahmen getragen werden,

– wer tatsächlich die Belastung für die Umweltmaßnahmen finanziert und trägt,

– in welchen Formen und mit welchen Weiterwirkungen die Finanzierung abgewickelt wird.

Mit Hilfe von spezifisch zu entwickelnden Input-Output-Tabellen ist es zu bewerkstelligen,[44] daß die Informationen auch mit den nationalen Volkswirtschaftlichen Gesamtrechnungen in Beziehung gesetzt werden. Damit lassen sich auch Auswirkungen der Umweltpolitik besser abschätzen. Eine Verbindung von monetären und physischen Daten ist ebenfalls angestrebt.

4.2 Abgrenzung des Untersuchungsbereichs und Klassifikation der Strategien

4.2.1 Abgrenzungen

Die Aufgliederung der ökonomischen Basisdaten wird nach drei Hauptkriterien vorgenommen:

– nach ,,charakteristischen" Umweltschutzaktivitäten,

– nach Maßnahmenarten, um die es sich innerhalb der Aktivitätsgruppen handelt,

– nach Kategorien von wirtschaftlichen Akteuren.

Die Einteilung der ,,charakteristischen" Umweltschutzaktivitäten berücksichtigt vor allem die Elemente der natürlichen Umwelt, Arten der Verschmutzung und Belastung sowie Techniken zum Schutz der Umwelt. Da das System die Beziehungen Mensch-Natur in den Vordergrund stellt, ist auch die Abgrenzung von ,,Umwelt" sehr weit gefaßt; sie berücksichtigt insgesamt

– den wirtschaftlichen Bereich,

– den ökologischen Bereich,

– den sozio-kulturellen Bereich.

4.2.2 Klassifikation der Strategien

Die Klassifikation der Strategien selbst umfaßt zunächst

– unter dem Oberbegriff der Vermeidung und Bekämpfung der vom Produktions-Konsumsystem verursachten Umweltbelastungen:

– die Vermeidung, Beseitigung und Behandlung von Schadstoffen vor Ableitung in die Umwelt (Abfall, Luftverunreinigung etc.),

– die Behandlung und Reduzierung der in die Umwelt abgeleiteten Stoffe,

---

[44] Sprenger et al. (1992), S. 31 ff.

- – die Vermeidung und Kompensation von Belästigungen,
- – unter dem Oberbegriff des Schutzes der natürlichen Umwelt:
  - – den Natur-und Artenschutz,
  - – ökologische Vorbeugemaßnahmen gegen Naturkatastrophen,
- – unter dem Oberbegriff der Verbesserung des Lebensraumes:
  - – Erhalt und Pflege von Natur, Freizeit- und Erholungsgebieten,
  - – Landschaftsgestaltung, Schutz und Wiederherstellung des natürlichen Landschaftsbildes,
- – als Strategien, die sich nicht systematisch den genannten Bereichen zuordnen lassen:
  - – Forschung und Entwicklung,
  - – allgemeine Umweltverwaltung,
  - – Unterricht und Ausbildung.

Je nach dem Interesse, das an bestimmten Maßnahmen der Umweltbeeinflussung besteht, können neben dem Kernsystem auch periphere Systeme hinzugefügt werden. Ein Beispiel hierfür ist die Nutzung und der Abbau natürlicher Ressourcen (Wasserwirtschaft, Energiewirtschaft o. ä.).

4.3 Maßnahmen und Akteure

SERIEE verzeichnet nur solche Maßnahmen, die in der Hauptsache und gezielt auf die Beeinflussung der Umwelt selbst oder deren Finanzierung gerichtet sind.

Im Vordergrund der Betrachtung stehen defensive laufende Ausgaben und Investitionsausgaben sowie die entsprechenden Finanzströme. Fabrikationstechnisch, hygienisch, sicherheitstechnisch und wirtschaftlich bedingte Ausrüstungsinvestitionen werden nicht einbegriffen.

Ein besonderes Charakteristikum ist, daß die Ausgaben im Zusammenhang mit der Ausführung der Maßnahmen oder/und mit ihrer Finanzierung (nicht mit der Produktion selbst) verzeichnet werden müssen. Nichtsdestoweniger beziehen sich die Abgrenzungen selbst auf die Systematik der Volkswirtschaftlichen Gesamtrechnungen.

Die in SERIEE ausgewiesenen Akteure umfassen Ausführungs- oder Finanzierungsstellen der jeweiligen Strategien, in Übereinstimmung mit der institutionellen Untergliederung der Volkswirtschaftlichen Gesamtrechnungen. Neben den Akteuren mit umweltorientierter Haupttätigkeit werden auch solche mit lediglich interner Umweltschutztätigkeit im größeren institutionellen Rahmen erfaßt.

Dementsprechend wird der Produktionssektor nach primär extern umweltschutz-produzierenden Unternehmen und übrigen, intern umweltschützenden Einheiten eingeteilt. Verwaltungsstellen werden nach geographischer Kompetenzhierarchie gemäß der EG-Rangordnung von Gebietseinheiten (NUTS I, II, III) unterschieden. Restliche Akteure sind Haushalte und Organisationen ohne Erwerbscharakter.

4.4 Datenorganisation und Tabellenwerke

Die Präsentation der Informationen in SERIEE erfolgt in drei Abteilungen mit unterschiedlichem Tabellenaufbau.[45])

---

[45] SAEG (1992 a), S. 26 - 31.

Zweck der ersten Abteilung (die den Zentralbereich von SERIEE bildet; Tabellen vom Typ A) ist der nach Akteuren gegliederte Ausweis der Aufwendungen im Zuge der jeweiligen umweltbezogenen (,,charakteristischen") Aktivitäten mit entsprechender Finanzierung unmittelbar durch die Produzenten oder durch Dritte (siehe Übersicht 4, S. 74 ff.). Die ausgewiesenen Daten geben Auskunft über die Höhe und den Anteil der Beteiligung der verschiedenen Kategorien von Akteuren an dem Gesamtaufwand. Allerdings sind Durchführungsmodalitäten und Finanzströme nicht unmittelbar ersichtlich. Daher sind zwei Ergänzungsschritte notwendig.

Die zweite Abteilung (Tabellen vom Typ B) gibt in vereinfachten Produzentenkonten Auskunft über die Herkunft und die Verwendung der Mittel für die in Frage stehenden umweltbezogenen Aktivitäten (siehe Übersicht 5, S.77 f).

In der dritten Abteilung (Tabelle vom Typ C) werden die Verknüpfungen zwischen Produktions- und Finanzierungssystemen hergestellt. Damit können die Finanzströme in isolierter Form dargestellt und verfolgt werden (siehe Übersicht 6, S. 79).

Besonders hingewiesen wird auf die Möglichkeit, im weiteren auch monetäre wirtschaftliche Daten mit physischen Größen in Beziehung zu setzen sowie zweckentsprechende, auf eine Gesamtrechnung hin orientierte Ergebnisse abzuleiten.

4.5   Integration physischer Daten

Exemplarisch wird die angestrebte Integration physischer Daten für den Bereich Abfall (siehe Abbildung 5, S. 80) schematisch dargestellt.[46]) Die Abfall ,,kreisläufe" betreffen

– die potentiellen Belastungen durch das Produktions- und Konsumsystem,

– die Umweltschutzleistungen in Form von Abfallsammlung und -behandlung,

– die Endbelastungen oder Endnutzungen.

Besonders für den zweitgenannten Bereich ergeben sich (für jeden der in der Grafik eingetragenen Pfeile) Möglichkeiten der gleichzeitigen Beschreibung in monetären und physischen Größen. Beispiele sind hier die Mengen der unterschiedlichen Abfallarten, die Zahlen und Typen von abfallbezogenen Anlagen und Einrichtungen sowie die dafür getätigten monetären Aufwendungen und erforderlichen Finanzierungsvorgänge.

4.6   Konzeptions- und Realisierungsprobleme

Was bei den Arbeiten an SERIEE zunächst auffällt, ist die enge Verwandtschaft mit den französischen CSE. Die weitgehende Beschränkung auf eine Erfassung der Umweltschutzausgaben, die Abgrenzung des Berichtsfeldes mittels ,,charakteristischer Maßnahmen" und die Betonung des Finanzierungsaspektes zeigen die enge Anlehnung an dieses System.

Die konzeptionelle Unterscheidung in Zentralsystem und Ergänzungssysteme (ähnlich wie in den französischen CPN) erlaubt eine relativ weitreichende Nutzung des Systems je nach dem Erkenntnisinteresse der Nutzer: im Prinzip sind beliebig viele ergänzende, ,,periphere" Konten zu erstellen, die je nach Fragestellung an den zentralen Rahmen angekoppelt werden können. Der von Anfang an angestrebte Erfassungsbereich des Systems (siehe Abbildung 6, S. 81 und Übersicht 7, S. 82) wird anhand eines Gesamtschemas deutlich.[47])

---

[46]   Puech (1991 c), S. 8.
[47]   Vgl. auch besonders Puech (1991 c).

Übersicht 4
Tabelle Typ A

Tableau A
Domaine/Activité caractéristique :

Exécution de la dépense intérieure et dépenses nettes (Financement)

Pays :
Année :
Unité :

	ADMINISTRATIONS			ENTREPRISES		AUTRES		TOTAL GENERAL
	Administrations publiques centrales	Administrations publiques locales NUTS I,II,III	Administrations publiques locales (Infra NUTS III)	Etablissements spécialisés	Autres établissements (activité interne)	Organismes sans but lucratif	Ménages	Total général
DEPENSE INTERIEURE								
1) Dépenses courantes								
2) Dépenses en capital								
3) TOTAL DE LA DEPENSE INTERIEURE								
3.1) dont biens et services connexes								
4) DEPENSES EXTERNES								
5) FINANCEMENT RECU								
3)+4)-5) DEPENSES NETTES (FINANCEMENT)								

Quelle: SAEG (1992 a), S. 26–28

Übersicht 4

Tabelle Typ A

Pays :
Année :
Unité :

Tableau A.1
Domaine/Activité caractéristique :

Tableau A.1 : Exécution et dépenses nettes : Détail des dépenses externes

	ADMINISTRATIONS			ENTREPRISES		AUTRES	TOTAL GENERAL
	Administrations publiques centrales	Administrations publiques locales NUTS I,II,III	Administrations publiques locales (Infra NUTS III)	Etablissements spécialisés	Autres établissements (activité interne)	Organismes sans but lucratif	Ménages	Total général
DEPENSES EXTERNES							
1) Achats de biens et services caractéristiques							
2) Transferts courants aux administrations							
3) Subventions et aides à l'investissement							
1)+2)-3) TOTAL DES DEPENSES EXTERNES							

Quelle: SAEG (1992 a), S. 26–28

Übersicht 4
Tabelle Typ A

Pays :
Année :
Unité :

Tableau A.2
Domaine/Activité caractéristique :

Tableau A.2 : Dépense intérieure et dépenses nettes : Détail du financement reçu

	ADMINISTRATIONS			ENTREPRISES		AUTRES		TOTAL GENERAL
	Administrations publiques centrales	Administrations publiques locales NUTS I,II,III	Administrations publiques locales (Infra NUTS III)	Etablissements spécialisés	Autres établissements (activité interne)	Organismes sans but lucratif	Ménages	Total général
FINANCEMENT RECU								
1) Vente de biens et services caractéristiques								
2) Transferts courants reçus par les administrations								
3) Subventions et aides à l'investissement								
1)+2)+3) TOTAL DU FINANCEMENT RECU								

Quelle: SAEG (1992 a), S. 26–28

Übersicht 5
Tabelle Typ B

Pays :
Année :
Unité :

Tableau de liaison Tab A/Tab B
Passage des emplois des producteurs à la dépense intérieure

	ADMINISTRATIONS			ENTREPRISES		AUTRES		TOTAL GENERAL
	Administrations publiques centrales	Administrations publiques locales NUTS I,II,III	Administrations publiques locales (Infra NUTS III)	Etablissements spécialisés	Autres établissements (activité interne)	Organismes sans but lucratif	Ménages	Total général
TOTAL DES EMPLOIS DES PRODUCTEURS								
Moins (-) Ventes des biens et services liés								
Plus (+) Achats de biens et services connexes								
TOTAL = DEPENSE INTERIEURE								

Quelle: SAEG (1992 a), S. 29 f.

Übersicht 5

Tabelle Typ B

Pays :
Année :
Unité :

Tableau B
Domaine/Activité caractéristique :

Tableau B : Compte simplifié des producteurs

	ADMINISTRATIONS			ENTREPRISES		AUTRES		TOTAL GENERAL
	Administrations publiques centrales	Administrations publiques locales NUTS I,II,III	Administrations publiques locales (Infra NUTS III)	Etablissements spécialisés	Autres établissements (activité interne)	Organismes sans but lucratif	Ménages	Total général
EMPLOIS • Dépenses courantes 1) Rémunération des salariés 2) Autres dépenses de fonctionnement 2.1) dont intérêts payés 2.2) moins autoconsommation de biens et services caractéristiques liés • Dépenses en capital 3) formation brute de capital fixe 4) Autres dépenses en capital TOTAL DES EMPLOIS DES PRODUCTEURS								
RESSOURCES 5) Ventes de biens et services 5.1) dont vente de biens et services caractéristiques 5.2) ventes de biens et services caractéristiques liés 6) Transferts reçus par producteurs 7) Fonds propres et ajustements TOTAL DES RESSOURCES DES PRODUCTEURS (Dépenses intérieures hors biens et services connexes)								

Quelle: SAEG (1992 a), S. 29 f.

Übersicht 6
Tabelle Typ C

Tableau C

Domaine/Activité caractéristique :

Tableau C : Secteurs de financement et secteurs d'exécution de la dépense

Pays :
Année :
Unité :

Exécution de la dépense / Financement	ADMINISTRATIONS			ENTREPRISES		AUTRES		SOUS TOTAL	RESTE DU MONDE	TOTAL GENERAL
	Administrations publiques centrales	Administrations publiques locales NUTS I,II,III	Administrations publiques locales (Infra NUTS III)	Etablissements spécialisés	Autres établissements (activité interne)	Organismes sans but lucratif	Ménages	Sous-total (=Financement des secteurs résidents)	Exécution dans le reste du monde	Total général (=financement) (=Dépense nationale)
ADMINISTRATIONS										
Administrations publiques centrales										
Administrations publiques locales (NUTS I,II,III)										
Administrations publiques locales (infra NUTS III)										
ENTREPRISES										
Etablissements spécialisés										
Autres établissements (act. interne)										
AUTRES										
Organismes sans but lucratif										
Ménages										
FINANCEMENT PAR LE RESTE DU MONDE										
Dont en provenance de la C.E.										
TOTAL (=DEPENSE INTERIEURE)										

Quelle: SAEG (1992 a), S. 31

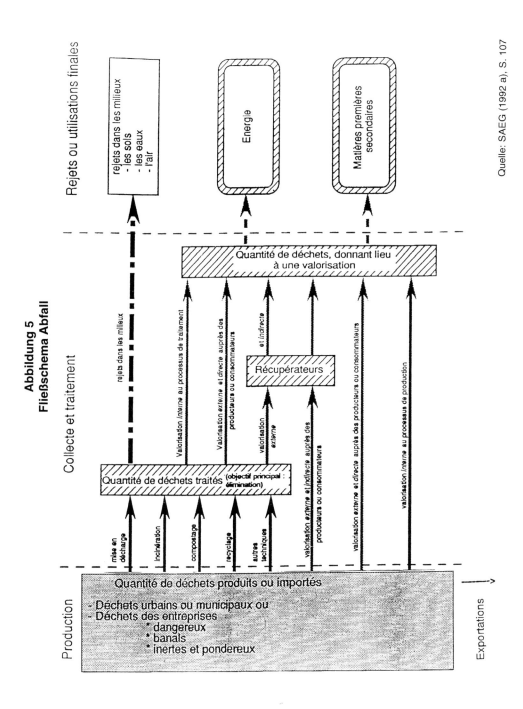

**Abbildung 5
Fließschema Abfall**

Quelle: SAEG (1992 a), S. 107

Abbildung 6
Allgemeines Schema des europäischen Systems zur Sammlung
umweltbezogener Wirtschaftsdaten - SERIEE

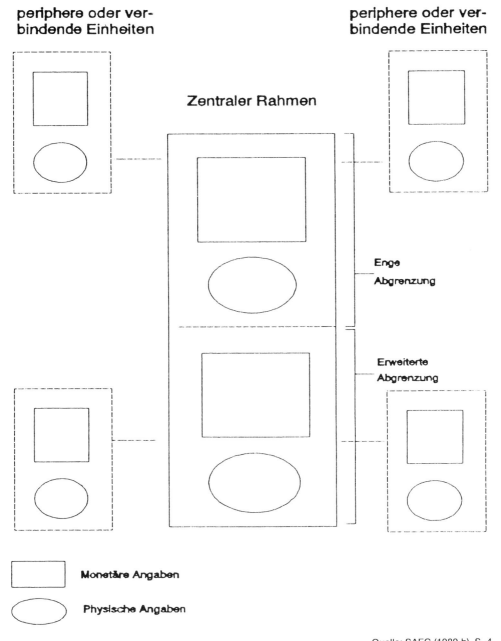

Quelle: SAEG (1989 b), S. 4

Übersicht 7
Abgrenzung des SERIEE - Erfassungsbereichs

Zentraler Rahmen

I. Maßnahmen zur Vorbeugung und Bekämpfung der vom Produktions-Konsum-System verursachten Umweltbelastungen

    A. Einschränkung, Beseitigung und Behandlung von Schadstoffen vor der Ableitung in die Umwelt

        1   Abfallwirtschaft

        2   Verminderung der Geräuschemissionen

        3   Verminderung der Schadstoffemissionen in die Luft

        4   Kanalisation, Abwasserreinigung

        5   Maßnahmen zur Vorbeugung und Bekämpfung der Wärmebelastung der Gewässer

    B. Maßnahmen zur Einschränkung der Verbreitung von Schadstoffen in die Umwelt

        1   Wasserreinigung (Behandlung vor der Verwendung)

        2   Reinhaltung der Meere, des Grundwassers, der Seen und des Bodens

II. Schutz der natürlichen Umwelt

    A. Natur- und Artenschutz

    B. Ökologische Vorbeugemaßnahmen gegen Naturkatastrophen

III. Verbesserung des Lebensraumes

    A. Erhalt und Pflege von Natur-, Freizeit und Erholungsgebieten

    B. Maßnahmen zur Landschaftsgestaltung, zum Landschaftsschutz und zur -pflege, Wiederherstellung des natürlichen Landschaftsbildes

IV. Maßnahmen, die sich nicht den genannten Bereichen systematisch zuordnen lassen

    A. Alllgemeine Verwaltung der Umwelt

    B. Forschung und Entwicklung

    C. Unterricht, Ausbildung

Periphere Systeme

A. Wasserwirtschaft

    a. Trinkwassergewinnung

    b. Landwirtschaftliche Wasserwirtschaft

    c. Gewässerregulierung, Instandhaltung von Flüssen

B. weitere denkbare Systeme

    – Bewirtschaftung der Wasser- und Landfauna,

    – Forstwirtschaft,

    – Bewirtschaftung verschiedener Energiequellen.

Quelle: SAEG (1989 b), S. 5 (unveröffentlicht)

Ein enger Bezug des Kernsystems zur traditionellen Wirtschaftsstatistik, etwa der VGR, ist zunächst nicht ersichtlich. Eine Korrektur der traditionellen Sozialproduktsberechnungen in Richtung auf ein nachhaltiges Einkommen oder „Ökosozialprodukt" wird nicht angestrebt, Umweltschadenskosten werden nicht ermittelt.

In den Ergänzungsbereichen der peripheren Systeme wird explizit auf ökonomische Bereiche wie etwa Wasserwirtschaft oder Forstwirtschaft Bezug genommen, der Finanzierungsaspekt wird sogar im zentralen Rahmen hervorgehoben. Die Anbindung an allgemeine (nicht VGR-zentrierte) Wirtschaftsstatistiken ist demnach im System prinzipiell berücksichtigt.

Die gewohnten Systeme der Umweltstatistik finden ihren Niederschlag in der zugrundegelegten medialen Gliederung, die jedoch erweitert wird um sozio-ökonomische Dimensionen wie z. B. „Verbesserung des Lebensraumes" oder umfassende Aktivitäten wie „Vorbeugemaßnahmen gegen Naturkatastrophen". Eine Entscheidung zugunsten tendenziell eher ökologisch ausgerichteter Begriffe (vgl. die Definition von Elementen in den französischen CPN oder die Untersuchungseinheiten im kanadischen STRESS-System) wird nicht getroffen. Zudem ist SERIEE fast ausschließlich auf Emissionen (Abfall, Abwasser, Lärm, Bodenbelastung) fixiert, die Problemdimension des Ressourcenabbaus wird nicht berücksichtigt.

Nicht-monetäre Größen spielen im Rahmen von SERIEE vorerst eine untergeordnete Rolle – zu stark ist die Betonung der Aufwendungen für und der Finanzierung von Umweltschutzaktivitäten.

Hinsichtlich der Gesamtzielsetzung von SERIEE muß eine Differenzierung beachtet werden: Aus den Diskussionen und Publikationen in der Phase der Entwicklung von SERIEE geht hervor, daß ein schrittweiser Aufbau mit phasenweise unterschiedlicher Zielsetzung angestrebt ist:[48]

1. Schritt: Priorität hat die Erfassung der monetären Ströme, die durch Ausgaben zu Gunsten der Umwelt entstehen. Obwohl sich SERIEE vielfach auf die Kompatibilität zu den VGR beruft, ist eben die Ausgabe der zentrale Begriff, der das Grundsystem in die unmittelbare Nähe der französischen CSE bringt. Dieser Schritt ist im Gange bzw., wie die Ergebnisse zeigen, bald abzuschließen.

2. Schritt: Nicht sofort zu realisieren ist der Ausbau bzw. die Erweiterung zu Input-Output-Tabellen, die auf die Darstellung von Vorleistungs- und Strukturverflechtungen abstellen und aufgrund deren gesamtwirtschaftliche Wirkungen von Umweltschutzaktivitäten ermittelt werden könnten. Diese Sicht ist wesentlich stärker an Fragestellungen orientiert, die in den Volkswirtschaftlichen Gesamtrechnungen der Bundesrepublik Deutschland dominieren.

3. Schritt: In noch weiterer Ferne liegt schließlich die monetäre Bewertung physischer Umweltdaten mit den Möglichkeiten der Ermittlung von Schadenskosten (Rückwirkungen ökonomischer Aktivitäten auf die natürliche Umwelt) und einer Bewertung alternativer umweltpolitischer Maßnahmen bzw. größerer Bereiche der Umweltpolitik.

Hinsichtlich der Aussagefähigkeit und der Umsetzbarkeit von SERIEE in internationale statistische Realität werden Bedenken unter verschiedenen Gesichtspunkten geäußert. Be-

---

[48] Sprenger (1992), S. 27 ff.

schränkungen der Aussagefähigkeit werden entsprechend der Anlage des Systems befürchtet mit Blick auf

1. „Ökonomische Auswirkungen der Umweltpolitik im Sinne der Identifizierung umwelt-schutz-induzierter Ausgaben und ihrer Wettbewerbswirkungen,

2. Ökonomische Auswirkungen einzelner umweltpolitischer Maßnahmen und

3. Finanzierung der Umweltschutzausgaben als Indikator für die vorherrschenden umweltpoli-tischen Prinzipien (Verursacher vs. Gemeinlastprinzip)."[49])

Hinsichtlich der Umsetzbarkeit werden Zweifel geäußert,

- ob die Begriffsbildung und die Nomenklaturen bereits hinreichend geklärt bzw. festgelegt sind,

- inwieweit die erforderlichen Erhebungen im Unternehmenssektor in allen Ländern möglich bzw. aussagekräftig sind und

- in welchem Grad eine Unternehmensbefragung tatsächlich die Identifizierung eines soge-nannten Umweltschutzsektors zu ermöglichen vermag.[50])

Insgesamt jedoch steht die grundsätzliche Notwendigkeit eines länderübergreifenden Umwelt-statistischen Systems für eine Europäische Umweltpolitik außer Frage. Starke Unterschiede in den nationalen Möglichkeiten, Daten im geforderten Zuschnitt tatsächlich zu liefern, sind angesichts des innereuropäischen Entwicklungsgefälles kurzfristig und mittelfristig in Kauf zu nehmen und können bestenfalls langfristig nivelliert werden.

---

[49]) Sprenger et al. (1992), S. 54 ff.
[50]) Sprenger et al. (1992), S. 87 ff.

Umweltberichterstattung in ausgewählten Staaten

1   Frankreich: Les Comptes du Patrimoine Naturel (CPN)

1.1   Genese und Zielsetzung

Bereits Mitte der siebziger Jahre erkannten die französischen Behörden die Notwendigkeit, Umweltzustand und -effekte in ökonomische Entscheidungen miteinzubeziehen. Eine 1978 gebildete interministerielle Arbeitsgruppe („Commission Interministerielle des Comptes du Patrimoine Naturel" – CICPN) kritisierte die Erfassung natürlicher Ressourcen im Rahmen der traditionellen VGR als unzureichend. Vor allem die Bewertung über Marktpreise und (oft) das Fehlen institutioneller Einheiten als Eigentümer ließ – nach ihrer Auffassung – den Wert der Natur in den rein ökonomischen Konten nicht angemessen zur Geltung kommen.[1] Ein entsprechendes Rechensystem, die „Comptes du Patrimoine Naturel" (CPN), wurde unter Federführung des INSEE (Institut National de la Statistique et des Études Économiques) und unter breiter Beteiligung der verschiedenen Behörden entwickelt. Es sollte die Interaktionen zwischen natürlichen Ressourcen und menschlicher Aktivität zunächst in physischen Größen aufzeigen. In diesem Rahmen wird angestrebt

„à reconstituer une valeur du patrimoine qui prenne en compte des horizons spatiaux et temporels différents de ceux du marché",[2]

um sie dann – wo sinnvoll und möglich – in monetäre Größen zu übersetzen und so in die Reichweite der Volkswirtschaftlichen Gesamtrechnungen zu bringen.[3]

Bislang[4] wurden Konten erstellt zu

– Wald,

– Binnengewässer,

– Fauna und Flora.

Die CPN gelten als eines der frühesten und profiliertesten Systeme im Rahmen der Ansätze zur integrierten ökonomisch-ökologischen Berichterstattung.

1.2   Begrifflichkeiten und Arbeitshypothesen

1.2.1   Der Begriff des Naturvermögens

Im Rahmen der CPN wird „Patrimoine naturel" („Naturvermögen") definiert als

„ensemble des éléments naturels, et des systèmes quils forment, qui sont susceptibles d'être transmis aux générations futures ou de se transformer . . ."[5]

Ausgeschlossen werden nach dieser Abgrenzung des INSEE solche Naturbestandteile,

– die durch den Menschen nicht beeinflußt werden können und die er sich nicht aneignen kann,

– deren Entstehung und Erneuerung vollständig dem Menschen zuzurechnen sind.[6]

---

[1]   United Nations (1982), S. 47 sowie INSEE (1986 a), S. 19.
[2]   Weber (1986), S. 194.
[3]   United Nations (1982), S. 47.
[4]   Forschungsstand gemäß Veröffentlichungslage ist Dezember 1986.
[5]   INSEE (1986 a), S. 39.
[6]   INSEE (1986 a), S. 39.

Insofern ist das „Naturvermögen" nur ein Teil dessen, was „Natur" ausmacht, so wie auf der anderen Seite die Umgestaltung der Umwelt durch den Menschen selbst nur einen Bruchteil dessen ausmacht, was an Prozessen und Energietransformation in der Natur insgesamt stattfindet (siehe Abbildung 1, S. 87).

So sind das Gebirgsgestein oder der Wüstensand zumindest derzeit keine Elemente des Naturvermögens, genausowenig wie die „permanenten" Teile (Sonnenstrahlung, chemische Zusammensetzungen u.a.). Diese Teile existieren außerhalb jeglicher menschlicher Beein- flußbarkeit, sind demnach nach der Definition der „Comptes du Patrimoine Naturel" nicht Teil des menschlichen „Naturvermögens". Dabei können durch technische Entwicklungen natürliche Ressourcen zu ökonomischen werden. So war Uran im 19. Jahrhundert nicht Element des „Naturvermögens", während es heute durch seine wirtschaftliche Nutzung als elementarer Bestandteil betrachtet werden muß.

Das Naturvermögen kann insofern als zeitlich begrenzte Kombination elementarer Materie- Energie-Komponenten in anthropozentrisch definierter Form und räumlicher Begrenzung betrachtet werden.

1.2.2 Zur Modellbildung der CPN

Ein Faktor wie Umwelt kann nur dann in ökonomischen Prozessen berücksichtigt werden, wenn zwei Bedingungen erfüllt sind:

1. Umwelt-Spezialisten und wirtschaftliche Entscheidungsträger müssen eine gemeinsame Sprache sprechen.

2. Die Anzahl der aggregierten statistischen Daten, die zur Stützung einer Entscheidung heran- gezogen werden, muß begrenzt sein.[7]

Weitere Hypothesen sind:

– Für jede Komponente der Umwelt kann auf der Basis vorhandenen Wissens ein Konto errichtet werden.

– Ein Gesamtsystem der Berichterstattung – als Aggregation der einzelnen Konten – kann nach den gleichen Grundsätzen errichtet werden, wie sie bereits in den ökonomischen Berichtssystemen verwendet werden.

– Das Naturvermögen kann unter drei verschiedenen Blickwinkeln abgebildet werden: öko- logisch, ökonomisch, sozio-kulturell.

– Zudem gilt, daß eine monetäre Bewertung allein auf Beziehungen zur Ökonomie beschränkt sein soll.[8]

Im Kontext der CPN wurden vier grundlegende „Kontenfamilien[9]" entwickelt, die jede für sich die Totalität der Umwelt aus einem anderen Blickwinkel im Sinne der CPN abbilden kann:[10]

1. Elemente-Konten:
   Demographie der Objekte (definiert als „Struktur und Bewegung der Bevölkerung").

---

[7] Weber (1983), S. 421.

[8] Weber (1983), S. 421.

[9] INSEE (1986 a), S. 65.

[10] INSEE (1986 a), S. 41 ff.

Abbildung 1

Zur Begriffsbildung in den "Comptes du Patrimoine Naturell (CPN)

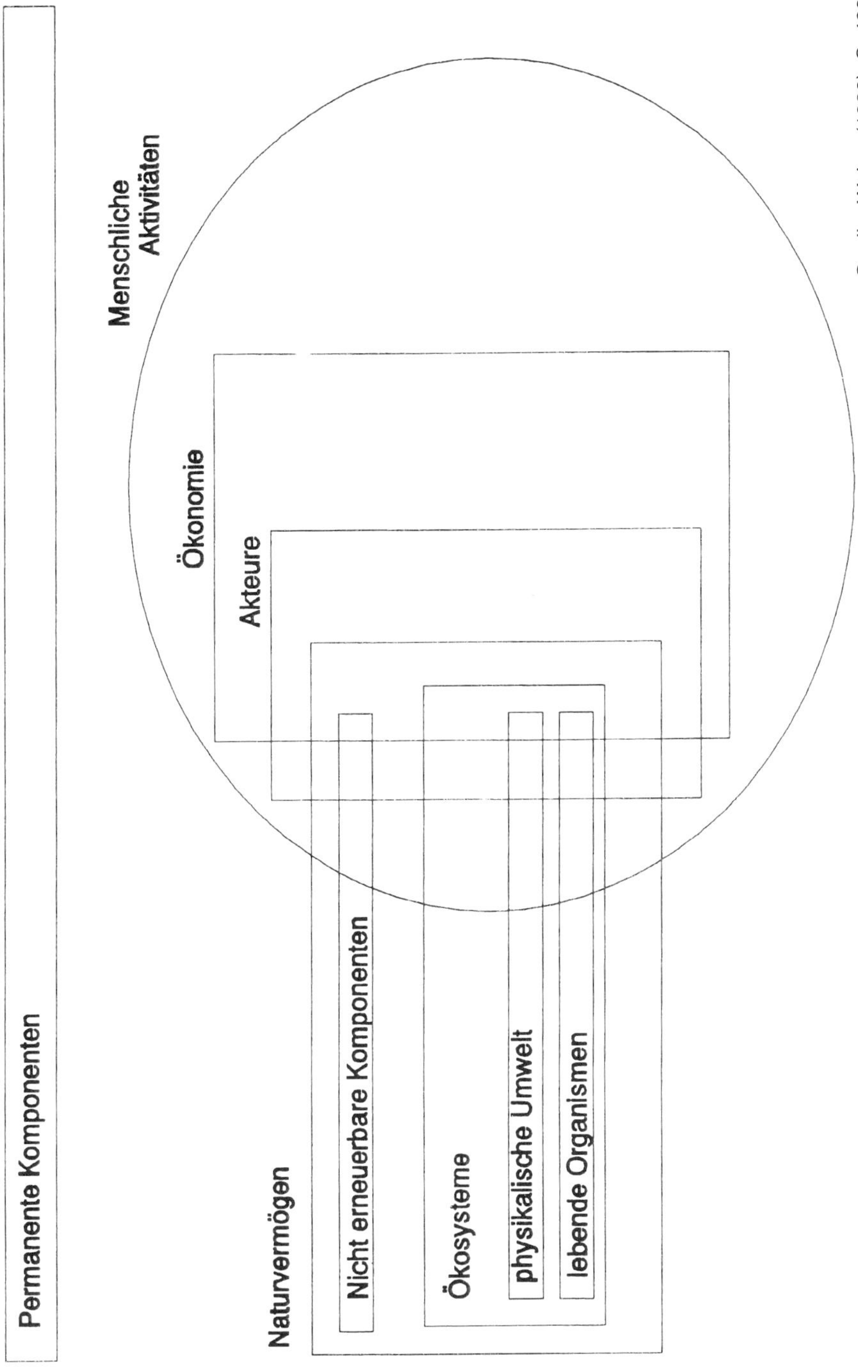

Quelle: Weber (1983), S. 429

2. Konten zu Ökosystemen:
   Funktionsweise von integrativen natürlichen Elementen.

3. Raum-Konten:
   Wettbewerb, einen begrenzten Raum zu besetzen.

4. Akteurkonten:
   Aneignung durch den Menschen.

Diese Beobachtungsrichtungen sind komplementär und die daraus abgeleiteten Berichtssysteme miteinander verbunden. Außerdem sind sie zusätzlich mit den ökonomischen Konten verbunden (siehe Abbildung 2, S. 89).

1.3 Die Analyse des Naturvermögens in der Systematik der CPN

Das Naturvermögen kann – wie bereits definiert – aus verschiedenen, komplementären Blickrichtungen gesehen werden:

- als Summe von Elementen,

- als Summe von Ökosystemen,

- als Gegenstand des Wettbewerbs um einen begrenzten Raum,

- als Objekt menschlicher Aktivität.

Im Rahmen der CPN soll sichergestellt werden, daß eine Sache (ein Element, ein Vorgang) in allen ,,Kontenfamilien" die gleiche Bezeichnung und die gleiche Maßeinheit trägt. Nur so kann der Charakter der CPN als ,,System" realisiert werden.[11]

Die verwendeten physischen Maßeinheiten innerhalb der einzelnen Kontenfamilien sind nicht einheitlich. Sie orientieren sich vor allem an den Notwendigkeiten zur Erfassung und adäquaten Beschreibung des jeweiligen Untersuchungsgegenstandes. Elementekonten werden beschrieben in Einheiten zu Masse, Anzahl, Volumen usw., Konten zu Ökozonen weisen kompliziertere Einheiten auf, die dem dynamischen Charakter eher Rechnung tragen, die Akteur-Konten lassen Raum für physische und monetäre Bewertungen.

1.3.1 Elemente – Konten

Die einzelnen Elemente oder Komponenten des Naturvermögens werden nach ihrer Reproduktionsrate eingeteilt:

- nicht-erneuerbare Ressourcen,

- physikalische Umwelt (Boden, Wasser, Atmosphäre) als Grundlage von Leben mit meist langsamer Reproduktion,

- lebende Organismen,

- Mikroorganismen,

- andere Organismen,

- Fauna,

- Flora.

---

[11] INSEE (1986 a), S. 65.

Abbildung 2
Kontenfamilien in den "Comptes du Patrimoine Naturel" (CPN)

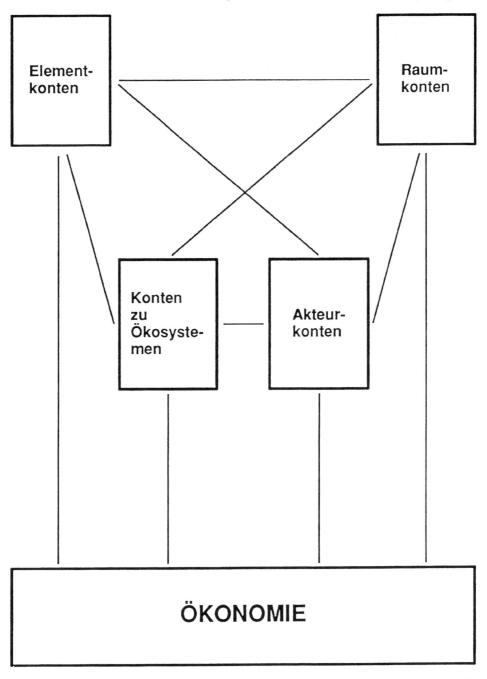

Quelle: INSEE (1986 a), S. 66

Das Ziel dieser Darstellung ist, Quantität, Qualität und Entwicklung eines Elements darzustellen.

1. Konten zu nicht-erneuerbaren Elementen berücksichtigen verschiedene Schätzungen zum Vorrat bei gegebenen technischen und ökonomischen Bedingungen des Abbaus.

2. Konten zur physikalischen Umwelt sollen die Verfügbarkeit von Elementen in Bezug auf räumliche Begrenzung, notwendige Menge und notwendige Qualität messen.

3. Konten zu lebenden Organismen zeigen Daten zur Demographie, zur räumlichen Verteilung, zu Biomasse und Gesundheitszustand, zur Konzentration relativ zur Kapazität des Fundorts, usw.

1.3.2 Konten zu Ökosystemen

Das Konzept der Ökosysteme bezieht sich auf einen definierten Raum mit einem Biotop (Land, Boden, Luft, Klima u.a.) und einer Biozynose (Nahrungskette lebender Organismen). Ein Ökosystem ist damit die Einheit der Produktion lebender Organismen und der Regeneration der physischen Umwelt.

Ziel der Konten ist die Beschreibung der Wirkungsweise von Ökosystemen. Sie messen Zustand, Diversität, biologische Produktivität, Stress-Resistenz. Dazu sind Definitionen, Nomenklaturen, Klassifizierungen notwendig. Jedes Ökosystem wird hinsichtlich seiner (positiven, negativen, stationären) Wachstumstrends untersucht.

1.3.3 Akteur-Konten

Dem Menschen wird im System der CPN aufgrund der Dimension seines Eingriffs in natürliche Prozesse ein besonderer Platz zugewiesen. Ihn allein in Begriffen wie ,,lebender Organismus" oder ,,Ökosystem" zu beschreiben, erscheint zu kurz:

,,D'abord force est de constater que l'homme, par son expansion démographique et son développement technique, est le principal artisan du bouleversement des espaces naturels. Trois termes suffisent à résumer cette affirmation: agriculture, urbanisation et consommation d'énergie."[12]

Zudem wurde das Konzept des Naturvermögens mit Blick auf den Menschen entwickelt. Deshalb wurde das Klassifizierungsschema erweitert durch die Einführung der unterschiedlichen Nutzungen der Natur durch den Menschen. Dies geschah durch den Begriff des ,,Akteurs".[13]

,,Akteure" sind Menschen oder Institutionen, die in ihrer Beziehung zur Natur beschrieben werden (Ernten, Abbau von Rohstoffen, Nutzung, Abfallproduktion, Verschmutzung u.a.). Da diese Beziehung weitgehend in der Sphäre der Ökonomie stattfindet, werden die Akteure vor allem nach ökonomischen Aktivitäten klassifiziert. Allerdings bedient man sich nicht der Einteilung der VGR, sondern jeweils sich anbietender oder frei gewählter Akteurgruppen.

Ziel der Akteurkonten ist, die Aktivitäten der Akteure zu messen, den Zustand der genutzten Natur, Materie-Energie-Bilanzen ökonomischer Aktivitäten, sozio-kulturelle Nutzung der

---

[12] INSEE (1986 a), S. 49.
[13] Weber (1983), S. 429.

Natur. Akteurkonten können entweder in physischen oder monetären Größen dargestellt werden und stellen so die Schnittstelle zwischen Umwelt- und Wirtschaftsrechnung dar.

„Il est donc nécessaire que les données relatives au patrimoine naturel soient présentées dans les cadres compatibles avec ceux qui servent à décrire les activités humaines, économiques, sociales et culturelles."[14])

Physische Konten

Für jeden definierten Akteur wird beschrieben, wie sich seine Aktivität auf einzelne Elemente oder Ökosysteme auswirkt.[15]) Entsprechend der Struktur eines Zentralkontos werden Element und Nutzer z. B. in Form eines Kontos oder einer Matrize gegenübergestellt.

Monetäre Konten

Die ökonomische Bewertung der Bestands- und Stromgrößen im System der CPN war von Beginn der Arbeiten an nur als nachrangig betrachtet worden. Zunächst sollten vor allem physische Größen erfaßt werden. Bei dieser Entscheidung ließ man sich auch von den erheblichen theoretischen und methodischen Problemen einer monetären Bewertung leiten.

In den bislang realisierten Konten sind monetäre Ansätze bislang nur rudimentär verzeichnet. Am stärksten ausgeprägt finden sie sich noch im Bereich der Umweltschutzausgaben („Les comptes satellites de l'environnement"). Die Klassifikation der Akteure bezieht sich zwar sehr allgemein auf VGR-Gruppen,[16]) ist jedoch nicht voll kompatibel, sondern vielmehr dem jeweiligen Untersuchungsgegenstand und -ziel angepaßt.[17])

1.3.4 Raum-Konten

Natürlicher Raum ist der Bereich des Wettbewerbs zum einen zwischen lebenden Organismen, zum anderen zwischen ihnen und den Akteuren. Die Entwicklungstrends des Naturvermögens können allein bereits aus dem Blickpunkt der Landnutzung dargestellt werden.

Raumkonten werden nicht durchgängig als eigenes Gliederungsschema genutzt. Zum Teil sind Einzeluntersuchungen auf ein bestimmtes Territorium beschränkt: Lozère, Basse-Normandie (Calvados), Gascogne u.a.[18])

1.4 Die Struktur eines einzelnen Kontos zum Naturvermögen

Es wird unterschieden zwischen dem „Central Account" und den „Peripheral Accounts" (oder Verbindungskonten) zu jedem Element, Ökosystem oder Akteur.

1.4.1 Das Zentralkonto

So wie das Gesamtkonto eines institutionellen Sektors der VGR aufgeteilt wird, um Zwischenbilanzen für besondere Analysen zu verwenden, wird ein Element (Komponente) in den CPN ebenfalls aufgegliedert.

---

[14]) INSEE (1986 a), S. 50.
[15]) INSEE (1986 a), S. 103 ff.
[16]) Weber (1983), S. 437.
[17]) Vgl. dazu das Beispiel „Binnengewässer" mit seiner Akteur-Klassifikation in: INSEE (1986 a), S. 387.
[18]) Weber (1986), S. 198.

Das Zentralkonto beschreibt den Zustand des Bestands einer Komponente, eines Ökosystems oder einer Region am Anfang und am Ende einer Periode sowie die für Veränderungen ursächlichen Faktoren.[19] Im Rahmen der Erfassung des Naturvermögens wird ein Berichtszeitraum von jeweils 5 Jahren für sinnvoll gehalten (siehe folgende Übersicht 1).

Übersicht 1
Aufbau eines Zentralkontos – Beispiel „Erneuerbare Ressource"

Entstehung		Verwendung	
Anfangsbestand	1 000		
Natürliche Zugänge von außen	120	Natürliche Abgänge nach außen	100
Rückflüsse von außen	70		
Natürliches Wachstum	300	Natürlicher Verbrauch	90
Rückflüsse an die natürliche Umwelt	60	Sterblichkeit und außergewöhnliche natürliche Zerstörungen	8
Künstliche Beiträge	5	primäre Entnahmen	330
Vermögensbildung in der Verwendung	85	Zerstörungen durch Unfälle	2
Ausgleichsposten	– 20	Endbestand	1 090
	1 620		1 620

Quelle: INSEE (1986 a), S. 74

1.4.2 Die peripheren Konten

Da eine isolierte Darstellung einer Komponente im Rahmen eines Zentralkontos vom Typ „Element" oder „Ökosystem", entsprechend dem Systemansatz nicht ausreichend aussagefähig ist, werden neben dem Zentralkonto noch Verbindungskonten oder „periphere Konten" erstellt, in denen besonders interessierende Interaktionen zu anderen Konten sichtbar gemacht werden können.

Zum Beispiel kann ein Verbindungskonto „Element – Ökosystem" die Anteile von Pflanzenarten (Elementen) innerhalb eines Ökosystems sichtbar machen. Und man könnte so viele Verbindungskonten aufstellen, wie man Veränderungen hinsichtlich des Pflanzenbestandes identifizieren kann. Verbindungskonten „Element – Akteur" können die Erntetätigkeit der institutionell definierten Akteure ebenso darstellen wie die Anteile des angeeigneten und monetär bewerteten Naturvermögens im Vergleich zum nicht angeeigneten.[20]

Eine einfache, mögliche Form eines Verbindungskontos wäre etwa die einer Input-Output-Tabelle wie in Abbildung 3 (siehe S. 93).

Eine standardisierte Form für solche Konten hat sich – aufgrund ihrer vielfältigen Aussagerichtungen – bislang nicht etabliert.

---

[19] INSEE (1986 a), S. 70.
[20] INSEE (1986 a), S. 67.

Abbildung 3

**Verbindungskonten im Rahmen der
"Comptes du Patrimoine Naturel" (CPN)**

Zentralkonten   **Verbindungskonto**

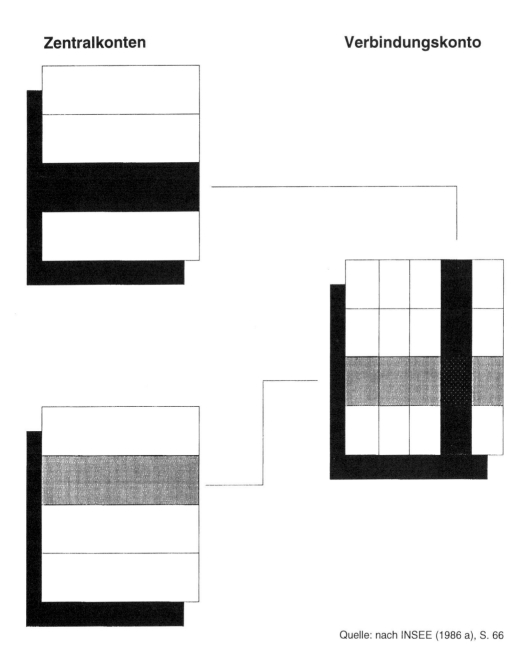

Quelle: nach INSEE (1986 a), S. 66

1.5 Das Gesamtsystem der CPN

Betrachtet man ein bestimmtes Element bzw. einen bestimmten Prozeß des Naturgeschehens in einem definierten Raum, so kann er – wie oben ausgeführt – gleichzeitig in den komplementären Zentralkonten zu Elementen, Ökosystemen oder Akteuren beschrieben werden, die untereinander durch „periphere Konten" verbunden sind. Die Akteurkonten sind offen zur Sphäre der Ökonomie (Satellitensystem, VGR) bzw. der „Naturvermögen"-relevanten sozio-kulturellen Aktivität der Menschen.

Das Gesamtsystem zeigt sich schematisiert in Abbildung 4 (siehe S. 95).

1.6 CPN und umweltökonomische Berichterstattung

Die CPN sind primär als Informationssystem zur Umweltberichterstattung konzipiert und gelten als einer der erfolgversprechendsten Ansätze in diesem Bereich. Entsprechend „ökologisch" sind etwa die Begriffsbildung zur Kontenbildung oder die Rechnungseinheiten. Primär bilden die CPN physische Einheiten ab, vor allem dort, wo Intra-Umwelt-Prozesse beschrieben werden (Materie-Energie-Bilanzen). Monetäre Bewertungen sollen nur dort Raum finden, wo effektive Geldströme fließen.[21]

Gleichzeitig gilt jedoch die Struktur des Rechnungsrahmens der VGR als vorbildlich für den Aufbau der CPN, insofern, als das Naturgeschehen unter verschiedenen komplementären Gesichtspunkten betrachtet werden soll (Elementekonten, Ökosysteme, Raum-Konten, Akteur-Konten, entsprechend Entstehungs-, Verwendungs-, Verteilungsrechnung).

In den Akteurkonten wird der Übergang zur ökonomischen Berichterstattung gesucht. Die Akteure werden als vorwiegend wirtschaftliche Akteure verstanden, ihre Beschreibung folgt im allgemeinen sehr groben, am Untersuchungsgegenstand ausgerichteten Einteilungen.

Über die Akteurkonten werden als besonders sinnvolle Verknüpfung die „Comptes Satellites" mit ihrer monetären Basis erreicht. Die CPN werden neben der VGR als „zweiter strukturierender Pol eines Satellitenkontos"[22] beschrieben. In der Verbindung beider Systeme wird die Achillesferse der französischen Satellitenkonten – die fehlende Nutzenbewertung getätigter Umweltschutzausgaben – geschützt: über die Akteurkonten können Kosten einer Maßnahme und deren Auswirkung direkt gegenübergestellt werden.

„Comptes Patrimoine" und „Comptes Satellites" sind insofern nicht völlig kompatibel, als sie sich nicht durchgängig auf gemeinsame Abgrenzungen und Begriffe beziehen.

Konkret: in den Satellitenkonten werden Aktivitäten wie etwa Reinigung von Industrieabwässern beschrieben, in den CPN wird unterschieden nach Element (Wasser) oder Ökosystem (räumlich und sachlich begrenzt). Die Akteure sind innerhalb der „Comptes Satellites" weit in Verwaltungseinheiten untergliedert, was in den CPN nicht durchgängig geleistet wird.

Betrachtet man die bislang realisierten Konten zu „Wald, Binnengewässern und Flora und Fauna",[23] so fällt die wenig einheitliche Grundstruktur der Ergebnispräsentation auf. Je nach Objekt und Fragestellung ergeben sich völlig unterschiedliche Darstellungen. Die Systematisierung der CPN gewährleistet insofern kein homogenes Erscheinungsbild, das raschen Zugriff auf einzelne Zusammenhänge erlaubt.

---

[21] Weber (1986), S. 194.
[22] Weber (1986), S. 194.
[23] INSEE (1986 a), S. 131 – 412 sowie Weber (1983), S. 438 ff.

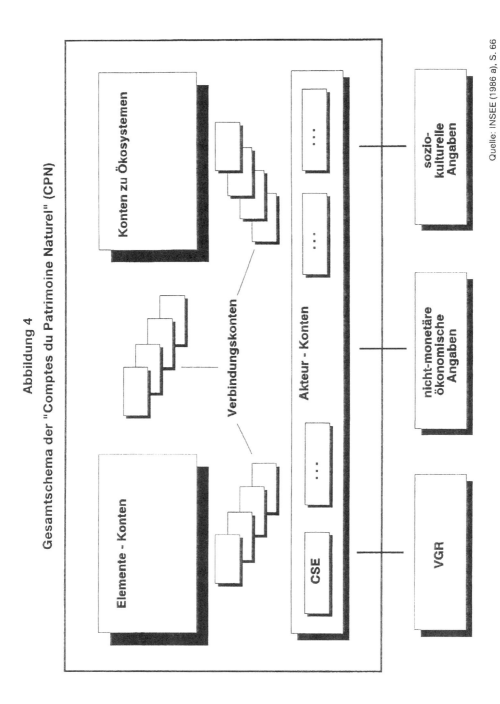

Abbildung 4

Gesamtschema der "Comptes du Patrimoine Naturel" (CPN)

Konten zu Ökosystemen

Elemente - Konten

Verbindungskonten

Akteur - Konten

CSE

sozio-kulturelle Angaben

nicht-monetäre ökonomische Angaben

VGR

Quelle: INSEE (1986 a), S. 66

2   Frankreich: Les Comptes Satellites de l'Environnement (CSE)

2.1   Charakteristika der französischen Satellitensysteme

2.1.1   Allgemeines

Um die Ergebnisse der französischen Arbeiten an den „Satellitenkonten"[24]) beurteilen zu können, muß berücksichtigt werden, daß diese Ansätze keineswegs isoliert für den Themenbereich „Umwelt" entstanden. Bereits seit Mitte der siebziger Jahre wurden in Frankreich Methoden entwickelt, um eine statistische Erfassung solcher gesellschaftlicher Bereiche zu ermöglichen, an deren Darstellung großes Interesse bestand, die über die Volkswirtschaftlichen Gesamtrechnungen (VGR) jedoch nicht unmittelbar zugänglich waren.

Um zusätzliche Elemente in die Betrachtung einbeziehen zu können, oder um eine andere Blickrichtung als die des VGR-Kernsystems zu ermöglichen, haben französische Gesamtrechner zunächst den klassischen Rahmen der VGR um „ergänzende Analysen" (etwa zum verfügbaren Einkommen der Haushalte oder zur letzten Verwendung von Gütern) bzw. um „Systèmes Intermédiaires" (als Zwischenglied zwischen mikro- und makroökonomischer Betrachtung) erweitert.

2.1.2   Darstellungsfelder

Für die Darstellung bestimmter gesellschaftlicher Funktionen (Ausbildung, Gesundheit, Soziale Sicherung, Forschung, Wohnen u. a.[25]) mußte die direkte VGR-Orientierung jedoch verlassen werden. Diese Funktionen zeichnen sich dadurch aus, daß

– sie nicht einer Institution im VGR-Raster zugerechnet werden können,

– sowohl Markt- als auch Nicht-Markt-Beziehungen von Bedeutung sind,

– indirekte Finanzierungen auftreten und

– staatliche Interventionen von Bedeutung sind.

Für diese Bereiche sollte ein Berichtssystem entwickelt werden, das zunächst Daten der VGR ausgliedert und neu (funktional) gruppiert, andere monetäre Daten aus anderen Quellen anfügt und schließlich mit nicht-monetären Größen (charakteristisch und aussagefähig für den untersuchten Bereich) verbindet.

2.1.3   Ziele

Ziel dieser Analysen ist es zunächst, den Aufwand zu messen, den eine Gesellschaft einer Aufgabe widmet.[26])

Weiterhin soll den Entscheidungsträgern im betreffenden „Social Field"[27]) ermöglicht werden, die Ströme, Akteure, Aktivitäten zu strukturieren, um letztlich Handlungsoptionen bewerten zu können. Aus dieser Sicht ist ein Satellitensystem Informationssystem für politische Entscheidungen. Da zusätzlich zu den neugruppierten monetären Daten der VGR auch

---

[24]) Der Begriff lautet im Original „Comptes Satellites", was im folgenden mit „Satellitensystem" wiedergegeben wird.

[25]) Vanoli (1986), S. 184.

[26]) Lemaire/Weber (1983), S. 1024.

[27]) Der Begriff „Social Field" wird von M. Lemaire verwendet. Auf eine Übersetzung wurde mangels einer treffenden Entsprechung im Deutschen verzichtet.

nicht-monetäre Größen in ein Satellitensystem integriert werden, sollen die CSE auch als Instrument zur Bewertung von Handlungsoptionen dienen.[28]

2.1.4 Satellitensystem-Familien[29]

Unter dem Begriff der ,,Allgemeinen Funktionalen Analysen" wurden Satellitensysteme erstmals entwickelt. Sie liefern die methodische Basis (VGR-Bezug, Erweiterung durch monetäre Nicht-VGR-Daten, nicht-monetäre Angaben). Beispiele sind die Bereiche Forschung, Ausbildung, Gesundheit, Hausarbeit, Soziale Sicherung, Umweltschutz.

Ohne den Anforderungen ,,funktionaler Analysen" zu entsprechen, wurden unter dem Begriff ,,Aktivitäten-Konten" VGR-ergänzende bzw. detaillierende Untersuchungen zu bestimmten Feldern erstellt: Landwirtschaft, Handel, Transport, Tourismus, EDV, Energie. Solche Konten könnten ggf. durch entsprechende methodische Korrekturen in funktionale Analysen überführt werden.

Teillet[30] schlägt vor, in einer dritten Familie staatliche Aktivitäten zu analysieren. Möglich und sinnvoll wären nach seiner Ansicht auch Bereiche, die inhaltlich mit VGR-Größen zu tun haben, und bei denen Kosten-Nutzen-Analysen eine Rolle spielen: Alkoholismus, Verkehrsunfälle u.a. Vanoli[31] führt als weitere mögliche Anwendungsfelder für ,,verkleinerte funktionale Analysen" zudem ,,Subventionen" und ,,Einkommensverteilung" an.

Bislang werden allein die ,,funktionalen Analysen" als ,,Satellitensysteme" im engeren Sinn bezeichnet.

2.1.5 Grundstruktur versus Freiheitsgrad

Aus ersten Erfahrungen durch die Arbeit an Konten zu Ausbildung und Gesundheit wurde eine Grundstruktur entwickelt, die einheitlich für alle noch zu erstellenden Satellitensysteme gelten sollte. Da jedoch gleichzeitig eine der wesentlichen anzustrebenden Qualitäten der Satellitensysteme in deren ,,Geschmeidigkeit" und Entwicklungsfähigkeit im Vergleich zur ,,rigiden" VGR[32] gesehen wurde, entwickelte sich ein Spannungsverhältnis zwischen dem Bedürfnis, zu strukturieren und den erwünschten, weitergehenden Freiheitsgraden, die den Erfordernissen jedes untersuchten Bereiches Rechnung tragen sollten.

,,Each account thus has its own history and particularities; however, on the basis of accumulated experience, common characteristics can be defined."[33]

2.1.6 Zum Aufbau der Satellitensysteme

Prinzipielles Ordnungsschema aller Untersuchungen sind drei Grundfragen:[34]

Wie hoch sind die Produktionskosten?
Wer finanziert die Ausgabe?
Wer zieht Nutzen aus der Ausgabe?

---

[28] Lemaire/Weber (1983), S. 1029.
[29] Nach Teillet (1988), S. 33 f.
[30] Teillet (1988), S. 35.
[31] Vanoli (1986), S. 184.
[32] Lemaire/Weber (1983), S. 1017.
[33] Teillet (1988), S. 36.
[34] Teillet (1988), S. 31.

Allerdings: ,,The relative importance of these three questions and the efforts devoted to them, vary from one satellite account to another.'' [35])

Unter dem Aspekt der Produktion werden alle beteiligten Akteure nach ihrer Produktion der interessierenden Güter untersucht. Dabei werden – anders als in der VGR – nicht nur diejenigen Einheiten, deren Hauptaktivität eine ,,charakteristische Aktivität'' ist, erfaßt. Berücksichtigt werden auch homogene Produktionseinheiten innerhalb von Einheiten, deren Haupttätigkeit keine ,,charakteristische Aktivität'' ist, sowie interne Einheiten, die in den VGR nicht ausgewiesen sind, weil sie lediglich Hilfsfunktionen für die übergeordnete Einheit erfüllen (Militärische Ausbildung wird demnach im Satellitensystem ,,Ausbildung'' relevant.[36])

Als Produzent wird dabei diejenige Einheit verstanden, die die entsprechende Leistung durchführt, also z. B. eine Kommune als Betreiber einer öffentlichen Kläranlage oder ein Unternehmen, in dessen Produktionsanlage ein Filter eingebaut wird. Kennzeichnend für die CSE ist dabei die tiefe Untergliederung staatlicher Einheiten (Zentralstaat, Region, Departement, Gemeindeverband, Gemeinde, Finanzierungsfonds) und die vergleichsweise grobe Darstellung der Wirtschaftsbereiche mit neun Untergruppen (im Beispiel Binnengewässer). Zusätzlich finden sich Akteure (z.B. Jagdvereine im Konto ,,Jagd''), die im VGR-Raster bislang überhaupt nicht berücksichtigt wurden bzw. nur zusammengefaßt mit anderen Bereichen ausgewiesen wurden.[37])

Die zweite Kernfrage versucht, den Finanzierungsbeitrag der institutionellen Einheiten zu identifizieren. Die ersten Satellitensysteme in Frankreich richteten sich auf Untersuchungsfelder wie z. B. Ausbildung und Soziale Sicherung.[38]) Mit der starken Berücksichtigung des Finanzierungsaspektes sollte der Tatsache Rechnung getragen werden, daß in diesen Bereichen Transfers oder ,,Third-Party-Paying''[39]) große Bedeutung haben. Deshalb ist es oft sinnvoll, zwei verschiedene Finanzierungskonten darzustellen: eines für die Ausgaben der Nachfrager von Leistungen (,,Final Financer'') und eines für diejenigen Einheiten, die tatsächlich die Ausgabe finanzieren (,,Initial Financer''). Hiermit lassen sich Transfers zwischen den beteiligten Akteuren deutlich machen, was besonders im staatlichen Bereich (Finanzausgleich, Schlüsselzuweisungen. . .) von großer Bedeutung ist.

Der Begriff des ,,bénéficiaire'' (übersetzbar etwa mit ,,Nutznießer'') ist der originärste Beitrag der französischen Satellitensysteme und zugleich derjenige, der am schwierigsten umzusetzen ist. Wesentlicher Grund dafür ist, daß man sich mit dem Begriff des ,,Nutznießers'' am Knotenpunkt zwischen einerseits ökonomischen Sachverhalten mit monetärer Dimension und andererseits (ökonomischen oder nicht-ökonomischen) Sachverhalten ohne monetäre Bewertbarkeit befindet.

Ein einfacher Fall ist gegeben im Bereich der Sozialen Sicherung, wo die Nutznießer identifiziert werden können als die Empfänger der staatlichen Leistungen, deren verfügbares Einkommen steigt. Das staatlich finanzierte Schulsystem kann zwar im Nutzen des Schülers individualisiert werden, allerdings profitieren vom höheren Ausbildungsniveau der Schüler auch deren Arbeitgeber.[40]) Ein besonders augenfälliges Beispiel stellt das Satellitensystem

---

35) Teillet (1988), S. 31.
36) Teillet (1988), S. 40 f.; zu betonen ist hier die Parallelität zum UN-Konzept.
37) Ryll/Schäfer (1988), S. 138.
38) Vgl. dazu Lemaire (1987).
39) Lemaire (1987), S. 314.
40) Lemaire/Weber (1983), S. 1024.

Umwelt dar, bei dem die Identifikation eines Nutznießers z. T. nicht möglich ist. In diesem Fall wird ein Akteur „Natur" als „bénéficiaire" definiert, eine der drei strukturierenden Fragestellungen damit letztlich ignoriert.[41])

2.1.7   Vorgehen

Beim Aufbau eines Satellitensystems soll die enge Zusammenarbeit von Gesamtrechnern und Fachspezialisten sicherstellen, daß sowohl die zwischen verschiedenen Systemen angestrebte methodische Vergleichbarkeit, wie auch der enge Bezug zu den Fragestellungen des Fachgebietes gewährleistet wird.

Im einzelnen werden folgende formalen Schritte aufgeführt:[42])

1. Identifikation der „charakteristischen Aktivitäten" und der „verbundenen Güter" eines Untersuchungsfeldes (wobei die verbundenen Güter nur als Ausgabenbestandteil relevant sind; ihre Produktion interessiert nicht.[43])

2. Erstellung einer „Ausgabenliste", um sämtliche Zahlungsströme einschl. Transfers zu erfassen, die der Produzent einer Leistung erhält (zunächst unabhängig davon, wer die Ausgabe tätigt). Als Produzenten gelten dabei diejenigen Einheiten, die eine „charakteristische Aktivität" durchführen, also z .B. nicht der Hersteller einer Kläranlage, sondern deren Betreiber.

3. Erstellung einer „Finanzier – Liste", um diejenigen Akteure zu identifizieren, die die Last einer Ausgabe tragen.

4. Monetäre oder physische Bewertung der Ergebnisse.

5. Klassifizierung der Nutznießer, soweit sie individualisiert werden können.

2.2   Das „Satellitensystem Umwelt" (CSE)

2.2.1   Allgemeines

Im wesentlichen folgt der Aufbau der „Comptes Satellites de l'Environnement", mit dem 1977 begonnen wurde, dem allgemeinen Grundschema der französischen Satellitensysteme.

Die CSE sollen eine fundierte Darstellung ökonomischer Implikationen umweltpolitischer Maßnahmen liefern und langfristig als Grundlage für die Entscheidungen politischer Handlungsträger dienen, etwa in dem Maße, wie die VGR Informationsbasis für Wirtschaftspolitik ist.[44]) An diesem Anspruch gemessen, stehen die Arbeiten noch am Anfang. Nicht-monetäre Elemente sind ebensowenig integriert, wie etwa ein Ansatz zur Schadensbewertung. Letztlich handelt es sich somit allein um eine Darstellung von Investitionen und laufenden Ausgaben im Umweltschutzbereich.

Zudem läßt sich das Schema „Produktion-Finanzierung-Nutznießer" nicht uneingeschränkt realisieren, da ein Nutzen im Bereich des Umweltschutzes oft nicht individualisierbar ist. So wird – je nach Literatur – in vielen Fällen eine „nationale Gesamtbevölkerung" bzw. „Natur" als Nutznießer definiert,[45]) was letztlich bedeutet, daß diese Kategorie in ihrem Aussagegehalt

---

[41]) Lemaire/Weber (1983), S. 1028.
[42]) Teillet (1988), S. 36 sowie Ryll/Schäfer (1988), S. 137 f.
[43]) Ryll/Schäfer (1988), S. 137.
[44]) Ryll/Schäfer (1988), S. 135 sowie INSEE (1986 b), S. 24.
[45]) INSEE (1986 b), S. 21, sowie Lemaire/Weber (1983), S. 1028.

bei der Analyse umweltökonomischer Fragestellungen zunächst ignoriert werden kann. Das Satellitensystem ist aussagefähig allein für die Bereiche Produktion und Finanzierung.

Allerdings verstehen sich die Arbeiten am CSE als prozeßorientiert: durch permanente Verbesserung und Ergänzung sollen immer mehr relevante Größen und Statistiken zu einem aussagefähigen Gesamtbild zusammenwachsen.[46])

2.2.2 Umweltbegriff

Der Umweltbegriff im französischen Satellitensystem ,,Umwelt`` ließ sich von der Haushalts-nomenklatur des Umweltministeriums von 1975 leiten. Damit wurde ein Mittelweg einge-schlagen zwischen einerseits einer engen Darstellung der Maßnahmen gegen Umweltver-schmutzung und des Naturschutzes und andererseits einem weitgefaßten Konto, das auch Stadtplanung oder Landwirtschaft hätte umfassen können.[47])

Die Programmbereiche des Umweltministeriums sind folgendermaßen aufgeteilt:

1. Nutzung der natürlichen Ressourcen
- Binnengewässer,
- Küstengewässer,
- Luft,
- Boden.
2. Maßnahmen gegen Belastungen der Umwelt
- Kanalisation,
- Kläranlagen,
- Abfall,
- Lärm.
3. Naturschutz
4. Verbesserung der Lebensbedingungen (cadre de vie)
- Grünflächen,
- Jagd,
- Fischerei
- Verbesserung der Umweltqualität.
5. Allgemeine Umweltverwaltung.[48])

Diese Struktur zeigt eine erhebliche Heterogenität hinsichtlich der betrachteten Tatbestände. Manche Programmbereiche sind etwa einem Medium zugeordnet (Wasser, Luft), andere einer charakteristischen Aktivität (Abfallbeseitigung, Jagd) oder beziehen sich auf eine Verwal-tungseinheit (Nationalparks). Diese Uneinheitlichkeit führte schließlich zur Entscheidung, mehrere Subkonten zu erstellen, um sich besser den Eigenheiten jedes Bereichs anpassen zu können, während ansonsten für ein Untersuchungsfeld (Gesundheit, Forschung u.a.) nur jeweils ein umfassendes Satellitensystem aufgestellt wird.

---

[46]) Lemaire (1987), S. 305.
[47]) INSEE (1986), S. 16.
[48]) Ryll/Schäfer (1988), S. 136.

Anstatt deshalb von einem Gesamtsystem zu sprechen, ist es angebrachter, von einem modularen System von Unterkonten auszugehen, die auf der Basis einer einheitlichen Logik erstellt wurden.[49]) Eine Aggregation aller Unterkonten ist demnach methodisch möglich. Daß in der Praxis dennoch bisher darauf verzichtet wurde, liegt daran, daß die z.T. sehr lückenhafte Datenbasis einzelner Subsysteme eine aussagefähige Gesamtgröße noch nicht ermöglicht.

Bislang[50]) wurden folgende Unterkonten erfaßt:

1. Verwaltung der Binnengewässer,
2. Nationalparks,
3. Regionale Naturparks,
4. Beseitigung von Abfällen und Rückgewinnung,
5. Jagd,
6. Schutz der Küstengewässer.

Im Projektstadium sind außerdem: Fauna und Flora, Fischfang, Lärm, Luft, Grünflächen.

2.2.3 Das Aggregationsschema

Die Subsysteme der CSE wurden – wie erwähnt – an der Aufgabengliederung des Umweltministeriums orientiert, ohne daß sie jedoch dessen Gliederung vollständig übernehmen.

So wurden bei der Bildung der Klassifikationen auch Überlegungen zur Praktikabilität bestimmter Gliederungen berücksichtigt. Dies bedeutet z.B. für das Konto ,,Verwaltung der Binnengewässer", daß sowohl die Wasserversorgung als auch die Abwasserbeseitigung – entgegen der Abgrenzung des Ministeriums – integriert wurden. Die Unterkonten selbst werden wiederum unterteilt in einzelne Programmabschnitte und Unteraktivitäten; so wird schließlich die Aktivität der einzelnen – als relevant identifizierten – Institutionen in diesen Bereichen gemessen (siehe Abbildung 1, S. 102).

Auf diese Weise ist es möglich, auf unterschiedlichen Aggregationsniveaus sowohl hinsichtlich der untersuchten ,,charakteristischen Aktivitäten" wie auch der beteiligten Akteure (bzw. Akteurgruppen) Aussagen über Produktion und Finanzierung zu treffen. Das heißt, die Beiträge einzelner Akteurgruppen zu einer Aktivität oder die Beiträge eines Akteurs zu mehreren Aktivitäten sind frei stapelbar, sofern sie in der Darstellung entsprechend sichtbar gemacht werden.

Die Disaggregation der beteiligten Akteure findet ihre Grenze in der Darstellung der anfangs definierten relevanten Akteure. (Einen Beitrag privater Jagdvereine zum Unterkonto ,,Trinkwasserversorgung" zu erwarten, ist nicht sinnvoll, also werden nur die tatsächlich betroffenen Institutionen aufgeführt.)

Kennzeichnend für das französische System ist die (im Vergleich zur BRD) relativ tiefe Disaggregation der öffentlichen Institutionen (Zentralstaat, Ministerien, Regionen, Départements, Gemeindeverbände, Kommunen, Finanzierungsfonds, Zweckverbände, . . .) und die vergleichbar geringe Aufgliederung der Industriesektoren (z. B. 9 Sektoren im Bereich Industrieabwasser). Daneben werden zusätzlich Einheiten berücksichtigt, die jenseits der

---

[49]) INSEE (1986 b), S. 17.
[50]) Nach Lage der Literatur, Stand: 1988.

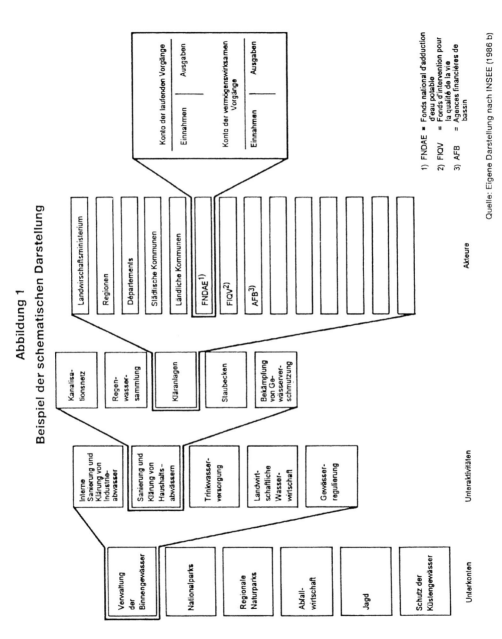

Abbildung 1

Beispiel der schematischen Darstellung

Quelle: Eigene Darstellung nach INSEE (1986 b)

Einheiten Staat und Unternehmen stehen, wie etwa im Subkonto „Jagd" die Jagdvereine oder -organisatoren.[51]) Finanzierungsbeziehungen sind meist nur eindimensional dargestellt, d. h. Finanzierungsströme über mehrere Stationen sind nicht ausgewiesen.

2.2.4 Darstellungsform

Innerhalb aller französischen Satellitensysteme, also auch im CSE werden sämtliche wirtschaftlichen Vorgänge nach einem einheitlichen Schema verbucht.

Produzentenkonten

Jedem Produzenten wird für jede ausgewiesene charakteristische Aktivität ein Konto zugewiesen, in dem laufende und vermögenswirksame Vorgänge in verschiedenen Konten verbucht werden (siehe folgende Übersicht 1).

Übersicht 1
Kontenschema eines Produzenten

Konto der laufenden Vorgänge („Compte des Opérations Courantes")

Ausgaben	Einnahmen
Betriebsausgaben	Verkauf von Gütern
Übrige laufende Ausgaben	Finanzierung von Eigenmitteln
Ersparnis (= Saldo)	Empfangene laufende Übertragungen
Insgesamt	Insgesamt

Konto der vermögenswirksamen Vorgänge („Tableau de Financement")

Ausgaben	Einnahmen
Investitionen	Ersparnis
Übrige vermögenswirksame Ausgaben	Empfangene Vermögensübertragungen
Veränderung der Forderungen	Veränderung der Verbindlichkeiten
Insgesamt	Insgesamt

Quelle: Ryll/Schäfer (1988), S. 140.

Im Konto der laufenden Vorgänge werden neben den Betriebsausgaben (Vorleistungen, Wertschöpfungskomponenten) die für die Untersuchung des Finanzierungsaspektes wichtigen „übrigen laufenden Ausgaben" erfaßt. Sie enthalten die laufenden Übertragungen der Produzenten an andere produzierende Einheiten für die Realisierung „charakteristischer Aktivitäten", so vor allem Subventionen des Staates. Diesen Ausgaben stehen Einnahmen der Produzenten von Umweltschutzleistungen gegenüber: Verkäufe (Gebühren für Müllabfuhr, Energieverkäufe aus der Abfallverwertung), empfangene laufende Übertragungen finanzierender Einheiten, Finanzierung aus Eigenmitteln (vor allem relevant im Unternehmensbereich, wo Umweltschutzausgaben über den Verkauf sonstiger Güter finanziert werden). Als Saldo ergibt sich die Ersparnis, die als Einnahme auf das Konto der vermögenswirksamen Vorgänge umgebucht wird.

Dort finden sich – analog zu den laufenden Vorgängen – empfangene Vermögensübertragungen (Investitionsbeihilfen Dritter, z.B. Subventionen) sowie Veränderungen der Verbindlichkeiten, die im Rahmen der Erstellung „charakteristischer Aktivitäten" entstehen. Auf der

---

[51]) Ryll/Schäfer (1988), S. 138.

Ausgabenseite finden sich entsprechend die Investitionsausgaben (Bruttoinvestitionen einschl. Vorratsveränderung), geleistete vermögenswirksame Übertragungen und Veränderungen der Forderungen. Abschreibungen werden in diesem Konto nicht beschrieben, da ihre Berechnung als methodisch problematisch angesehen wird. Aus dem Kontenschema kann ersehen werden, wie die „charakteristische Aktivität" des betreffenden Akteurs finanziert wird: aus Eigenmitteln, durch Verkauf oder durch Übertragung. Gleichzeitig wird sein Finanzierungsbeitrag in Höhe der geleisteten Übertragungen sichtbar gemacht.

In der Realität der „Comptes Satellites" wird jedoch selbst ein solch vereinfachtes Kontenschema für die einzelnen Akteure nicht explizit dargestellt. Im Zuge der Aggregation der einzelnen Einheiten zu einer Einheit wie „Départements" oder „Industries" begnügt man sich mit dem Ausweis von Investitions- und Betriebsausgaben.

Transferkonten

In manchen Satellitensystemen (z. B. Ausbildung) wird durch zusätzliche Tabellen die Unterscheidung zwischen „Initial Financer" und „Final Financer" sichtbar gemacht, indem alle Nicht-Marktbeziehungen, d.h. Übertragungen zwischen einzelnen Einheiten ausgewiesen werden. In der Darstellung der CSE wird darauf verzichtet, es werden lediglich die Ausgaben der Produzenten und die Beiträge der finanzierenden Einheiten gesondert dargestellt. Finanzierungsverflechtungen werden durch diese Art der Darstellung nicht ersichtlich.

Ergänzende Darstellungen

Angaben zur zeitlichen Entwicklung von Investitions- und Betriebsausgaben, tiefer disaggregierte Darstellungen nach Unteraktivitäten oder Produzenten (z. B. 9 Wirtschaftsbereiche im Bereich „Interne Sanierung und Klärung von Industrieabwässern") ergänzen fallweise die Darstellung.

Nationale Ausgaben

Mit Hilfe der dargestellten Konten lassen sich die Ausgaben für charakteristische Aktivitäten erfassen. Zur Messung der Gesamtausgaben im untersuchten Umweltschutzbereich werden zusätzlich die verbundenen Güter berücksichtigt. Diese Güter, deren Produktion durch die „charakteristische Aktivität" induziert ist (z. B. Ausgaben für Müllsäcke als Teil der Gesamtausgaben für Abfallbeseitigung), werden jedoch nicht differenziert in ihrer Produktion dargestellt, sie werden lediglich als Ausgabenbestandteil zu den Ausgaben für charakteristische Aktivitäten hinzuaddiert.[52]

Die Gesamtgröße der nationalen Ausgaben wird demnach berechnet als

Ausgaben aller finanzierenden Einheiten für charakteristische (= Umweltschutz-) Aktivitäten + Ausgaben für verbundene Güter

– Übertragungen zwischen finanzierenden Einheiten.

Nutznießer

Sofern für ein Unterkonto auch die Nutznießer einer Leistung identifiziert werden können, wird ein Aggregat der „sozialen Ausgaben" gebildet, das denjenigen Ausgabenbestandteil

---

[52] INSEE (1986 b), S. 19.

abbilden soll, der nicht vom Nutznießer selbst finanziert wird. Betrachtet man z.B. im Rahmen der Abfallbeseitigung die privaten Haushalte und Unternehmen als Nutznießer der Beseitigung ihrer Abfälle, so zeigt das Aggregat der sozialen Ausgaben, in welchem Umfang die Ausgaben von anderen finanzierenden Einheiten (z. B. dem Staat) finanziert werden.[53])

2.3   Beispiele[54])

2.3.1   „Interne Sanierung und Klärung von Industrieabwässern" als Teil des Kontos „Verwaltung der Binnengewässer"

Das Untersuchungsfeld

Die berücksichtigten Kosten umfassen die getätigten Investitionen der Betriebe, die nicht an ein öffentliches Kanalisationsnetz angeschlossen sind, sowie die damit verbundenen laufenden Ausgaben.

Erfaßt werden

– „autonome" Kläranlagen, die nicht einem öffentlichen Werk vorgeschaltet sind, und

– in den Produktionsprozeß integrierte Anlagen zur Behandlung des Wassers (z. B. Errichtung eines geschlossenen Wasserkreislaufs zur thermischen Behandlung von Metallen).

Nicht erfaßt werden vorbehandelnde Anlagen, die der speziellen Verschmutzung des Werkes Rechnung tragen und einem öffentlichen Netz angeschlossen sind. Sie werden im Unterkonto „Haushaltsabwässer" berücksichtigt. In diesem Fall sind die entsprechenden Industrien normale Nutzer der kommunalen Abwassernetze, die für die Benutzung der Einrichtungen Gebühren zahlen.

Die Akteure

Produzenten: Industriebetriebe

Finanziers: Industriebetriebe

AFB (Agences Financières de Bassin – Die AFB erheben bei der Industrie Wasserentnahme- und -verschmutzungsabgaben und gewähren mit diesen Mitteln Subventionen und Darlehen für Investitionen für die Reinigung von Industrieabwässern.)

Nutznießer: Industrie.

Die Einzelkonten

1. Investitions- und Betriebsausgaben in der zeitlichen Entwicklung.

---

[53]   Ryll/Schäfer (1988), S. 141.
[54]   Die folgenden Darstellungen beziehen sich auf INSEE (1986 b), S. 31 – 64.

Übersicht 2
Investitions- und Betriebsausgaben zum Unterkonto „Interne Klärung von Industrieabwässern"

	1978	1979	1980	1981	1982	1983
Investissement	794	879	978	1 472	1 421	1 250
Fonctionnement	1 155	1 387	1 678	2 071	2 468	3 020
Total . . .	1 949	2 266	2 656	3 543	2 889	4 270
Taux d'accroissement annuel du total en francs constants 1983	- 4,6	+ 5,4	+ 4,9	+ 19,0	- 2,0	+ 0,5

Quelle: INSEE (1986 b), S. 42

2. Finanzierung der Investitionsausgaben.

In den siebziger Jahren gewährte der Staat erhebliche Subventionen für Umweltschutzausgaben der Industrie. Diese Hilfen wurden ab 1977 praktisch eingestellt.

Übersicht 3
Finanzierung der Investitionsausgaben zum Unterkonto „Interne Klärung von Industrieabwässern"

Agents financeurs	1982		1983	
	MF	%	MF	%
Industries	1 279	90	1 131	90
dont:				
– autofinancement	924	65	874	70
– prêts et avances des AFB	355	25	257	20
AFB:				
Subventions	142	10	119	10
Total . . .	1 421	100	1 250	100

Quelle: INSEE (1986 b), S. 42

3. Verteilung der Ausgaben nach Sektoren.

Übersicht 4
Ausgaben nach industriellen Sektoren

Branches Industrielles	En millions de F			En %		
	Inv.	Fonct.	Total	Inv.	Fonct.	Total
Energie	298	543	841	21	22	21
Sidérurgie	85	198	283	6	8	7
Industrie minérale	28	74	102	2	3	3
Chimie	270	518	788	19	21	20
Mécanique	242	518	760	17	21	20
IAA	298	370	668	21	15	17
Bois et papier	57	99	156	4	4	4
Textile, cuir et habillement	86	74	160	6	3	4
Divers	57	74	160	6	3	4
Total . . .	1 421	2 468	3 889	100	100	100

Quelle: INSEE (1986 b), S. 43

Wie bereits erwähnt, zeigt das Satellitensystem „Umwelt" den Beitrag der Unternehmenssektoren nur in sehr verdichteter Form. Im Bereich der „Industrieabwässer" werden die betreffenden Industrien in 9 Sektoren zusammengefaßt.[55]

2.3.2 Das aggregierte Konto „Verwaltung der Binnengewässer"

Aus den 5 Unterkonten zur „Verwaltung der Binnengewässer" wird ein Gesamtaggregat erstellt, in dem Investitions- und Betriebsausgaben der relevanten Produzenten abgebildet werden.

Die Unterscheidung zwischen produzierender und finanzierender Einheit wird hier besonders augenfällig: Übersicht 5 (siehe S. 108) zeigt die Investitionsausgaben der Produzenten, Übersicht 6 (siehe S. 109) hebt auf die Beiträge der beteiligten Finanziers ab. Übersicht 7 (siehe S. 110 f) schließlich stellt die Entwicklung von Investitions- und Betriebsausgaben im einzelnen dar.

2.4 Satellitensystem Umwelt zwischen VGR und Umweltberichterstattung

2.4.1 CSE und CPN

Die Entwicklung des „Satellitensystem „Umwelt" vollzog sich parallel zu den Arbeiten an dem französischen umweltstatistischen Berichtssystem („Comptes du Patrimoine Naturel").[56] Obwohl die Arbeiten zur Verbindung beider Systeme noch in den Kinderschuhen stecken, ist es möglich, den Charakter des CSE als Verbindungsglied zwischen ökonomischer und ökologischer Berichterstattung festzumachen: zum einen weist es auf das Kernsystem der VGR hin, zum anderen entspricht es in der Begrifflichkeit zum Teil dem „Patrimoine Naturel".

2.4.2 CSE und umweltökonomische Berichterstattung

Gerade in Feldern, in denen neben Markt- auch Nicht-Markt-Beziehungen von großer Bedeutung sind, wird im Rahmen von Satellitensystemen der Aufwand, den eine Gesellschaft einer Aktivität widmet, umfassend dargestellt.

Die französischen Umwelt-Satellitensysteme sind methodisch eng an die VGR angelehnt:

- die Rechnungseinheiten sind monetär,
- die Stromgrößen sind nach VGR-Aktivitäten gegliedert (Investitions-, und Betriebsausgaben, Ersparnis, . . .)
- die handelnden Einheiten sind definiert (wenn auch weiter als in der VGR),
- die Buchungen sind ausgeglichen.

Abweichungen:

- die Einheiten entsprechen nicht der institutionellen Gliederung der VGR (Fonds, Jagdvereine, . . .),

---

[55] INSEE (1986 b), S. 43.
[56] INSEE (1986 a).

Übersicht 5

Investitionsausgaben der Produzenten 1982

Mill. Francs

Financeurs / Fonctions	Assainissement et épuration des industries	Assainissement et épuration des agglomerations	Adduction en eau potable	Hydraulique agricole	Régulation des eaux	Total
Etat				14	190	804
Régions		17				
Départements				532	51	
Communes et syndicats		5 800	3 877		604	10 281
Sociétés distributrices		184	754			938
Industries	1 421					1 421
Exploitants agricoles				888		888
Non identifié				558		558
Total ...	1 421	6 001	4 631	1 992	845	14 890

Quelle: INSEE (1986 b), S. 59

Übersicht 6

Finanzierung der Investitionsausgaben 1982

Mill. Francs

Fonctions / Financeurs	Assainissement et épuration des industries	Assainissement et épuration des agglomerations	Adduction en eau potable	Hydraulique agricole	Régulation des eaux	Total
Etat		438	232	618	380	1 668
FNDAE		226	370			596
FEOGA			20			20
Régions		202	106	138	(102)	(1 825)
Départements		650	527	100		
AFB	497	543	255		76	1 371
Communes et sociétés distributrices		3 931	3 093	100	287	7 411
Industries	924					924
Exploitants agricoles				1 036		1 036
Divers (dont FIQV)		11	28			39
Total	1 421	6 001	4 631	1 992	845	**14 890**

Quelle: INSEE (1986 b), S. 59

Übersicht 7

Nationale Gesamtausgaben

Mill. Francs

Dépenses / Fonctions	1978			1979			1980		
	Inve-stisse-ment	Fonc-tionne-ment	Total	Inve-stisse-ment	Fonc-tionne-ment	Total	Inve-stisse-ment	Fonc-tionne-ment	Total
Adduction en eau potable des agglo-mérations	4 086	5 721	9 807	4 296	6 887	11 183	5 069	7 834	12 903
Assainisse-ment et épuration des aggloméra-tions	3 776	4 147	7 923	4 482	4 683	9 165	5 661	5 135	10 796
Assainisse-ment et épuration des industries	794	1 155	1 949	879	1 387	2 266	978	1 678	2 656
Hydraulique agricole........	700	-	700	795	-	795	1 217	-	1 217
Régulation des eaux	427	-	427	516	-	516	660	-	660
Total ...	9 783	11 023	20 806	10 968	12 957	23 923	13 585	14 647	28 232

Quelle: INSEE (1986 b), S. 60

Übersicht 7

Nationale Gesamtausgaben

Mill. Francs

Dépenses / Fonctions	1981			1982			1983		
	Inve-stisse-ment	Fonc-tionne-ment	Total	Inve-stisse-ment	Fonc-tionne-ment	Total	Inve-stisse-ment	Fonc-tionne-ment	Total
Adduction en eau potable des agglo-mérations	4 415	8 765	13 180	4 631	9 882	14 513	4 120	10 900	15 020
Assainisse-ment et épuration des aggloméra-tions	5 626	5 971	11 597	6 001	6 731	12 732	5 868	7 420	13 288
Assainisse-ment et épuration des industries	1 472	2 071	3 543	1 421	2 468	3 889	1 250	3 020	4 270
Hydraulique agricole........	1 390	-	1 390	1 992	-	1 992	1 595	-	1 595
Régulation des eaux	627	-	627	845	-	845	936	-	936
Total ...	13 530	16 807	30 337	14 890	19 061	33 971	13 769	21 340	55109

Quelle: INSEE (1986b), S. 60

- während in der VGR die Betonung auf dem Aspekt der Produktion liegt, stehen im Satellitensystem die Ausgaben und die Finanzierung im Vordergrund.

Satellitensysteme können überlappen. Damit ist es möglich, Aktivitäten, die unter anderem dem Umweltschutz dienen, auch im Konto Umweltschutzleistungen zu erfassen. Damit wird der methodische Rahmen der VGR überschritten, in dem alle Sektor- und Aktivitätskonten ausgeglichen sein müssen. Abschreibungen werden nicht erfaßt, da deren Berechnung als methodisch zu problematisch gesehen wird.

Im Rahmen der VGR wird interne Produktion nicht ausgewiesen, Satellitensysteme zielen durch ihre funktionale Ausrichtung auf gerade diese Bereiche ab.

In den „Comptes du Patrimoine Naturel" nimmt das Satellitensystem „Umwelt" eine (auf Umweltschutz-Ausgaben) begrenzte, aber zentrale Position in der Wechselwirkung zwischen Mensch und Natur ein.

Das CSE weist derzeit allein die Umweltschutzleistungen aus. Nicht-monetäre Daten oder Schäden sind bislang überhaupt nicht integriert. Die Arbeiten am „Patrimoine Naturel" zielen jedoch sowohl auf die Verbindung von VGR-Daten (der CSE) mit physischen Größen ab, was eine gleichzeitige monetäre und physische Beschreibung von Umweltschutzmaßnahmen (Kosten-Nutzen-Analysen) ermöglicht.

Der verwendete Umweltbegriff und die geringe Disaggregationstiefe der industriellen Sektoren im Vergleich zu Verwaltungseinheiten zeigen die Zielrichtung des Satellitensystems „Umwelt": weniger die gesamtwirtschaftliche Analyse, als vielmehr Erfolgskontrolle und Informationssystem staatlicher Politik stehen im Vordergrund. Ursache dafür ist die Übernahme einer Grundstruktur, die für alle Satellitensysteme einheitlich entwickelt wurde, wobei die wesentlichen Erfahrungen aus Untersuchungsbereichen stammen, in denen das Gewicht staatlicher Intervention relativ zu privatwirtschaftlicher Initiative sehr groß war/ist. Eine solche Blickrichtung engt die Verwendungsmöglichkeiten eines Satellitensystems auf staatliche Ausgabenpolitik ein. Auch der Beitrag der privaten Haushalte sowie der ca. 5 000 Umweltschutzvereinigungen Frankreichs wurde bislang nicht berücksichtigt. Die Arbeiten dazu sind jedoch im Gange.

Die Betonung des Finanzierungsaspektes ermöglicht eine differenziertere Beurteilung von umweltpolitischen Maßnahmen, als dies bei einer alleinigen Fixierung auf die Produktion möglich ist. Nur die Kenntnis der Finanzierungsstrukturen läßt eine effektive Steuerung von Ausgaben zu.

Allerdings: Die Finanzierungsverflechtungen werden nur eindimensional aufgeführt. Wenn z.B. ein Fonds als finanzierende Einheit auftritt, wird nicht weiter hinterfragt, aus welchen Quellen sich das Budget dieses Fonds speist. Im aufgeführten Beispiel AFB („Agence Financière des Bassins") würde sich zeigen, daß die Empfänger der Übertragungen, d.h. die Industriebetriebe, z. T. auch Finanziers des Fonds sind, sich also letztlich z. T. selbst finanzieren. Zu klären wäre demnach im Einzelfall, wie weit eine Durchdringung der Finanzierung sinnvoll bzw. notwendig ist.

Die Unterkonten der CSE sind nicht nach einem einheitlichen Kriterium voneinander abgegrenzt. Die Haushaltsnomenklatur des Umweltministeriums – Basis für die Aufgliederung des CSE – entwickelte sich nicht logisch-analytisch oder bezogen etwa auf die Klassifizierung der konventionellen Wirtschaftsberichterstattung, sondern historisch. Die analytische Schärfe des Systems und die internationale Vergleichbarkeit leiden darunter. Dabei kann abschließend nicht beurteilt werden, ob durch geeignete Überleitungsverfahren nicht doch die Kompatibilität der CSE-Klassifizierungen zum VGR-Standard erreicht werden kann.

Die Darstellungsformen sind gemessen an Anspruch und Ziel und methodischem Aufwand der CSE enttäuschend. Das ausgeprägte und für alle Satellitensysteme vereinheitlichte Kontenschema legt die Vermutung nahe, daß Rohdaten in weit größerem Umfang erhoben sind als die spärlichen, wenig differenzierten Übersichten aussagen, die als Ergebnis vorgelegt werden.[57] Dies gilt sowohl für den Finanzierungsaspekt, wie auch für den Grad der Aggregation oder Disaggregation der Akteure.

Die Ausgaben sind innerhalb der ausgewiesenen Unteraktivitäten nicht differenziert nach dem Interventionspunkt der Umweltschutzmaßnahme: präventive und nachsorgende Ausgaben sind nicht zu unterscheiden. Ebensowenig sind regionalspezifische Daten zu ersehen. Sämtliche Darstellungen beziehen sich auf nationale Gesamtbetrachtungen.

---

[57] INSEE (1986 b), S. 31 – 64.

3 Australien: Australian Environmental Statistics Project (AESOP)

3.1 Zielsetzung

Die Arbeit im Rahmen von AESOP hatte zum Ziel:[58])

1. Schlüsseldaten zur ökonomischen Aktivität mit Daten zur Umwelt und zu Beständen an Ressourcen zu verbinden,

2. die Zusammenhänge zwischen Wirtschaft und Umwelt auf möglichst breiter Basis sichtbar zu machen,

3. aufzuzeigen, daß es keine einfachen Ursache-Wirkung-Zusammenhänge zwischen ökonomischen Aktivitäten und einzelnen Aspekten von Umweltqualität gibt,

4. möglichst kompatibel zu sein zu den etablierten Datenreihen des Australian Bureau of Statistics.

Operationalisiert wurden diese Ziele durch die Entscheidung,

1. menschliche Aktivitäten prozeßorientiert abzubilden, wobei für jede Kategorie von Aktivitäten
   – der Verbrauch von Energie und anderen Ressourcen,
   – die wichtigsten Güterströme und
   – das Entstehen und Verwerten von Abfallprodukten erfaßt wird,

2. den physischen Zustand der Umwelt in den traditionellen Kategorien Wasser, Luft und Boden darzustellen,

3. Bestände bekannter Vorräte natürlicher Rohstoffe darzustellen.

3.2 Die Elemente

Das Rahmenwerk selbst besteht aus vier verschiedenen (verbundenen) Sektoren, die sich auf eine gemeinsame regionale, territoriale Basis beziehen (siehe Übersicht 1, S. 115).

3.2.1 Sektor I: Menschliche Aktivität / Druck auf die Umwelt

Dieser Sektor bezieht sich speziell auf die Interaktion Mensch/Natur. Die Grundstruktur des Sektors hat die Form einer modifizierten Input-Output-Tabelle (siehe Abbildung 1, S. 116). Beschrieben werden zusätzlich zur SNA-standardisierten Input-Output-Tabelle (mit Vorleistungen, Arbeit, Kapitalbildung, Außenhandel) die Bereiche

– Energieverbrauch,

– Wasserverbrauch,

– Bodennutzung,

– Ströme besonders interessierender Güter (z. B. gefährliche Substanzen),

– Behandlung von Abfallprodukten.

---

[58]) Soweit nicht anders angegeben, basieren die folgenden Ausführungen auf einem Aufsatz von: McKenry (1981), hier: S. 1.

Übersicht 1
Aufbau des australischen Berichtssystem AESOP

**Human Activitiy/Pressures
on the Environment (IOT)**

Prevailing environmental Conditions

- Energieverbrauch
- Wasserverbrauch
- Landnutzung
- Vorleistungen
- Investitionen
- Arbeit
- Güter-Output
- Emissionen

- Luftqualität
- Wasserverfügbarkeit und -qualität
- Zustand des Bodens
- Giftstoffe
- Zustand der biotischen Umwelt
- Lärmpegel
- Natürliche Gefährdungen

Resource Inventory

Policy-Related Constraints

- Mineralische Ressouren
- Waldbestände
- Unberührte Landschaften
- Flora und Fauna

- Besonders schützenswerte Elemente

- Beschränkungen von Landnutzung
- Umgang mit gefährlichen Stoffen
- Abfallbeseitigung
- Beschränkungen beim Ressourcenverzehr
- Verfahrensfragen

Quelle: Nach McKenry (1981)

Menschliche Aktivität wird dargestellt in zehn Kategorien:

- Landwirtschaft,
- Bergbau,
- Industrie,
- Strom, Gas, Wasser,
- Transport und Kommunikation,
- Bauwirtschaft,
- Handel,
- Öffentliche Verwaltung,
- Verteidigung,
- Private Haushalte.

Da diese Einteilung der Kategorisierung dem internationalen Standard zur Sektorenbildung (ISIC) entspricht, ist eine entsprechend weitere Untergliederung möglich.

In Australien hat man mit Rücksicht auf die Gliederung der statistischen Veröffentlichungen auf eine weitere Unterteilung verzichtet.

Abbildung 1

Input-Output-Tabelle nach AESOP

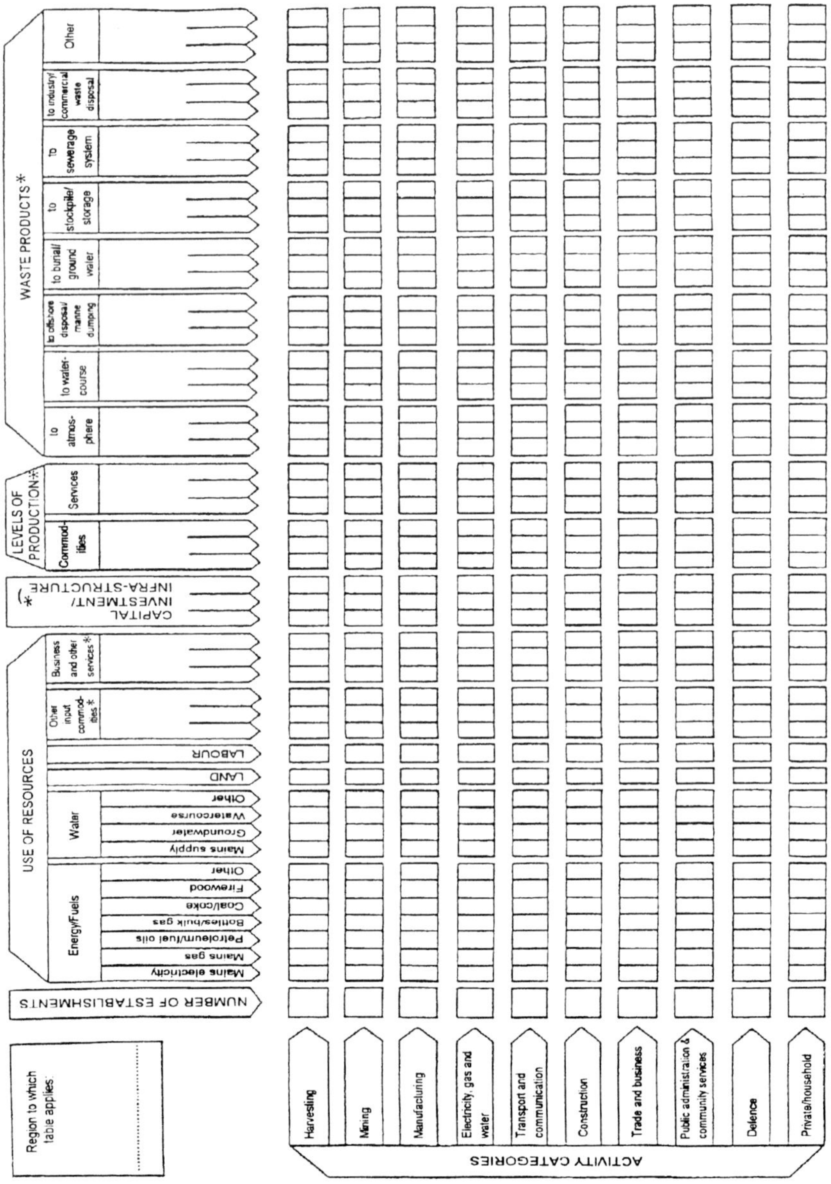

Quelle: McKenry (1981), S. 4

*) Classification system to be determined.

Eine weitere Untergliederung der Ressourcen ist theoretisch möglich. So könnte z. B. die Ressource „Boden" weiter unterschieden werden, je nachdem, ob es sich um Stadt, Land, industriell oder landwirtschaftlich genutzten Boden handelt usw. Dasselbe gilt für „Arbeit" oder die frei definierbaren „anderen Input-Güter". Allerdings ist zu berücksichtigen, daß für die jeweilige Aussagerichtung zweckrationale Einteilungen gewählt, und daß möglichst die gängigen nationalen und internationalen Klassifizierungs-Standards eingehalten werden.

Die Ressource „Use of business and other services" im Input-Output-Schema von AESOP beinhaltet alle Nicht-Güter-Inputs eines anderen Sektors.

Eine zusätzliche, aussagefähige Möglichkeit zur Erweiterung besteht darin, die Vorleistungen aus anderen Sektoren hinsichtlich ihrer Herkunft genauer zu spezifizieren. Eine solche Verflechtungsmatrix würde zwar die Komplexität des Rechenwerks erheblich vergrößern, inhaltlich jedoch qualifiziertere Aussagen möglich machen.

Kapitalbildung wird für jeden Sektor dargestellt. Eine detaillierte Klassifizierung wurde bislang noch nicht erarbeitet, es sollen jedoch sowohl monetäre Größen als auch die entsprechenden physischen Einheiten (Ausrüstungsgegenstände, Straßenkilometer, Vorratsbestände, . . .) ausgewiesen werden.

Auf der Output-Seite wird eine Unterscheidung getroffen zwischen „Output" im klassischen Sinn und „Abfallprodukten". Diese Outputgüter werden nach gleichem Schema klassifiziert wie die Input-Güter.

3.2.2 Sektor II: Gegebener Umweltzustand

Dieser Sektor bezieht sich auf den biologischen und physischen Zustand der Umwelt. Aus Gründen der Vereinfachung wurden sieben grobe Kategorien gewählt, von denen jede getrennt im Rechenwerk ausgewiesen wird:

1. Luftqualität,
2. Wasserverfügbarkeit und -qualität,
3. Zustand des Bodens,
4. Gefährliche und giftige Substanzen in der Umwelt,
5. Zustand der biologischen Umwelt – menschliche, tierische und pflanzliche Krankheiten,
6. Lärmpegel,
7. Klimatische/natürliche Gefahren.

Die Aussagefähigkeit dieses zweiten Sektors wird in hohem Maße von der Möglichkeit der Immissionsmessung abhängen. Da die Bedingungen – etwa der Luft – sich innerhalb geringer Entfernungen und Zeitabstände entscheidend ändern können, ist es oft nicht möglich, eine verallgemeinerte Aussage über den Zustand in einer bestimmten Region zu treffen. Im einzelnen gelten folgende Spezifikationen:

Luftqualität

Eine detaillierte Klassifizierung der betreffenden Schadstoffe (Staub, CO_x, SO_2, . . .) existiert noch nicht.

Verfügbarkeit und Qualität von Wasser

Die Verfügbarkeit kann durch Statistiken über folgende Größen dargestellt werden:

- Mengen und Schwankungen von Niederschlägen bzw. Verdunstung,
- Mengen und Schwankungen bei Fließgewässern,
- Ausmaß und nachhaltige Entnahme von Grundwasser,
- Zahl und Kapazität von Dämmen,
- Menge des Wassers in Stauseen und Frischwasser-Seen.

Wasserqualität kann noch nicht nach einer einheitlichen Klassifizierung beurteilt werden. Vorschläge sind:

- Salzgehalt,
- Konzentration der gelösten Feststoffe (Trübung),
- Sauerstoffgehalt,
- Nährstoffgehalt,
- Konzentration von Kolibakterien,
- Konzentration toxischer und gefährlicher Substanzen.

Bodenqualität

Wichtige Aspekte sind Erosion, Vegetation, landwirtschaftliche Erträge, Konzentrationen von Salz, Nährstoffen, Spurenelementen, organischen Substanzen, toxischen und gefährlichen Substanzen.

Gefährliche und toxische Substanzen

Produktion, Transport und Verwendung gefährlicher und toxischer Substanzen wurden bereits im Input-Teil des Systems dargestellt. Hier soll die Immissionsseite betrachtet werden.

Zustand der biotischen Umwelt

Hierher gehört u.a. die Erfassung aller menschlichen, tierischen und pflanzlichen Krankheiten mit ihrer Verbreitung.

Klimatische / natürliche Gefährdungen

Angaben über Niederschlagsmengen werden bereits im Konto zur Verfügbarkeit und Qualität von Wasser erfaßt. Vorgesehen sind z. B. Daten zu:

- Trockenheit / Feuchtigkeit,
- Winde,
- Gezeiten,
- Ozeanische Strömungen,
- Zyklone,
- Buschfeuer,
- Überschwemmungen,

118

- Dürre,

- Heuschreckenplagen,

- Erdbeben.

3.2.3 Sektor III: Ressourcen-Bestandsaufnahme

Diese Aufstellung würde beinhalten:

- Mineralische Ressourcen,

- Waldbestände,

- Gebiete urwüchsiger Vegetation,

- Flora und Fauna,

- besonders schützenswerte Elemente.

Nicht berücksichtigt werden Viehbestände, Bestände an Erntegütern, Wasser, da für sie bereits an anderen Orten im System Plätze definiert wurden.

Mineralische Ressourcen z. B. werden weiter untergliedert in

- Art des Minerals,

- Reinheitsgrad,

- geschätztes Volumen,

- geschätztes Ausmaß (Oberfläche),

- Lagerungstiefe,

- derzeitiger Landbedarf.

3.2.4 Sektor IV: Politische Elemente

In diesem Sektor sollten alle Politik-Elemente aufgeführt werden, die mit dem Zweck erstellt wurden, den Druck auf die Umwelt zu begrenzen: Umweltstandards, Gesetze usw. Die Datenbanken mit monetären und physischen Angaben (Sektor I – III) werden so um alle relevanten juristischen Rahmenbedingungen erweitert.

Beschränkungen der Landnutzung

Hierzu gehören im allgemeinen Nutzungszuweisungen für Farmland, Bauland, Industrieland, . . ., die bestimmte Aktivitäten und damit „pressures" als zulässig definieren bzw. als unzulässig ausschließen (z. B. Nationalparks).

Beschränkungen hinsichtlich gefährlicher Substanzen

Hier sollen formale Vorgaben für den Umgang mit gefährlichen Stoffen, mit deren zulässiger Konzentration in Nahrungsmitteln, Luft, Flußläufen, usw. notiert werden.

Beschränkungen hinsichtlich der Beseitigung von Abfällen

Die in den letzten Jahren stark angewachsenen Regelungen zur Entsorgung von Abfallprodukten werden angeführt.

Beschränkungen hinsichtlich des Ressourcenverzehrs

Beschränkungen von Jagd und Fischerei, des Wasserverbrauchs, bestimmter landwirtschaftlicher Methoden u.a.

Beschränkungen hinsichtlich der Nutzung umweltrelevanter Güter, Förderung von Anbau- oder Düngungsmethoden u.a.

Operative Beschränkungen indirekter Art, wie etwa ein Gesetz zur Umweltverträglichkeitsprüfung.

3.3   Zur Organisation der Daten

Das AESOP-System definiert letztlich einen Satz von „Informationszellen", von denen jede Informationen zu einem bestimmten Sachverhalt enthält. Über die Kombination einzelner Zellen sind weitreichende, detaillierte Analysen möglich. Dies könnte z. B. Landverbrauch durch private Haushalte, die Menge des bei der Stahlproduktion emittierten SO_2 oder der Energieverbrauch bei der Butterherstellung sein. Jede Zelle kann unterteilt oder mit anderen aggregiert werden.

Jede definierte Zelle muß mit entsprechenden Informationen gefüllt werden. Dabei können unvollständige Datensätze auftreten, direkt gewonnene oder abgeleitete Daten aufgeführt werden, sie können verläßlich oder unsicher sein. Entscheidendes Kriterium ist, daß die dargestellte Information die am besten verfügbare ist. Quelle und Validität müßten selbstverständlich genannt werden.

Generell werden Daten mit direktem physikalischen Bezug (Schadstoffdichte, Quantitäten, . . .) gegenüber aggregierten Indizes oder Indikatoren bevorzugt. Damit wird vermieden, daß die bei einer aggregierten Indikatorenbildung notwendige Entscheidung für Werturteile bei der Gewichtung vermieden wird. Andererseits sollen weitverbreitete und akzeptierte Größen beibehalten werden.

„Monetary vs. physical data": bei ökologischen Fragestellungen ist die Dimensionierung in physischen Größen meist sinnvoller als eine Beschreibung „in terms of dollars and cents." Auf der anderen Seite stellt monetäre Bewertung nach Einschätzung der „AESOP-Väter" ein relativ universales Mittel zu Aggregation und Vergleich dar und ist „a navigable bridge between the domains of environment and economics".[59])

Zudem sind monetäre Größen vielfach in den statistischen Serien erfaßt, selbst wenn sie sich auf physische Gegebenheiten beziehen (Energieverbrauch nicht in kWh, sondern in Dollars). Eine Erfassung und Darstellung sowohl physischer wie auch monetärer Daten sollte demnach so weit wie möglich versucht werden.

Das AESOP-Modell wurde schließlich unter dem Blickwinkel entwickelt, daß verschiedene geographische Bezugsgrößen gewählt werden können. Sowohl nationale Gesamtgrößen oder z. B. einzelne Regionen können entsprechend erfaßt werden, einzelne Berichtsgebiete sind zu einer größeren Einheit stapelbar.

---

[59])   McKenry (1981), S. 17.

3.4 AESOP und umweltökonomische Berichterstattung

AESOP ist von seiner Konzeption her ein „Supersystem", in dem sowohl die üblichen ökonomischen Daten einer Input-Output-Tabelle abgebildet werden sollen (geht man von der erweiterten Fassung aus) als auch Aussagen zur Nutzung von Ressourcen und – sehr differenziert – zu den Emissionen gemacht werden. Zudem sollen umweltrelevante Elemente der Politik (Grenzwerte, Verordnungen, Gesetze, u.a.) integriert werden.

Abgesehen von einer Erfassung der Umweltschutzausgaben und dem Anspruch, eine Korrekturgröße zum Volkseinkommen bestimmen zu können, deckt es somit die in der Literatur gängigen Untersuchungsrichtungen im Zusammenhang integrierter umweltökonomischer Berichterstattung sehr weitgehend ab.

Das selbstformulierte Ziel, aufzuzeigen, daß es keine einfachen Ursache-Wirkung-Zusammenhänge zwischen Ökonomie und Umwelt gibt, läßt sich mit AESOP jedoch nicht erreichen. Zu knapp und zu „flach" sind dazu die Angaben, die sich auf den Bereich der Umwelt beziehen, ökologische Verflechtungen werden nicht sichtbar gemacht, die Zustandsbeschreibung bezieht sich allein auf den traditionellen medialen Ansatz, aufgezeigt werden (im vorliegenden Entwurf) allein einfache Kausalbeziehungen (vgl. „Zellen"bildung).

Allerdings muß auch berücksichtigt werden, daß das Konzept bereits Anfang der achtziger Jahre entwickelt wurde, als ökologische Dimensionen im ökonomischen Denken noch nicht in dem heutigen Ausmaß strukturiert waren.

An der Dimensionierung von AESOP lassen sich die entscheidenden Kritikpunkte festmachen:

- Zwischen Vollständigkeit und Übersichtlichkeit läßt sich ein trade-off bestimmen. Ein derart komplexes Modell wie AESOP verliert jegliche Transparenz und gewährt nur Experten Zugang. Der Forderung nach „Griffigkeit" und damit Politiknähe wird nicht entsprochen.

- Die geistigen Väter von AESOP äußerten sich während der Konzeption des Systems sehr optimistisch, was die Verfügbarkeit bzw. Verfügbarmachung von Rohdaten betrifft. Entsprechende Erfassungsmethoden und Meßnetze, wie sie für jede der angesprochenen Unterkategorien auch in kleinsträumlichen Einheiten errichtet werden müßten, sind mittelfristig sicher nicht realisierbar.

Auf der anderen Seite gilt jedoch, daß kein perfektes System vorgestellt werden soll, sondern die nach der gegenwärtigen Situation „besten" Daten schnellstmöglich präsentiert und verarbeitet werden sollen.

Das Modell reflektiert einige Probleme bei der Bewertung von Umweltphänomenen:

- Der Grundgedanke, auf aggregierte Indizes zu verzichten und sich verstärkt auf Rohdaten zu beziehen, resultiert aus der Bemühung, Werturteile, die in eine Gewichtung von Indizes eingehen müßten, zu vermeiden.

- Andererseits wird bei der Ressourcen-Bestandsaufnahme eine Kategorie „besonders schützenswerter Elemente" ausgewiesen. Kriterium für diese Sonderstellung sind nicht ökonomische oder ökologische Fragestellungen, sondern kulturelle Aspekte, wie z. B. besondere Naturschönheiten. Hier wurden Werturteile integriert und für zulässig erklärt (wenn auch die Definition dessen, was als besonders schützenswert gilt, nicht im einzelnen geleistet wird).

3.5   Zur Realisierung des Systems

AESOP stellt als umweltökonomisches Informationssystem ein höchst ehrgeiziges Projekt dar. Die zu seiner Realisierung nötigen differenzierten Daten erwiesen sich als nicht zugänglich. AESOP wurde deshalb nie realisiert. Allerdings stellte es den „philosophical approach"[60]) für die australische Umweltberichterstattung „State of the Environment in Australia"[61]) der Jahre 1985 und 1986 dar.

---

[60]   Aus einem Schreiben von Nelson Quinn, First Assistent Secretary am australischen „Department of the Arts, Sports, the Environment, Tourism and Territories"vom 30. April 1990.

[61]   Department of Arts, Heritage and the Environment (1987).

4   Australien: Praktische Arbeiten der amtlichen Statistik

4.1   Jüngere Entwicklungen in der amtlichen Statistik

Das Australische Amt für Statistik unterstützte in den letzten Jahren sowohl die Arbeit an umweltbezogenen Satellitenkonten als auch die Entwicklung von Umweltindikatoren. Auf besonderes, zunehmendes Interesse bei unterschiedlichen australischen Institutionen stießen Umwelt- und Ressourcenbilanzen. Im Rahmen der amtlichen Statistik wurde in verschiedenen Abteilungen an der Aufstellung von Ressourcenbilanzen im Bereich der Forstwirtschaft und der ober- und unterirdischen Ressourcen gearbeitet.[62])

Zu den bereits bestehenden Abteilungen, die sich im Rahmen ihrer sonstigen Aufgaben auch mit umweltstatistischen Fragen befaßten, errichtete das Australische Amt für Statistik 1991 eine Abteilung für Umwelt- und Ressourcenstatistik. Ein erstes Kompendium erschien bereits 1992, das als eine Art Prototyp angesehen wird und Anreiz geben soll zu weiterer Erschließung und Qualitätsverbesserung von umweltrelevanten Daten.[63]) Vor allem ist damit auch angestrebt, den Rahmen für die weitere Umweltdiskussion mit abzustecken.

Für die unmittelbare Zukunft ist vorgesehen, das Berichtswerk zu erweitern nach Themen, statistischen Meßgrößen und zeitlicher sowie geographischer Perspektive.[64]) Geplant ist auch ein Bericht zum Stand der Umwelt sowie weitere Arbeiten an Umweltindikatoren.

4.2   Offizieller Berichtsrahmen

4.2.1   Framework for the Development of Environmental Statistics (FDES) der UN als Referenzschema

Nach dem Urteil des Australischen Amts für Statistik kann das FDES als Referenzschema für die Umweltberichterstattung dienen, vor allem, um Umweltprobleme zu umreißen, Variable festzulegen, Datenbedarf und -erhältlichkeit zu beurteilen sowie Datenbasen zu strukturieren.[65]) Dabei sind vier mögliche Ansätze zu unterscheiden:

−   Der Medienansatz beschreibt den Zustand der natürlichen Umwelt (ohne Berücksichtigung der Wechselbeziehungen zu menschlichen Aktivitäten) mit Hilfe von Daten über Luft, Wasser, Land/Boden und die menschliche Umwelt.

−   Der Stress-Response-Ansatz (in Angriff genommen in Kanada) zielt auf die Beanspruchungen der Umwelt durch menschliche Aktivitäten sowie ihre Reaktionen, gemessen mittels bestimmter Indikatoren.[66])

−   Der Ressourcen-Bilanz-Ansatz verfolgt den Fluß der natürlichen Ressourcen von ihrer Gewinnung, über Verarbeitung und Endnutzung, bis zu Abfall oder Recycling.

−   Der ökologische Ansatz stellt die Beziehungen zwischen Fauna und Flora und der Produktivität von Ökosystemen in den Vordergrund.

---

[62]) Ingham (1991), S. 511 f.
[63]) Castles (1992), S. IX.
[64]) Castles (1992), S. IX.
[65]) Castles (1992), S. 3.
[66]) Siehe folgenden Abschnitt 5, Kanada: STRESS-Approach.

Der Rahmen wird in der folgenden Übersicht 1 aufgezeigt, wobei Ergänzungen jederzeit möglich sind. Menschliche Siedlungstätigkeit mit Wohnungssituation, Infrastruktur und Dienstleistungseinrichtungen vervollständigen das System. Im Vordergrund steht stets die „Folge von Aktivitäten, Auswirkungen und Reaktionen".[67] Es wird betont, daß eindeutige Beziehungen nicht aufgezeigt werden können. Immerhin lassen sich im Fall Australien Gefährdungen von Flora und Fauna, Versalzung und Verschmutzung von Grund und Boden sowie Luft- und Wasserprobleme feststellen.

Übersicht 1
Structure of the Framework

Components of the environment	Information categories			
	Social and economic activities and natural events	Environmental impacts of activities and events	Responses to environmental impacts	Inventories, stocks and background conditions
1. Flora				
2. Fauna				
3. Atmosphere				
4. Water				
(a) Freshwater				
(b) Marine water				
5. Land/soil				
(a) Surface				
(b) Sub-surface				
6. Human settlements				

Quelle: UNSO (1984), S. 10

Reaktionen auf Umwelteffekte können von Regierungen, Industrien und Interessengruppen ausgehen; Naturschutz, Wiederaufforstung, Luft- und Wasserqualitätsstandards sowie Regionalplanung gehören dazu. Bestände, ihre Veränderungen sowie Hintergrundbedingungen gehen in Ressourcenbilanzen ein und tragen zu einem möglichst vollständigen Bild der umweltrelevanten Vorgänge bei.

4.2.2 Anpassungen für die Zwecke der australischen Berichterstattung

Zur Verbesserung der Nutzungsmöglichkeiten wurde das UN-Schema teilweise umstrukturiert; Bestands- und Hintergrundverhältnisse wurden stets an den Beginn gestellt. Im Anschluß daran wurden Aktivitäten und Ereignisse bestimmten Umweltwirkungen zugeordnet. Am Ende jeden Abschnitts für die einzelnen Komponenten werden die menschlichen (gesellschaftlichen) Reaktionen zum Schutz und zur Wiederherstellung der Umweltqualität dargestellt. Auf diese Weise entsteht ein Ablaufbild, das den Aktivitäts-Wirkungs-Reaktionszusammenhang wiedergibt.

---

[67] UNSO (1984), S. 11.

4.3   Weiterentwicklungen

Zugunsten der Revision des SNA im Hinblick auf Umweltverschlechterung und Ressourcen-verzehr wird keine grundsätzliche eigenständige Veränderung der Volkswirtschaftlichen Gesamtrechnungen vorgenommen; zusätzliche Satellitenkonten werden jedoch eingeführt.

Das Australische Statistische Amt wird andere statistische Rahmenwerke interessiert verfolgen: Die Indikatoren der OECD und das PEP-Modell Kanada (Population-Environment-Process), das als Basis des nächsten statistischen Kompendiums ins Auge gefaßt wurde, und in dem Bestände mit sozio-ökonomischen Prozessen und den entsprechenden Strömen verknüpft werden.

5 Kanada: STRESS – Approach

5.1 Ausgangslage und Zielsetzung

Der lange Zeit vorherrschende Aufbau der Umweltstatistiken nach dem medialen Ansatz wurde seit Mitte der siebziger Jahre von Statistics Canada zunehmend als unbefriedigend empfunden. Die traditionellen Kategorien Luft, Land, Wasser und Lärm wurden als „künstlich und naiv" bezeichnet,

„reflecting the convenience of management and administration rather than any innate qualities of the natural environment."[68])

Zudem erkannte man den dichotomen Charakter der Umweltberichterstattung, deren Aufgabe in einem „bridging the communication gap"[69]) zwischen Sozial- und Naturwissenschaften besteht, denn sowohl sozioökonomische (menschliche Aktivitäten als Verursacher von Umweltschäden) als auch naturwissenschaftliche (Zustands-) Daten sollten angemessen erfaßt werden.[70])

Mit einem Modell, das unter dem Namen STRESS (Stress-Response Environmental Statistics System) bekannt wurde, wurde ein Rahmen geschaffen, der Umweltbelastungen (anthropogener und natürlicher Herkunft), deren Auswirkungen, Reaktionen der Ökosysteme und Reaktionen des Menschen in einen Systemzusammenhang bringen sollte.[71]) STRESS sollte gewährleisten, daß Kanada

„might have a suitable encompassing statistical framework with which to resolve some aspects of the complex economic-environmental issues which undoubtedly will continue to be a major focus of attention for some decades, if not centuries, to come."[72])

Die Popularität des STRESS-Gliederungsrahmens zeigt sich daran, daß sich die derzeit im Rahmen der UN laufenden Arbeiten zu einem einheitlichen Gliederungssystem für Umweltstatistiken (Framework for the Development of Environment Statistics-FDES) auf die Grundideen von STRESS beziehen.[73])

Das System von STRESS kann zusammengefaßt werden durch die Beschreibung seiner drei Grundaussagen:[74])

1. Sowohl Menschen als auch die Natur selbst sind Akteure bei der Umgestaltung der Natur. Beide bedingen Impulse zur Veränderung in natürlichen Systemen. Diese Impulse („Stress") wirken sowohl auf die physikalischen (Boden, Wasser, Luft) wie auf die biologischen (Tiere, Pflanzen, Menschen) Elemente der Umwelt.

2. Die zweite Aussage ist, daß die betroffenen Umweltelemente auf „Stress" reagieren, indem sie sich verändern.

3. Als drittes gilt, daß allein der Mensch die Fähigkeit besitzt, die Art und Intensität seiner Umwelteinwirkung zu verändern.

---

[68]) United Nations (1982), S. 36.
[69]) Rapport/Friend (1979), S. 9.
[70]) Rapport/Friend (1979), S. 69.
[71]) Spies (1984), S. 811.
[72]) Rapport/Friend (1979), S. 9.
[73]) United Nations (1988).
[74]) Statistics Canada (1986), S. 1.

STRESS basiert zunächst auf einer Definition räumlicher Einheiten nach ökologischen Kriterien als „Biome" bzw. untergeordnete „Ökosysteme". Ein Bezug auf die Abgrenzung von Verwaltungseinheiten auf regionaler, nationaler und internationaler Ebene ist jedoch durch Aggregation dieser Basiseinheiten möglich.[75])

Auf der Basis dieser räumlichen Definition werden Aktivitäten erfaßt, die als Quellen der Umweltbelastung gelten. Die so erfaßten Aktivitäten gelten als „Stressors", die von ihnen ausgehende Wirkung auf die Umwelt als „Stress". Weiter wird gefragt, wie die Umwelt reagiert und welche Maßnahmen individuell und kollektiv getätigt werden, um den Druck zu verringern. Eine Bestandsrechnung interessierender Größen (Ressourcenbestände, Kapazität der Recyclingeinrichtungen) ergänzt dieses Aktions-Reaktions-Schema.

Diese Beschreibung der „Schnittstellen" zwischen menschlichen Aktivitäten und der Veränderung der Umwelt (siehe Abbildung 1, S. 128) ist wesentliches Charakteristikum von STRESS.[76])

5.2 Definitionen[77])

„Stressor":
Für die Zwecke von STRESS können die „Stressors" definiert werden als Aktivitäten, die ein Potential zur Verringerung der Qualität der natürlichen Umwelt beinhalten. Dazu gehört auch die Möglichkeit der gesundheitlichen Beeinträchtigung von Menschen, des Aussterbens einer Tierart, des Verzehrs einer nicht erneuerbaren Ressource und der Beeinträchtigung der Qualität menschlicher Siedlungen. „Stressors" können sowohl menschliche als auch natürliche Aktivitäten sein, wie Emissionen von Luftschadstoffen oder ein Tornado.

Die Verursacher von „Stress" sind im Rahmen von STRESS die unabhängigen Variablen, von denen die Analyse für jede betrachtete räumliche Einheit ausgeht.[78]) Anstatt hier mit einer VGR-kompatiblen Klassifizierung der Akteure den Übergang zur konventionellen ökomischen Berichterstattung zu leisten, zogen die Konstrukteure von STRESS zunächst eine eigene aktivitätsorientierte Einteilung vor. Die folgende Aufzählung ist „Mindestnorm" für die adäquate Beschreibung der „Stressors" in Form von Aktivitäten:[79])

1. Erzeugung von Abfällen,

2. Dauerhafte Umgestaltung der Umwelt,

3. Erntetätigkeit,

4. Gewinnung nichterneuerbarer Ressourcen,

5. Erzeugung und Verbrauch gefährlicher Stoffe,

6. Erzeugung und Verbrauch von Energieträgern,

7. Naturvorgänge,

8. Bevölkerungsbewegungen (Mensch, andere Spezies).

---

[75]) Rapport/Friend (1979), S. 74.
[76]) Rapport/Friend (1979), S. 76.
[77]) Rapport/Friend (1979), S. 78 f.
[78]) Rapport/Friend (1979), S. 81 f.
[79]) Rapport/Friend (1979), S. 81 ff.

Abbildung 1

Das Aktions-Reaktions-Schema von STRESS

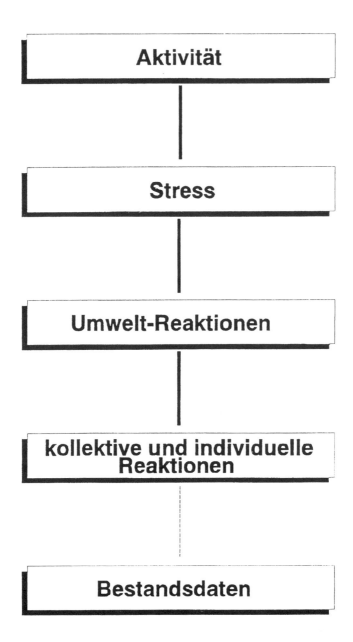

Quelle: Rapport, Friend (1979), S. 78 ff.

„Stress":

„Stress" wird definiert als das Element, das den Druck auf menschliche oder natürliche Umwelt ausübt. Um ihn vom „Stressor" zu unterscheiden, ist das „Ziel", die betroffene Einheit zu definieren (z. B. CO_2-Emissionen sind „Stressors", CO_2-Immissionswerte der „Stress").

„Umwelt-Reaktionen":

Umweltreaktionen oder -veränderungen werden beschrieben als die beobachteten Auswirkungen von „Stress" auf natürliche und menschliche Umwelt. Die Erfassung und Beschreibung des Umweltzustandes kann verstanden werden als Prozeß der Beschreibung der Reaktionen der Umwelt auf „Stress". Diese unterschiedlichen Wirkungen zu beschreiben, hat sich als komplexe und schwierige Aufgabe erwiesen. STRESS unterscheidet hier noch das Messen „direkter Reaktionen" und das Messen „indirekter Reaktionen":

– Direkte Reaktionen wären z. B. die Immissionswerte von Luftschadstoffen, die Konzentration von Schadstoffen in lebenden Organismen oder Veränderungen der Landnutzung,

– indirekte Reaktionen gehen einen Schritt weiter und fragen nach Sterblichkeitsraten, Aussterben von Tierarten, Gesundheitszuständen von Ökosystemen.

„Kollektive und individuelle Reaktionen":

In dieser Kategorie werden die menschlichen Reaktionen auf Umweltveränderungen beschrieben. Die Akteure können weiter unterteilt werden in „government", „individuals as members of households", „individuals als legal entities" (z. B. Unternehmen) und „groups" (z. B. Interessenverbände). Entsprechend vielseitig wären die erfaßten Dimensionen: Umweltpolitik der Regierung, staatliche Umweltschutzausgaben, defensive Ausgaben der Haushalte, betriebliche Umweltschutzausgaben, Aktivitäten der Interessenverbände.

5.3   Das Gesamtsystem

In einer Gegenüberstellung von Stress verursachenden Aktivitäten und der Stress-Response-Sequenz ensteht ein Gesamtschema zur Beschreibung und Beurteilung der Veränderungen eines Biomes, der sie verursachenden Faktoren und der durch sie induzierten Anpassungsreaktionen von Menschen und Institutionen. Übersicht 1 (siehe S. 130) zeigt ein solches – mit Beispielen ausgefülltes – Schema.

5.4   Zum Stellenwert monetärer Daten

STRESS versteht sich in erster Linie als Klassifizierungssystem für die Umweltberichterstattung. Friend[80]) verweist auf die Unmöglichkeit, „Umwelt" adäquat in das System volkswirtschaftlicher Gesamtrechnungen zu integrieren und auf diese Weise einen verbesserten Wohlfahrtsindikator zu erhalten. Der Stellenwert monetärer Größen im STRESS-System ist demnach eng begrenzt. In „Human Activity and the Environment"[81]) werden in der Kategorie „Collective and Individual Human Responses" allein öffentliche Umweltschutzausgaben und Investitionsausgaben der Industrie ausgewiesen.

---

[80]) Rapport/Friend (1979), S. 71 f.
[81]) Statistics Canada (1986), S. 331.

Übersicht 1
Das STRESS-Gesamtsystem*)

Aktivitäten	Maßnahmen zur Verminderung von Umweltbelastungen	Informationen im Zusammenhang mit		politischen Reaktionen	Erhaltungsmaßnahmen
	A → an der Quelle der Belastung (Stressor)	B → bei den belastenden Faktoren	Ermittlung der Umweltveränderungen	kollektiven und individuellen Reaktionen	C → Bestandsdaten
I. Erzeugung von Abfällen	Erzeugung und Verbrauch	Schadstoffmengen	Messungen der Umweltqualität	Umweltschutzaufwendungen und Prozeßänderungen	Kapazität der Umweltschutz- und Recyclingeinrichtungen
II. Dauerhafte Umgestaltung der Umwelt	Baumaßnahmen und Änderungen der Bodennutzung	Baumaßnahmen und Bodennutzungsänderungen auf lokaler Ebene	Transformationen von Ökosystemen	Umweltschutzmaßnahmen	Gesamtbestand der vom Menschen geschaffenen Strukturen, Schutzgebiete
III. Erntetätigkeit	Erzeugung auf der Grundlage erneuerbarer Ressourcen	Überproduktion und technologische Belastungen	Langfristige Ertragsveränderungen	Überwachung der Produktionsverfahren, Einführung von Quoten	Bestand an erneuerbaren Ressourcen
IV. Gewinnung nichterneuerbarer Ressourcen	Erzeugung und Verbrauch, einschl. Substitute	wie bei Aktivität I und II	wie bei Aktivität I und II	Einsparungen	Bestand an nichterneuerbaren Ressourcen
V. Erzeugung und Verbrauch gefährlicher Stoffe	Erzeugung, Verwendung und Beseitigung	Einsatzmengen und Verluste	Schadstoffgehalt in der Umwelt	Verwendungsbeschränkungen für gefährliche Stoffe	Bestand an gefährlichen Stoffen
VI. Erzeugung und Verbrauch von Energieträgern	Erzeugung und Verwendung	Versorgungseinrichtungen, Wärmebelastung, Lärmerzeugung	Wärmelast, Lärmpegel	Energieeinsparung	Vorräte an Energieträgern, Kapazität der Energieerzeugung
VII. Naturvorgänge	Meteorologische und geophysikalische Ereignisse	Außergewöhnliche Änderungen der klimatischen und geophysikalischen Verhältnisse	Trockenheiten, Überschwemmungen, Erdbeben, langfristige Änderungen der Biosphäre	Sozioökonomische Reaktionen auf die Naturvorgänge	Klimatische und ökologische Kartierung
VIII. Bevölkerungsbewegung (Mensch andere Spezies)	Bevölkerungsänderungen in zeitlicher und räumlicher Hinsicht	Bevölkerung im Verhältnis zur Leistungsfähigkeit des Lebensraums	„Übernutzung" der natürlichen Ressourcen, Anstieg der Mortalität	Kontrolle des Bestandes und Ausdehnung des Lebensraumes	Zählungen der Populationen

A = Vermeidungsmaßnahmen, B = Schutzmaßnahmen, C = Erhaltungsmaßnahmen.

*) Stress-Response Environmental Statistical System (STRESS).

Quelle: Spies (1984), S. 811

Ganz explizit verwehrt sich Friend[82]) gegen den weitgehenden Einsatz von Kosten-Nutzen-Analysen im Bereich des Umweltschutzes. Zwar akzeptiert er monetäre Dimensionen für den Erholungswert von Umwelt oder als Marktpreise für Rohstoffe. Die aktuelle Gefährdung des Überlebens der Spezies Mensch durch menschliche Aktivitäten sei in Geldeinheiten jedoch nicht zu fassen. Er zieht einen Vergleich zu anderen gesellschaftlichen Entscheidungen, wie etwa den Menschenrechten, wo eine Kosten-Nutzen-Kalkulation genausowenig zu vertretbaren Ergebnissen führen würde:

,,To accept the sufficiency of cost/benefit analysis would be to relegate environmental matters to a class of issues of peripheral concern. Primary issues are simply not addressed in this way."[83])

Allerdings ist das System durch seine ,,Stressor"-Klassifizierung offen für eine Verbindung mit konventionellen Wirtschaftsstatistiken.

5.5   Zur Realisierung des Systems

In einer ersten Stufe wurde die Analysekraft des STRESS-Approach anhand einer Untersuchung der ,,Laurentian Lower Great Lakes" getestet.[84]) Die Studie zielte darauf ab, qualitative Veränderungen der Seen aus dem Blickwinkel ihrer ökologischen Funktionen zu beschreiben, wobei z. B. Umweltwirkungen auf die menschliche Gesundheit bewußt ausgeschlossen wurden.

Darüber hinaus wurde STRESS zu einer wesentlichen Grundlage der kanadischen Umweltberichterstattung. Im Kompendium ,,Human Activity and the Environment"[85]) werden die Daten nach dem o. g. Schema klassifiziert, wobei die ,,Stressor"-Kategorien auf 5 reduziert werden:

– Natural Source Stresses,

– Harvesting,

– Extraction and Depletion of Non-Renewable Resources,

– Environmental Restructuring,

– Generation of Waste Residuals.[86])

Dabei ist hervorzuheben, daß die ,,Stressors" sehr differenziert und nach Kategorien der ,,Standard Industrial Classification" ausgewiesen werden.[87])

5.6   STRESS und umweltökonomische Berichterstattung

Das System entfernt sich bewußt von konventionellen Begriffen und Klassifikationen sowohl der Umwelt- wie auch der ökonomischen Berichterstattung, indem die mediale Gliederung der Umweltstatistik und die VGR-Klassifizierung der ökonomischen Aktivitäten aufgegeben wird. Mit dieser Entscheidung für einen völlig eigenständigen, neuen Weg sind Umsetzungsprobleme vorprogrammiert, weil es – im Gegensatz zu anderen Systemen – bei der Adaption des

---

82) Rapport/Friend (1979), S. 32 f.
83) Rapport/Friend (1979), S. 33.
84) United Nations (1982), S. 38 ff.
85) Statistics Canada (1986).
86) Statistics Canada (1986), S. 3.
87) Statistics Canada (1986), S. 225.

Übersicht 3

Manufacturing Activity by Stressor Type: Stress to Air

Stressor Type	Establishments		Workers		Value Added		Purchased Energy			
							Fossil Fuels		Electricity	
	number	percent	number	percent	millions of constant 1971 dollars	percent	terajoules	percent	terajoules	percent
High:										
1971	404	1.3	143 934	12.3	3 601	15.5	-	-	-	-
1976	403	1.4	149 762	11.7	4 624	17.5	532 316	56.1	182 492	66.6
1981	420	1.2	156 499	11.7	6 130	19.8	567 849	57.7	221 566	66.3
Medium:										
1971	5 049	15.8	135 492	11.6	2 295	9.9	-	-	-	-
1976	4 130	14.2	140 223	11.0	2 775	10.5	153 134	16.1	29 121	10.6
1981	4 485	12.5	142 435	10.7	2 717	8.8	148 671	15.1	35 825	10.7
Low:										
1971	26 455	82.9	888 384	76.1	17 292	74.6	-	-	-	-
1976	24 520	84.4	986 708	77.3	19 065	72.0	263 895	27.8	62 502	22.8
1981	30 875	86.3	1 038 395	77.6	22 140	71.4	267 777	27.2	76 692	23.0
Total:										
1971	31 908	100.0	1 167 810	100.0	23 188	100.0	-	-	-	-
1976	29 053	100.0	1 276 693	100.0	26 464	100.0	949 344	100.0	274 115	100.0
1981	35 780	100.0	1 337 329	100.0	30 987	100.0	984 296	100.0	334 083	100.0

Quelle: Statistics Canada (1986), S. 226

6 Kanada: Satellitensystem und Ressourcenrechnung

6.1 Grundelemente

Statistics Canada arbeitet seit relativ kurzer Zeit an einem ehrgeizigen Forschungsprogramm mit dem Ziel eines Satellitensystems zu Ressourcenbeständen und Umweltqualität.

Ziel ist

a) die Beschreibung von Mengen- und Qualitätsveränderungen von „Umweltressourcen" (definiert im Sinne von Wasser-, Luft- und Bodenqualität) und physischen Ressourcen in natürlichen und monetären Einheiten,

b) die Erarbeitung eines kohärenten Konzepts zur Organisation von Umweltdaten,

c) die verbesserte Messung von „Nachhaltigkeit" der Entwicklung durch Erweiterung der Vermögensrechung.[90])

Die bisherigen Arbeiten lassen nur relativ allgemeine Aussagen zu Form und Ausgestaltung des Systems zu. Konkrete Modellvorschläge wurden bislang kaum gemacht. Im einzelnen werden folgende Programmschritte genannt:[91])

1. Entwicklung eines Satellitensystems zur VGR mit physischen und monetären Daten zu Umweltressourcen (außerhalb einer Marktbewertung) und natürlichen Ressourcen (mit Marktpreisen).

2. Entwicklung einer Rechnung zu natürlichen Ressourcen in physischen Einheiten, in der zwischen „ökonomischen" und „absoluten" Reserven unterschieden wird,

3. Entwicklung von Methoden zur Bewertung natürlicher Ressourcen,

4. Erarbeitung von Schätzungen zum nationalen Vermögen einschließlich natürlicher Ressourcen; Berechnung des Wertverlustes durch den Abbau natürlicher Ressourcen,

5. Untersuchungen zur Rolle von Umweltqualitätsdaten im Satellitensystem; Forschungen zur Bewertung von Umweltressourcen, denen derzeit kein Marktwert zugerechnet werden kann; Berücksichtigung von Umweltressourcen in der nationalen Vermögensrechnung (falls vernünftige Zurechnungen möglich sind)

6. Überlegungen zu internationalen Ansätzen, Aggregate wie Nettoinlandsprodukt oder Nettoso zialprodukt zu korrigieren, um Ressourcenabbau und Umweltzerstörung zu berücksichtigen.

6.2 Ressourcenrechnung in den VGR

Die starke Betonung einer zu integrierenden Ressourcenrechnung ist kennzeichnendes Element des kanadischen Ansatzes. Obwohl – so die Argumentation – Rohstoffvorkommen einen bedeutenden Anteil am nationalen Reichtum darstellen, werden Bestand und Abbau im Rahmen der VGR bislang nur unzureichend berücksichtigt.[92]) In der Abteilung „Environment and Natural Resources" von Statistics Canada wurde in den vergangenen Jahren an einem methodischen Konzept zur angemessenen Erfassung und Darstellung von natürlichen Ressourcen im Rahmen der VGR gearbeitet.[93]) Obwohl – anders als z.B. im norwegischen SRA – eine monetäre Bewertung der Rohstoffvorräte angestrebt wird, soll keine Korrektur der Volkseinkommensgrößen – etwa unter dem Imperativ der „Sustainability" – vorgenommen werden. Monetäre Bewertungen

---

90) Moll (1990), S. 2.

91) Aus einem Brief von Kirk Hamilton, Statistics Canada, vom 16. 11. 1989.

92) Vgl. die Kritiken an der VGR.

93) Hamilton (1989).

von nicht bewerteten natürlichen Größen sollen in der Vermögensrechnung realisiert werden.[94])

In Ergänzung des konventionellen Vermögensbegriffes werden die bislang erfaßten Vermögensgruppen Gebäude, Maschinen und Ausrüstung, ökonomisch genutztes Land sowie Lagerbestände in einem ersten Schritt erweitert um Öl, Naturgas, mineralische Rohstoffe, Wälder und Fischbestände.[95]) In weiterer Forschungsarbeit soll dann die Möglichkeit von Bewertung und Integration von Nicht-Markt-Ressourcen wie Luft, Wasser und unberührter Natur geprüft werden (siehe Abbildung 1, S. 137).

Für den Fall erneuerbarer Ressourcen wurden bereits erste Überlegungen zur Klassifikation und Kontenbildung realisiert.[96]) Die Verwandtschaft zum norwegischen SRA wird dabei deutlich (siehe Abbildung 2, S. 138).

Großes Gewicht wird in den Arbeiten von Statistics Canada auf die Frage nach der monetären Bewertung von Ressourcenbeständen und -verzehr gelegt. Entsprechende Arbeiten liegen vor.[97])

6.3 Operationalisierung und Einordnung in die umweltökonomische Berichterstattung

Bislang wurden die weitreichenden Ziele in drei Arbeitsprogrammen operationalisiert:

1. Zur Verbesserung der Datenlage im Bereich der Umweltschutzausgaben sollen zu den bisher erfaßten Investitionsausgaben zusätzlich die Betriebsausgaben und die Pro-Stück-Kosten der Beseitigung berücksichtigt werden.

2. Die Struktur des Satellitensystems soll zunächst als Mengengerüst zu natürlichen Ressourcen, Umweltressourcen, Beständen, Bestandsveränderungen (z. B. neue Erschließungen und natürliches Wachstum) und Strömen bestehen.[98])

3. Mit einer monetären Bewertung dieser Bestands- und Stromgrößen sollen natürliche und Umweltressourcen in die nationale Vermögensrechnung integriert werden können. Dabei wird die Bewertung für Nicht-Markt-Produkte als wesentliche Hürde angesehen.[99])

Mit den Elementen „defensive Ausgaben", umfassendes Mengengerüst ökologischer Größen und Prozesse, weitreichende Ressourcenrechnung und monetäre Bewertung werden alle wesentlichen Fragestellungen der gängigen Diskussion um umweltökonomische Berichterstattung abgedeckt. Die Betonung der Ressourcenrechnung läßt sich – ähnlich wie im norwegischen SRA – auf die entsprechende Bedeutung von Rohstoffabbau für die Ökonomie Kanadas zurückführen.

Mit dem Bezug auf den Bericht der Brundtland-Kommission[100]) orientiert sich Statistics Canada explizit am Konzept des „Sustainable Development", ohne daß dessen „Philosophie" bislang hinreichend konkret und allgemeingültig operationalisiert werden kann.

---

94) Peskin/Lutz (1990), A-1-5.
95) Moll (1990), S. 2.
96) Moll (1990), S. 6.
97) Hamilton (1989).
98) Wobei noch offen ist, ob als Ordnungsschema der in Kanada entwickelte STRESS-Approach zugrundegelegt werden soll; Peskin/Lutz (1990), A-1-5.
99) Statistics Canada (1990), S. 1.
100) World Commission on Environment and Development (1987).

Abbildung 1

Erweiterung der Vermögensrechnung (Statistics Canada)

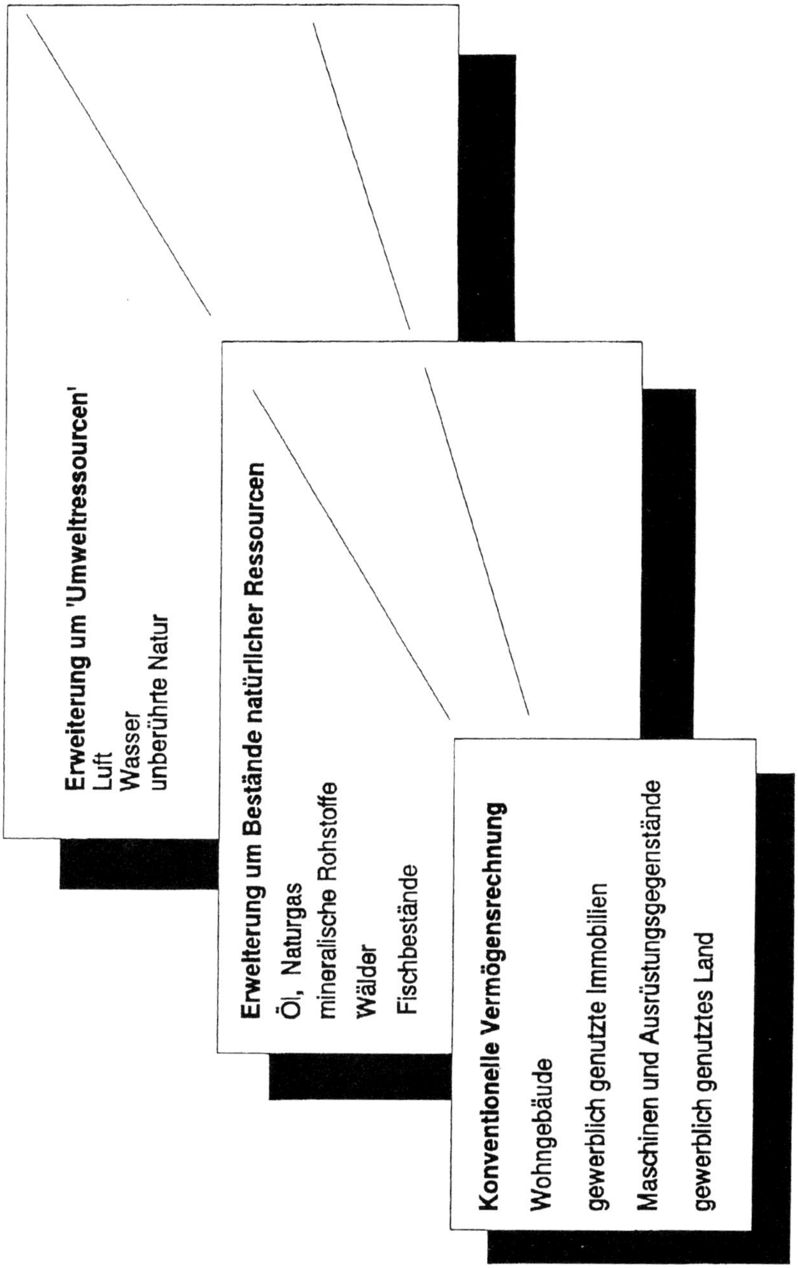

Erweiterung um 'Umweltressourcen'

Luft

Wasser

unberührte Natur

Erweiterung um Bestände natürlicher Ressourcen

Öl, Naturgas

mineralische Rohstoffe

Wälder

Fischbestände

Konventionelle Vermögensrechnung

Wohngebäude

gewerblich genutzte Immobilien

Maschinen und Ausrüstungsgegenstände

gewerblich genutztes Land

Quelle: Moll, R. (1990), S. 4

Abbildung 2

Ressourcenkonto "Wald" (Statistics Canada)

Waldart	Anfangs-bestand	Holz-entnahmen −	Abholzungen −	Waldbrand, Schäden durch Insekten −	Schäden (saurer Regen etc) −	Altersklassen-veränderung −	Anpflanzungen +	natürliche Regeneration +	End-bestand
				Veränderungen während der Periode					
Typ 1									
Typ 2									
Summe									

Quelle: Moll, R. (1990), S. 5

7 Österreich: Rahmenwerk zur Verknüpfung von VGR und Umweltstatistik

7.1 Schritte zu einer umweltökonomischen Rechnungslegung

Im Rahmen der amtlichen österreichischen Statistik ist erst nach einem Parlamentsbeschluß von 1988 mit den Arbeiten an einer Ökologischen Volkswirtschaftlichen Gesamtrechnung begonnen worden. Nach der Diskussion der Grundzüge sowie der Vorlage eines Bearbeitungsrasters[101]) wurde bereits mit Beginn des Jahres 1990 die datenmäßige Umsetzung der ersten Konzepte begonnen.[102])

Die generelle Ausrichtung der Arbeiten mußte zum einen das öffentliche Interesse an bestimmten umweltbezogenen Tatbeständen (Ökosozialprodukt o.ä.) in Rechnung stellen, sich aber zum anderen auf die Sicherung eines stimmigen und umfassenden Konzepts konzentrieren, das die Beziehungen zwischen dem ökonomischen System und der Umwelt zu erfassen vermag.[103])

7.2 Systemstruktur und Arbeitsprogramm

7.2.1 Grundlegende Eigenschaften

Angestrebt ist ein umfassendes Rahmenwerk zur Darstellung und Analyse der wechselseitigen Verknüpfungen zwischen den Volkswirtschaftlichen Gesamtrechnungen (bzw. allgemein der Wirtschaftsstatistik) und der Umweltstatistik.[104]) Dazu müssen miteinander verbundene Klassifikationen entwickelt werden, die es erlauben, jeweils gleichartige Informationen in den Subsystemen unterzubringen. Hier gibt es bisher nur unzureichende Vorarbeiten.[105])

Eine Reihe von Anforderungen sind zu erfüllen, um den analytischen Zielsetzungen gerecht zu werden. Der Rahmen des SNA ist als Ausgangspunkt zu wählen und in einigen Punkten anzupassen und auszuweiten: Ein Umweltsektor ist mit Beständen und Strömen einzuführen, wobei zur Sicherung der Kompatibilität Gleichartigkeit der Transaktoren und der Transaktionen bestehen muß. Eine gravierende Umgliederung ergibt sich insoweit, als der im Hinblick auf Umweltwirkungen getätigte Endverbrauch als endogen behandelt wird. Darüberhinaus wird auch ein besonderes Bestandskonzept für den Umweltsektor eingeführt, das es erlaubt, Umweltschäden als Kapitalverschleiß analog zu den Abschreibungen auf das Produktionskapital zu verbuchen. Schließlich sind monetäre und physische Daten soweit wie möglich parallel zu nutzen.

Die vereinfachte Input-Output-orientierte Darstellung in Abbildung 1 (siehe S. 140) zeigt die charakteristische Struktur des Gesamtsystems. Deutlich werden die Verknüpfungen (A – I) der im Prinzip getrennten ökonomischen und ökologischen Teilsysteme sowie die Emissionen, Immissionen und Umweltmedien als wesentliche Elemente des Umweltsektors.

A: Die Güter, die für Produktion, Konsum und Kapitalbildung verwendet werden, lassen sich in umweltbezogene und übrige trennen.

---

[101]) Franz (1988 und 1989).
[102]) Österreichisches Statistisches Zentralamt, (20.11.1990).
[103]) Zu grundsätzlichen Erfordernissen vgl. Holub et al. (1992).
[104]) Hierzu und zum Nachfolgenden, vgl. Fickl (1991), S. 1 ff.
[105]) Franz/Rainer (1991).

Abbildung 1

Main Parts of the Proposed System of Environmental Accounting*)

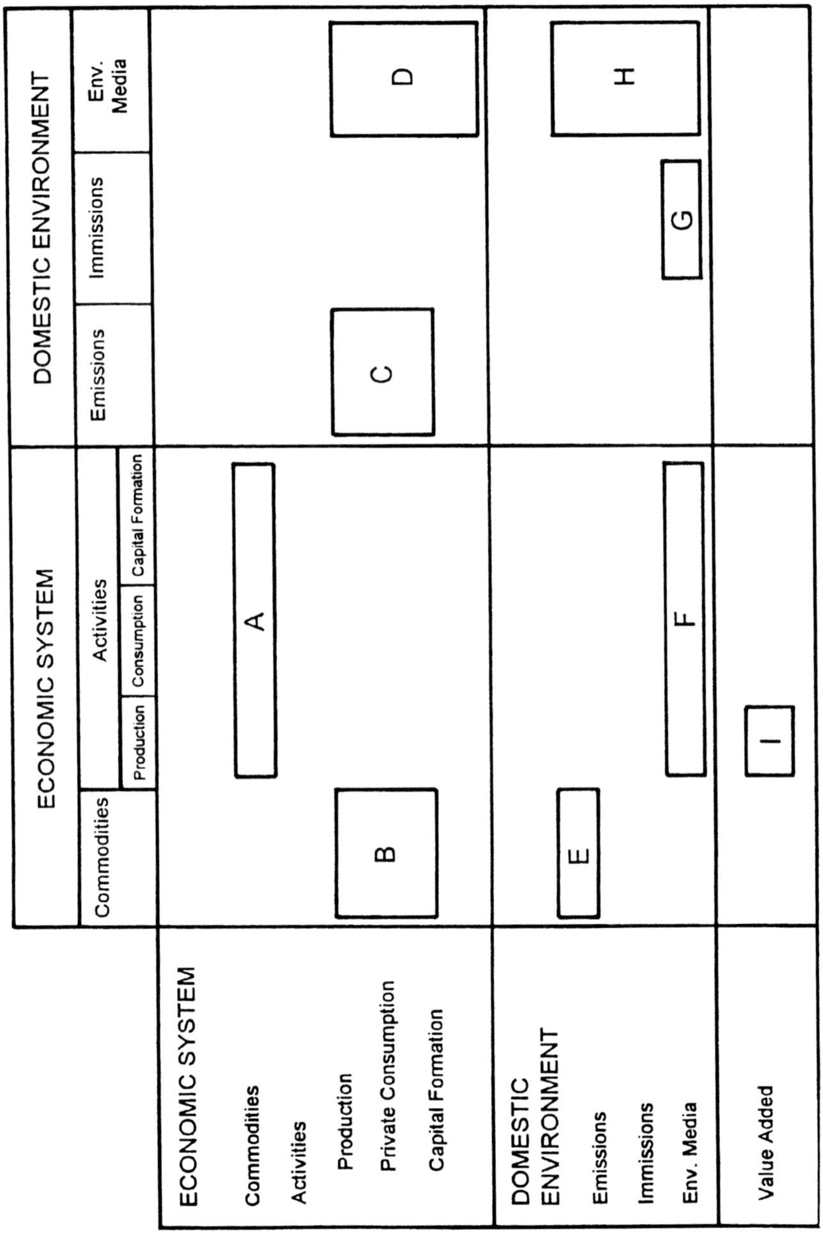

	ECONOMIC SYSTEM			DOMESTIC ENVIRONMENT		
	Commodities	Activities		Emissions	Immissions	Env. Media
		Production / Consumption / Capital Formation				
ECONOMIC SYSTEM						
Commodities	B	A		C		D
Activities						
Production						
Private Consumption						
Capital Formation						
DOMESTIC ENVIRONMENT	E	F			G	H
Emissions						
Immissions						
Env. Media						
Value Added		I				

*) Simplified version.

Quelle: Fickl (1991), S. 4

B: Die Produktion von Gütern durch Produktions- und Haushaltsaktivitäten läßt sich in der gleichen Weise aufgliedern.

C: Mit den Produktions- und Konsumaktivitäten sind die Emissionen (in physischen Einheiten) verknüpft.

D: Produktions- und Haushaltsaktivitäten tragen zur „Produktion" (z.B. Wiederherstellung) besserer Umwelt bei.

E: Ein Teil der Emissionen wird im Zuge von Recycling wiederverwendet.

F: Die Nutzung der Umweltmedien stiftet ökonomische Vorteile für Produktions-, Konsum- und Kapitalbildungsaktivitäten.

G und H: Interaktionsprozesse innerhalb der Umwelt bestehen zwischen Emissionen, Immissionen und Umweltmedien.

I: Die Wertschöpfung resultiert aus der Gesamtheit der Produktionsaktivitäten.

7.2.2 Klassifizierungen

Die schrittweise Implementierung[106]) verlangt eine Klassifikation und Bewertung der Umweltschäden bzw. -belastungen. Dementsprechend müssen deren quantitative Beziehungen zu verschiedenen Kategorien der VGR sichtbar gemacht werden. Hier ist als Unterscheidungskriterium zu verwenden, ob Produktions- und Konsumaktivitäten sowie verschiedene Güterarten Umweltschäden vermeiden bzw. reparieren helfen, oder sie bewirken, oder aber von ihnen in Mitleidenschaft gezogen werden. Dementsprechend sind potentielle von effektiven Schäden zu unterscheiden, wobei entsprechend auch tatsächliche und zusätzlich erforderliche Vermeidungskosten einerseits, angefallene Schädigungskosten andererseits getrennt ausgewiesen werden müssen.

Eine weitere Charakterisierung der Schäden bezieht sich darauf, ob die VGR ihnen bereits zahlenmäßig Rechnung getragen hat, das heißt die ausgewiesenen VGR-Werte bereits entsprechend niedriger ausfallen (z.B. Einkommensverluste aufgrund von Umweltbelastungen). Auf die Identifizierung derartiger Schadenswerte muß besonders geachtet werden. Dies gilt ebenfalls für die Unterscheidung, inwieweit Schäden produktions-, konsum- oder naturbedingt sind. Je nach derartigen Spezifizierungen wird die Ausweisung eines umweltkorrigierten Inlandsprodukts unterschiedlich betroffen.

7.3 Erste Realisierungsschritte

In der ersten Phase sollen monetäre Ströme im Vordergrund stehen, die als Startpunkte dienen und Anhaltspunkte geben über

– Umweltschutzaktivitäten,

– Aktivitäten, die mit einer Nutzung der Umwelt verbunden sind,

– von Umweltverschlechterung betroffenen Aktivitäten.

[106) Franz (1989).

7.3.1 Umweltschutzausgaben

Defensive Ausgaben können zur (betriebs-) internen Vermeidung von Emissionen, zur externen Entsorgung und zur Wiederherstellung der Umweltqualität dienen. Obwohl die ersteren bisher nicht explizit in der VGR in Erscheinung treten, stellen sie eine besonders bedeutsame Umweltschutzkomponente dar, bei deren Erfassung schwer lösbare Abgrenzungsprobleme auftreten können (integrierter Umweltschutz). Quellen für die hier erforderlichen Zahlenwerte sind vor allem öffentliche Haushalte, statistische Berichte der Industrie- und Handelskammer sowie Statistiken des Verbands der Elektrizitätswerke.

7.3.2 Nutzung der Umwelt

Die Verschlechterung bzw. quantitative Verringerung der Umweltressourcen durch ökonomische Aktivitäten verringern ihren Wert für andere wirtschaftliche Nutzung. Für diese Verringerung lassen sich als Wertgröße diejenigen (hypothetischen) Vermeidungs- oder Wiederherstellungskosten ansetzen, mittels deren die Umwelt hätte intakt gehalten werden können. Ein Maßstab hierfür ist die Erhaltung der Funktionen der Umwelt (Sustainability).

Eine derartige Grenzbestimmung erfordert die Setzung eines Standards, der nachhaltige Nutzung der Umwelt gewährleistet. Die Vermeidungskosten zur Erhaltung dieses Standards müssen emittentenspezifisch ermittelt werden. Sie können interne Vermeidungstechnologien, Änderungen des Produktionsprozesses oder selbst Betriebsstillegungen betreffen. Mit diesem Ansatz sind etliche Methoden- und Erfassungsproblemen verbunden.[107])

7.3.3 Schadenskosten

Die Beeinträchtigung umweltabhängiger Produktions- und Konsumaktivitäten erfordert zusätzliche, tatsächlich zu tragende Aufwendungen zu deren Vermeidung oder zur Wiederherstellung der schadensfreien Situation; sie resultiert in vielen Fällen auch in geringerem Produktionswert, Einkommen und Kapitalwert. Aus einer intendierten anthropozentrischen Sicht sind demgegenüber Verluste eines „Wertes an sich" der geschädigten Natur nicht anzusetzen. Die Rückwirkungen auf den Menschen beinhalten jedoch außer den in Geld zu bemessenden Aufwendungen und Einkommensverlusten sehr wohl intangible Werte wie etwa Verluste an Lebensqualität und Gesundheit.

Der Gesamtschaden widerspiegelt zugleich den eingetretenen Wertverlust des Naturkapitals.

Die Schätzmethoden für die Ableitung monetärer Werte werden als sehr vielgestaltig, jedoch insgesamt noch als problematisch angesehen. Methodische Ansätze und Bewertungsergebnisse aus andern Ländern sollen daher geprüft werden. Schätzungen für Österreich werden angestrebt.

7.4 Weitere Arbeiten

Sowohl die generelle Vervollständigung des Informationssystems hinsichtlich der Interaktionen von wirtschaftlichen Aktivitäten und Umwelt, als auch die spezifische, breit anzulegende Schadensbewertung verlangt die Setzung von Prioritäten:

---

[107] Fickl (1991).

Zunächst muß die Erfassung der defensiven Ausgaben verbessert werden. Dies betrifft einerseits die Beschaffung zusätzlicher Daten, andererseits die Anpassung von Daten zur besseren Einfügung in das VGR-System. Daneben muß die Abschätzung von hypothetischen Vermeidungskosten vorangetrieben werden. Kosten-Wirksamkeitsdaten aus technischen Analysen und internationalen Quellen können hier weiterhelfen. Schließlich sind neueste Schadensbewertungen auf ihre Verwendbarkeit im nationalen Rahmen zu prüfen. VGR-Kompatibilität muß in jedem Fall gesichert bleiben.

8 Niederlande: Umweltmodul zur VGR und Sustainable National Income

8.1 Spannweite der Ansätze im Rahmen der Umweltberichterstattung in den Niederlanden

Die Bemühungen um eine Umweltberichterstattung in den Niederlanden sind in den letzten Jahren stark forciert worden. Sie sind weit fortgeschritten, nicht zuletzt aufgrund der regierungsamtlichen Unterstützung im Gefolge des Parlamentsbeschlusses von 1991, der die Zielsetzung eines Sustainable Development zur Leitlinie der Umweltpolitik erhob. Damit konnten auch im Bereich der Umweltberichterstattung Kräfte aufgeboten, zusätzliche Untersuchungen gestartet und Koordinationsbemühungen zwischen verschiedenen Institutionen zum Erfolg gebracht werden, die die bisherigen Ergebnisse als methodisch interessant und zugleich empirisch fortgeschritten und realitätsnah erscheinen lassen:

- Der am weitesten gespannte Ansatz ist konzeptioneller Natur und beinhaltet ein umfassendes Umweltmodul zur Komplettierung des Systems der VGR und zur Berechnung umweltbezogener korrigierter Volkseinkommens- und Vermögenswerte.

- Innerhalb und aufbauend auf der dort entwickelten Rahmenvorstellung spielt die Methodologie zur Berechnung eines Sustainable National Income eine besondere Rolle.

- Für die unter dieser Fragestellung zu berechnenden gesamtwirtschaftlichen Kosten der Vermeidung bzw. Kompensation von Umweltschäden aus dem volkswirtschaftlichen Produktionsprozeß und den weiteren ökonomischen Aktivitäten ist eine kritische Sichtung der Erfassungs- und Meßmethoden vorgenommen worden.

- Neben monetären Rechnungen sind zur quantitativen Abgrenzung des Rahmens eines Sustainable Development schließlich auch Indikatoren zu begründen und zu berechnen, die auf physischen Größen beruhen und der Fragestellung entsprechend zusammengefaßte und aussagefähige Größen sind.

8.2 Umweltmodul zur Komplettierung des Systems der VGR

8.2.1 Ansatzpunkte

Satellitenkonten mit spezifischen Datensätzen, die unter bestimmtem thematischem Blickwinkel eine Ergänzung der zentralen ökonomischen Daten der VGR gewährleisten, sind in verschiedenen Ländern entwickelt und in Anwendung gebracht worden. Häufig waren die Ansätze lediglich auf einzelne Ausschnitte umweltbezogener wirtschaftlicher Aktivitäten hin orientiert[108]) oder/und relativ eng auf die Berechnung neu konzipierter Aggregatgrößen, wie etwa eines Ökoinlandprodukts,[109]) zugeschnitten.

Im Statistischen Zentralamt der Niederlande (CBS) zielten ähnliche Bemühungen demgegenüber in Richtung auf einen umfassenden Ansatz, der systematisch alle Arten von Umweltinformation mit dem kompletten System der VGR verknüpft.[110]) Ein solcher Ansatz spiegelt den Versuch wider, sämtliche (gegenseitigen!) Beziehungen zwischen dem wirtschaftlichen

---

[108]) Schäfer/Stahmer (1989).
[109]) SEEA der UN.
[110]) de Boo, B. et al. (1991).

System und der Umwelt quantitativ sichtbar zu machen; dies ist, je nach den praktischen Möglichkeiten, mittels physischer oder/und Wertgrößen zu realisieren. Notwendig war dazu die Zusammenarbeit von Experten aus unterschiedlichen Abteilungen des CBS.

8.2.2 Zielsetzungen für ein Umweltmodul zu den VGR

Die angedeutete Zielrichtung des analytischen Ansatzes verlangt zunächst die kontenmäßige Aufzeichnung aller Vorgänge, in denen Produktions- und Konsumaktivitäten zu einer Nutzung und zu einer potentiellen oder tatsächlichen Veränderung der Umwelt führen. Damit werden deren Funktionen in Mitleidenschaft gezogen, was in Rückwirkung ökonomische Konsequenzen mit sich bringt: Es resultieren Schadensvermeidungskosten sowie tatsächliche Schäden, Veränderungen des „Umweltkapital"stocks und die Bildung eines „Umweltproduktionssektors".

Auf diese Weise werden die genannten wechselseitigen Beziehungen, über den Rahmen der allgemeinen Umweltstatistik hinaus, in genauem Zuschnitt auf die VGR verzeichnet. Dieser Zuschnitt führt zu Positionen in folgender Untergliederung:

A Umweltbelastung aufgrund ökonomischer Aktivitäten
  1. Umweltverschmutzung
  2. Ressourcenausbeutung

B Laufende Umweltkosten
  1. Tatsächliche Umweltkosten: Vermeidung, Wiederherstellung und Kompensation
  2. Nicht vermiedene Schäden

C Umweltkapitalstock

D Umweltproduktionssektor.

Besondere analytische Möglichkeiten ergeben sich, wenn aufgrund der geschaffenen Datenverknüpfung Hinweise auf Zielkonflikte zwischen wirtschaftlichen Entwicklungen bzw. wirtschaftspolitischen Maßnahmen und Umweltzielen gewonnen werden können. Indikatoren zum Verhältnis Produktion - Umwelt vermögen hier hilfreiche Hinweise zu geben.[111]

8.2.3 Matrixdarstellung

Eine Überblicksdarstellung aller oben genannten Beziehungen läßt sich vereinfacht im Matrixformat geben. Stärkere Aufgliederungen innerhalb der Felder erlauben eine detailliertere Darstellung der Vorgänge. Multiplikatorrechnungen nach Art der Input-Output-Analyse werden für Einzelgrößen durchführbar. Eine „National Accounting Matrix including Environmental Accounts" – NAMEA – (siehe Übersicht 1, S. 146 f) gibt die Struktur des Rechensystems wieder.[112]

8.2.4 Korrigierte Aggregate

Die Einführung separater Distributions-, Absorptions- und Kapitalkonten ermöglicht die Berechnung unterschiedlicher umweltbezogener Korrekturen der VGR-Aggregatgrößen:[113]

---

[111] OECD (1991 b).
[112] de Boo, B. et al. (1991), Table 1.
[113] de Boo, B. et al. (1991), Table 2.

Über

NAMEA: A National Accounting Matrix

ACCOUNT (Classification)			Goods and Services		Production		Income Distribution and Use				Indirect Taxes (Tax/Subsidy Type)
			(Commodities)	(Consumption Purposes)	(Production Activities)	(Household (Waste)Prod. Activities)	a. National (Sectors)			b. Rest of the World (ROW)	
							Primary Inc. Distribution	Secondary Inc. Distribution	Use of Income		
			1	2	3	4	5	6	7	8	9
Goods and Services	Commodities	1	Trade&Transport Margins		Intermediate Consumption	Househ.Cons. Expenditures			Government Consumption	Exports	
	Consumption Purposes	2							FinalHouseh Consumption		
Production	Production Activities	3	Output (basic prices)								
	Household (Waste)Prod	4		Within Hh.Output							
Income Distribution & Use	National (Sectors)	Primary Distrib. of Income	5			NDP (factor costs)		Property Income Flows			Wages and Property Income from Abroad	Net Indirect Taxes
		Secondary Distrib. of Income	6			Consumption of Fixed Capital		NNI (market prices)	Current Transfer Flows #		Current Transfers from Abroad #	
		Use of Income	7						Gross Disposable Income and Future Effects			
	Rest of the World	8	Imports				Wages&Property Inc.toROW	Current Transfers to ROW #			
Indirect Taxes (Tax/Subsidy Type)		9	Net General Product Tax		Net Other Tax on Production	Consumption Taxes, Net				Specific Taxes on Exports, Net	
Worth Generation	National (Sectors)	10							Net Saving		
	Rest of the World (ROW)	11								Bal. of Payments Current Account Deficit	
Other Accumulation	National (Sectors)	12							Consumption of Fixed Capital		
	Rest of the World (ROW)	13									
Financial (FinancialAssets)		14									
Other Changes in Assets (Asset Types)		15									
Environmental Matter (Materials /Species)		16			'Free' Extraction (Net)				Current Consumption of Pollutants	'Free' Disposal to Abroad	
Changes in Environmental Assets (Ecosystems)		17							Current Effects, Past Disposals		
Changes in Balance Sheet (Sectors)		18									
TOTAL			Commodity Supply (mp, excl.VAT)a)	Within Household Supply	Input (at basic prices)	Input into Production Within Housh	Primary Income Destination	Secondary Income Destination	Total Expenditures	Current Receipts from Abroad	Net Indirect Taxes

*) 'Free' Disposals refer to positive volume flows at a zero price (in reality) or at a negative price (in simulation experiments).
a) mp,excl.VAT = Valued at market prices, but excluding indirect taxes which apply only to some specific (final) demand categories (like VAT). #) Including the transfer of 'free' disposals.

sicht 1

including Environmental Accounts

Worth Generation		Other Accumulation		Financial (Finan-cial Assets)	Other Asset Changes (Asset Types)	Environmen-tal Matter (Materials/Species) *)	Environmen tal Assets Change(Eco systems)	Changes in Balance Sheet (Sectors)	T O T A L
a.National (Sectors)	b. Rest of the World (ROW)	a.National (Sectors)	b. Rest of the World (ROW)						
10	11	12	13	14	15	16	17	18	
		GrossCapital Formation							CommodityUse (mp,exVAT)@)
									Final Within Househ. Use
						'Free'Disposal by Production			Total Output (basicprice)
						'Free'Disposal by Consumption			Total Prod. WithinHouseh
									Primary Income Origin
						Current Ef fects,Past Disposals			Secondary Income Origin
							Natural Cleansing		Total Income
						'Free'Disposal from Abroad			Current Pay-ments to ROW
		Investment Taxes, Net							Net Indirect Taxes
Capital Transfer Flows #)	Capital Transfers from ROW								Finance of Generated Worth Change
Capital Transfers to ROW									FinanceofROW Generated Worth Change
		Transactions in Non-prod. Assets	Sales of Non prod. Assets to Abroad	Borrowing	HoldingGain & Economic Appearance			NetWorthChan ges,Saving & Cap.Transfer	Finance of Gross Worth Accumulation
		Purch.of Non prod. Assets from Abroad		Net Lending to Abroad	Holding Gains			NetWorthChan ges,Curr.Acc &CapTransfer	Capital Payments to Abroad
		Lending							Increase in Assets
		Holding Losses and Destruction	Holding Losses and Destruction					NetWorthChan ges, Other AssetChanges	Oth.Assets' Changes in Gross Worth
		Net Losses due to Natu-ral Causes			ReferableDa mage,due to EnvironmEff		Immission		Extraction & Destination of Disposals
		Non-referable Degradation				Net Depletion	Changes in Worth of Ecosystems		Depletion and Degradation
NetWorthChan ge,Sav&CapTr incl.Env.Eff	NetWorthChan ges,Curr.Acc &CapTransfer	NetWorthChan ge,OthChange incl.Env.Eff	NetWorthChan ges, Other AssetChanges						Total Changes in Net Worth
Generated Worth Change	Generated Worth Change by ROW	Gross Worth Accumu-lation	Capital Receipts from Abroad	Increase in Liabi-lities	Oth.Assets' Changes in Gross Worth	Origin of Extraction & Disposals	Depletion and De-gradation	Total Changes in Net Worth	

Quelle: de Boo B. et al. (1991), S. 4 ff.

- Neben das um die laufende „freie" Verfügung über Umweltressourcen korrigierte Inlandsprodukt treten im weiteren ein

- um intertemporale und internationale Nutzungssalden korrigiertes verfügbares Volkseinkommen sowie entsprechende Ersparnisgrößen und schließlich eine

- aus Schäden an ökonomischem und natürlichem Kapital resultierende Vermögensbestandskorrektur.

8.3 Methodologie zur Berechnung eines Sustainable National Income

8.3.1 Politische Anstöße

Nachdem gegen Ende der achtziger Jahre die in dem Brundlandt-Bericht erfolgte Propagierung eines Sustainable Development eine weltweite Diskussion ausgelöst hatte, wurde diese Zielsetzung zu Beginn der neunziger Jahre in den Niederlanden zu einer Leitlinie der Politik der Regierung erklärt.[114]) Besonders für die Einbeziehung neuer, umweltbezogen korrigierter Sozialproduktgrößen in die Umweltberichterstattung gab die Ausrichtung der niederländischen Politik wiederholt starke Anstöße.

Beim Statistischen Zentralamt der Niederlande wurde bereits Anfang 1991 ein Projekt gestartet, das den methodischen Rahmen für die Berechnung eines Sustainable National Income aufstellen sollte. Die Untersuchung zielte ab auf die Entwicklung eines Maßstabs zur monetären Abschätzung des Umwelt- und Ressourcenverzehrs, der dem Volkseinkommen als dem weithin akzeptierten Indikator für die wirtschaftliche Entwicklung gegenübergestellt werden könnte. Mit dieser Gegenüberstellung ließe sich verdeutlichen, in welchem Ausmaß eine nachhaltig mögliche Entwicklung (ohne weitere Verschlechterung der Umweltsituation) verfehlt wurde, und wie dringlich in den einzelnen Bereichen eine Neuorientierung der wirtschaftlichen Nutzung der Umwelt erforderlich ist.

8.3.2 Bewertungsmethodik zur Ermittlung der Korrekturgrößen für die traditionelle Sozialproduktrechnung

Die Wertgröße eines Sustainable Income, das heißt eines nachhaltig möglichen Sozialprodukts, läßt sich – theoretisch begründet – darstellen, indem von dem traditionell als Wertschöpfungsgröße für eine Periode berechneten Sozialprodukt der Werteverzehr abgezogen wird, der durch Ressourcen- und Umweltnutzung in eben dieser Periode entstanden ist. Aus Konsistenzgründen muß der Werteverzehr im Prinzip nach der gleichen Methode ermittelt werden, wie sie bei der marktwirtschaftlichen Preisbildung generell Anwendung findet: nämlich der Konfrontation von Kostenkalkülen mit den Nachfragekalkülen.

Die Kosten für die Wertsicherung der Umwelt lassen sich durch eine steigende Grenzkostenkurve für schrittweise jeweils besser vermiedene Umweltschädigungen wiedergeben. Eine mit dieser Kurve zum Schnitt zu bringende Nachfragekurve nach Verbesserung der Umwelt, die auf den Kalkülen der Individuen basiert, läßt sich jedoch nicht (mit hinreichender methodischer und empirischer Sicherheit) angeben. Als Ersatz muß auf Standards zurückgegriffen werden, die geeignet sind, die gesellschaftlichen Wünsche im Hinblick auf die zu sichernde Umweltqualität und damit die zu vermeidenden Schädigungen widerzuspiegeln. Insoweit, als

---

114) Anon (1991), zitiert nach: Hueting/Bosch (1992), S. 2.

das Ziel eines Sustainable Development gesellschaftliche Anerkennung findet, können die dafür zu setzenden Standards Verwendung finden, um auch die entsprechenden (Kosten-) Werte für die (zu vermeidenden) Umweltschäden aufzufinden.[115]) Abbildung 1 (siehe S. 150) zeigt diese Vorgehensweise in schematischer Darstellung.

8.3.3 Standardsetzung nach dem Prinzip der Erhaltung der Umweltfunktionen

Eine nachhaltige Nutzung der Umwelt ist dann möglich, wenn ihre Funktionen über die Zeit hinweg (auch für zukünftige Generationen) erhalten bleiben.[116]) Die hierfür anzusetzenden Strategien und die entsprechenden Kosten betreffen technische Maßnahmen zur Umstellung von Produktionsverfahren und zur Erhaltung bzw. Verbesserung der Selbstreinigungskapazität, der Pufferfähigkeit und der Regenerationsfähigkeit der Umweltmedien bzw. der Biota, ferner die Entwicklung von Substituten, umweltfreundliche Umstrukturierungen sowie die Rücknahme bestimmter Aktivitäten und Entwicklungen (z.B. Wirtschaft und Bevölkerung).

Für die grundsätzliche Bemessung der Standards ist auf die Beiträge eines Landes zur eigenen Umweltqualität einerseits zu achten, ferner auf die Entwicklung der Umweltqualität in dem Land insgesamt (auch aufgrund „importierter" Umweltschädigung[117]) sowie schließlich auf den Beitrag eines Landes an der globalen Umweltbelastung.[118])

Die konkrete Standardsetzung kann nur in interdisziplinärer Zusammenarbeit erfolgen. Sie wird in den Niederlanden in vergleichsweise tiefer Untergliederung durchgeführt.[119]) Für die Operationalisierungsprozedur gelten je nach Umweltbereich spezifische Gesichtspunkte.

Standards für nicht erneuerbare Ressourcen müssen auf deren Substitutionsmöglichkeiten, insbesondere auch auf den Ersatz durch erneuerbare Ressourcen, sowie auf Recyclingchancen abstellen. Demgegenüber ergeben sich bei den regenerativen Ressourcen konkrete Forderungen im Hinblick auf den chemischen, physikalischen, biologischen und geographischen Zustand der Umwelt. Die hergeleitete Sequenz der Anforderungen lautet hier im Prinzip immer:

- Nachhaltige Nutzung der Funktionen,
- Medienqualitätsstandard,
- Immissionsstandard,
- Emissionsstandard.

Derartige Schemata und entsprechende Standardsetzungen finden in jeweils erforderlicher Abwandlung bereits seit einiger Zeit auf sehr unterschiedliche Umweltgefährdungen Anwendung:

1. Treibhauseffekt,
2. Zerstörung der Ozonschicht,
3. Ausbeutung nicht erneuerbarer Ressourcen,

---

[115]) Hueting/Bosch (1992), S. 2.

[116]) Vgl. zum Konzept der Umweltfunktionen bereits Hueting (1980).

[117]) Dieser Punkt ist in der Umweltberichterstattung generell noch selten adäquat berücksichtigt worden.

[118]) Opschoor/Reijnders (1991).

[119]) Hueting/Bosch/de Boer (1991), Appendix 2.

Abbildung 1

Translation of Costs in Physical Units into Costs in Monetary Units

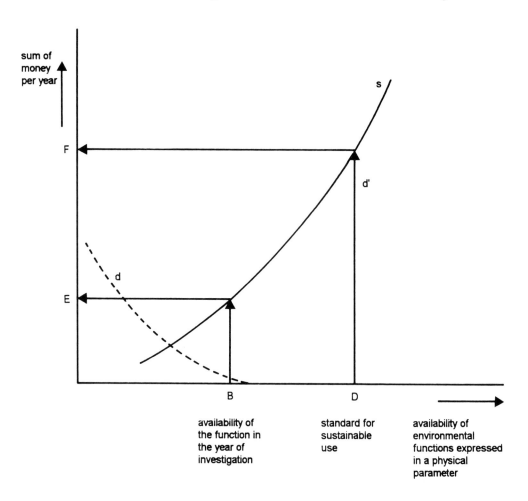

s - supply curve (elimination costs curve; total costs).

d - incomplete demand curve based on individual preferences (emerging from expenditure for compensation of the function etc.).

d' - demand curve based on the sustainability standard.

BD - distance that must be bridged in order to arrive at sustainable use of environmental functions.

EF - costs of the loss of function, expressed in money.

      The arrows indicate the way via which the loss of environmental functions recorded in physical units is translated into monetary units.

Quelle: Hueting/Bosch (1992), S. 3

4. Ausbeutung erneuerbarer Ressourcen,

5. Ausrottung von Pflanzen- und Tierspezies,

6. Photochemische Smogbildung,

7. Saurer Niederschlag,

8. Aerosolkonzentrationen,

9. Anreicherungen langlebiger gefährlicher Substanzen ,

10. Erosionsvorgänge,

11. Eutrophierung von Gewässern,

12. Störung des Sauerstoffhaushalts,

13. Geographische Raumnutzung,

14. Austrocknungsprozesse,

15. Feststoff-Abfälle,

16. Lärm und Geruchsbelästigung,

17. Innerstädtische Luftverschmutzung,

18. Lokale Bodenverunreinigung.

Von den genannten Problembereichen wird eine Reihe bereits intensiv untersucht, jedoch werden andere für nicht relevant oder in ihrer Bedeutung als minder wichtig erklärt.

8.4 Untersuchung der Erfaßbarkeit von Umweltschutzkosten

8.4.1 Unterschiedliche Anpassungsreaktionen auf Umweltschutzvorschriften als Ausgangspunkt

Um mögliche Kostenbelastungen erfassen zu können, die als Folge von Umweltschutzvor-schriften bei den Produzenten anfallen, und um im weiteren die Verlässlichkeit von Erhe-bungsergebnissen angeben zu können, müssen zunächst die möglichen unterschiedlichen Anpassungsreaktionen auf neue Regulierungen klassifiziert werden. Zu unterscheiden sind Anpassungen des Produktionsprozesses selbst und Änderungen des Produktionsvolumens. Eine besondere Rolle spielen Änderungen des Produktionsprozesses, soweit sie, was vielfach der Fall ist, mittels gleichzeitig unterschiedlicher Vorkehrungen durchgeführt werden. Es ist sorgfältig zu prüfen, inwieweit im Zuge technologischer Entwicklungen die Möglichkeit einer isolierten Erfassung bzw. überhaupt einer Identifikation von Kosten der Anpassung bestehen bleibt. Ungünstigenfalls verlieren die Erhebungsergebnisse tatsächlich an Verlässlichkeit.

Im Rahmen des Gesamt-Produktionsprozesses sind Emissionsvermeidungsmaßnahmen durch Verfahrensänderung (Change in Process-CIP) von Emissionsbehandlungsmaßnahmen (End of Pipe-EOP) zu unterscheiden. Insgesamt ergibt sich folgende Klassifizierung:[120]

– „Die additive End-of-Pipe-Ausrüstung, die sowohl den Produktionsprozeß als auch die Installation unverändert läßt,

---

[120] de Boo, A. J. (1992), S. 3 f.; Übersetzung Joachim Klaus.

– die integrierte End-of-Pipe-Ausrüstung, die keinen Einfluß auf den Produktionsprozeß hat, jedoch eine Anpassung der Installation erfordert,

– die additive Verfahrensänderung, die aus einem modifizierten Verfahren mit unveränderter Installation besteht und

– die integrierte Verfahrensänderung, die aus einem unterschiedlichen Prozeß mit unterschiedlicher Installation besteht."

In der Regel wird die Auswahl bzw. die Kombination der Verfahren nach dem Kriterium der Kostenminimierung getroffen werden.

8.4.2 Erfassbarkeit der Kosten für alternative Ausrüstungs- bzw. Verfahrensänderungen

Die Ergebnisse der niederländischen Überlegungen stellen gravierende Unterschiede in der Kostenerfassbarkeit der verschiedenen Ausrüstungs- bzw. Verfahrensänderungen fest: Die Kostenanteile für den Umweltschutz lassen sich für die additiven Schutzmaßnahmen (beider Arten, EOP und CIP) relativ leicht feststellen, während bei integrierten Verfahrensänderungen – und auch bei integrierten End-of-Pipe-Ausrüstungen im Fall des Kaufs einer neuen Anlage – große Zurechnungsschwierigkeiten auftreten. Ein Ausweg besteht in dem Vergleich der integrierten Anlage mit einer solchen, die ohne Existenz der Umweltvorschriften gekauft worden wäre (Referenztechnologie). Sind deren Kosten niedriger, läßt sich die Kostendifferenz dem Bemühen um Erfüllung der Umweltschutzvorschriften zurechnen. Ersatzweise können Vergleichsergebnisse durch Expertenschätzungen erlangt werden.

Im Zuge technologischer Entwicklungen werden Kostenschätzungen, die angewiesen sind auf Referenztechnologien sowie auf adaptierte Technologien und base-line-Technologien (das heißt solche, die möglich gewesen wären ohne die Behinderung durch die Umweltschutzvorschriften), immer unsicherer, je länger die Vorschriften bereits existieren.[121]) Dies kann es erforderlich machen, Kostenerfassung und Kostenvergleiche auf eine begrenzte Zahl von Perioden nach Einführung der Umweltschutzvorschriften zu beschränken.

Die vorliegenden Überlegungen dienen als Ausgangspunkt für die praktische Ausgestaltung der Kostenerhebungen in den Niederlanden; die Vorgehensweisen und Erfahrungen anderer Länder und Institutionen werden dabei sorgfältig beobachtet und ausgewertet.

8.5 Ein System von Umweltindikatoren zur Unterstützung einer Politik des Sustainable Development

8.5.1 Kritische Sichtung unterschiedlicher Methoden zur Erstellung von Indikatoren für ein Sustainable Development

Seminare in den Jahren 1989 und 1990, die das Institut für Umweltstudien der Freien Universität Amsterdam veranstaltete, verfolgten die Aufgabe, ,,eine Auswahl zwischen den vielen verschiedenen Konzepten zur Schaffung von Indikatoren für nachhaltige Entwicklung zu treffen".[122]) Dazu wurden die auf monetäre und physische Erfassungssysteme ausgerichteten Methoden einer kritischen Sichtung unterzogen. Insbesondere drei Konzepte zur zusam-

---

[121]) de Boo, A. J. (1992), S. 10 ff.
[122]) Verbruggen/Opschoor (1991).

menfassenden Darstellung von Umweltinformationen für politikbezogene Zwecke standen aus niederländischer Sicht im Mittelpunkt der Überlegungen:[123])

1) ,,Volle Integration von Ressourcenrechnungen in Volkswirtschaftliche Gesamtrechnungen (zur Korrektur des Volkseinkommens),

2) die Konstruktion eines (kompletten) Satzes von Satellitenkonten und

3) die Konstruktion eines begrenzten Satzes von Makro-Indikatoren."

Aus dem Kreis der Mitglieder des Instituts für Umweltstudien wurde zu den ersten beiden Konzepten, die auch von Seiten der amtlichen Statistik der Niederlande verfolgt werden, eine Sammlung von Kritikpunkten vorgebracht. Die Kritiken sind aus der Methodendiskussion bekannt. Die Gewichtung, die dabei vorgenommen wurde, führte zu einer Befürwortung des dritten Konzepts.

8.5.2 Erforderliche Eigenschaften eines Indikatorensystems

Um die Entscheidungskriterien für die Ausgestaltung eines Systems von Makro-Indikatoren festlegen zu können, müssen fünf Fragen beantwortet werden:[124])

- Wie ist eine nachhaltige Entwicklung zu definieren ?

- Für welche Umwelttatbestände werden Indikatoren benötigt ?

- Welche Aktivitäts- und Wirkungsbereiche sollten die Indikatoren umfassen?

- Welche formalen Anforderungen müssen von ihnen erfüllt werden?

- Welche Aggregations- und Dimensionierungsprobleme müssen gelöst werden?

Die Antworten bestimmen die methodische Anlage des Indikatorsystems nach einem breiten Fächer von Gestaltungsprinzipien. Kriterium für eine dauerhafte Entwicklung ist die Weitergabe intakten Naturkapitals an zukünftige Generationen: Unter diesem Gesichtspunkt müssen Makro-Indikatoren in der Lage sein, die Integrität von natürlichen Elementen und Strukturen sowie die biologische Vielfalt auszudrücken.

Umwelttatbestände, für die Indikatoren benötigt werden, umfassen sowohl die auf die Umwelt ausgehenden Einflüsse als auch die dadurch in ihr entstehenden Wirkungen. Damit sind mindestens solche Indikatoren unentbehrlich, die sich auf Umweltverschmutzung, erneuerbare und nicht-erneuerbare Ressourcen sowie die erwähnte Naturintegrität und biologische Vielfalt beziehen.

Neben den Auswirkungen, die von nicht-umweltbezogenen wirtschaftlichen Aktivitäten auf die Umwelt ausgehen, müssen auch die Aktivitäten zur planvollen Verbesserung der Umweltzustände und zur Vermeidung bzw. zur Kompensation von Umweltbeeinträchtigungen erfaßt werden. Hierunter fallen auch Bemühungen zum Auffinden umweltschonender Substitutionsmöglichkeiten.

Die formalen Eigenschaften von Indikatorensystemen sind in der Literatur bereits ausgiebig diskutiert worden. Wichtige Anforderungen beziehen sich insbesondere auf den unmittelbaren

---

[123] Kuik/Verbruggen (1991), S. 1; Übersetzung Joachim Klaus.
[124] Kuik/Verbruggen (1991), S. 5 ff.

Zielbezug sowie auf die entsprechenden Bewertungen. Darüber hinaus müssen Indikatoren repräsentativ, wissenschaftlich fundiert und konkret politikbezogen sein.

Bei der dimensionalen Darstellung schließlich müssen alle Möglichkeiten der physikalischen Erfassung von Vorgängen, ihre quantitative Orientierung an Zielwerten sowie die Möglichkeiten ihrer Transformation in bewertete (Gesamt-) Größen genutzt werden.

8.5.3 Erforderliche Arbeitsschritte

Da in den Niederlanden die Datenlage im Hinblick auf die bloße Beschreibung der Umwelt sehr gut ist, beinhalten die erforderlichen Arbeiten vorwiegend systematisierende und analysierende Schritte.[125])

Zu bestimmen sind zunächst die wesentlichen Elemente des Umweltkapitals, ihre Merkmale und ihr Verhältnis zu den wirtschaftlichen Aktivitäten; zugleich sind die dort bestehenden Substitutions- und technischen Verbesserungsmöglichkeiten zu analysieren. Daneben kommt der Festlegung von Standards und Sollgrößen bzw. kritischen Größen im Hinblick auf die Stabilität von Umweltzuständen besondere Bedeutung zu. Auf der Basis dieser Arbeiten läßt sich in den Augen der Befürworter des hier skizzierten Konzepts ein System von Makro-Indikatoren durch Aggregation oder/und Herausgreifen besonders bedeutsamer Indikatoren aufbauen.

---

[125]) Verbruggen/Opschoor (1991).

9   Norwegen: System of Resource Accounts (SRA)

9.1   Zur Konzeption des SRA

Norwegen war eines der ersten Länder, die das klassische gesamtwirtschaftliche Berichts- und Planungsinstrumentarium um relevante umweltbezogene Daten zu erweitern suchten. Ausgehend von Bestrebungen der norwegischen Regierung, natürliche Ressourcen in den Prozeß gesamtwirtschaftlicher Planung einzubeziehen, wurde eine Abteilung des Umweltministeriums Anfang der siebziger Jahre eingeschaltet; ihre Aufgabe bestand in „. . . preparing an annual report (resource accounts) reviewing the quantities, qualities and consumption of natural resources, as well as proposals regarding future use of these resources".[126])

Das System war explizit auf die Anforderungen und Fragestellungen der Umwelt- und Ressourcenpolitik zugeschnitten und sollte als deren Input-Fragen klären wie etwa:

- Wieviel Öl wurde 1977 in Norwegen verbraucht und für welche Zwecke?
- Sind Erhaltungsmaßnahmen hinsichtlich der Fischbestände nötig?
- Sollte die Regierung die Suche nach mineralischen Erzen fördern?[127])

Die konzeptionelle Arbeit am „System of Ressource Accounts" begann 1975; erste Ergebnisse in Form von Pilotstudien zu den Konten „Energie", „Land" und „Fische" wurden bereits 1976 und 1977 vorgelegt.

Eine der wichtigsten Entscheidungen bei der Ausgestaltung des Berichtssystems bestand darin, es voll kompatibel mit der norwegischen Gesamtrechnung zu halten, die auf dem „System of National Accounts" der UN basiert. Zusätzlich zu einer Ressourcenbestands- und -verwendungsrechnung sollten in diesem integrierten Berichtssystem auch Externalitäten wie Emissionen und Umweltwirkungen Berücksichtigung finden.[128])

Abbildung 1 (siehe S. 156) zeigt die physischen und monetären Ströme bei der Nutzung von Rohstoffen im ökonomischen Prozeß. Rohstoffe („Material Resource Stocks") werden zunächst abgebaut und verarbeitet („Extraction and Conversion Sector"), dann entweder konsumiert (z. B. Nahrungsmittel), investiert (z. B. Verwendung in der Investitionsgüterindustrie), auf Lager genommen („Stocks of Commodities"), exportiert oder als Vorleistung an andere Sektoren geliefert („Raw Materials and Intermediate Goods").

9.2   Elemente des SRA

9.2.1   Definitionen und Klassifizierungen im Rahmen des SRA

Das SRA definiert „Natürliche Rohstoffe" durch die Eigenschaften, daß sie erstens nicht vom Menschen hergestellt werden können und daß zweitens Fehler im Ressourcenmanagement schwerwiegende langfristige Auswirkungen nach sich ziehen können.[129]) Entscheidender Bezugspunkt im gesamten System ist stets die Nutzung einer Ressource durch den Menschen.[130])

---

[126]) Garnasjordet/Longva (1980), S. 1.
[127]) Longva (1981), S. 17.
[128]) Garnasjordet/Longva (1980), S. 2.
[129]) Nach: Alfsen/Bye/Lorentsen (1987), S. 8.
[130]) Ohne Verfasserangabe: The Norwegian System of Resource Accounts (1983), S. 447.

Abbildung 1

The Main Structure of the Material Flow Accounts

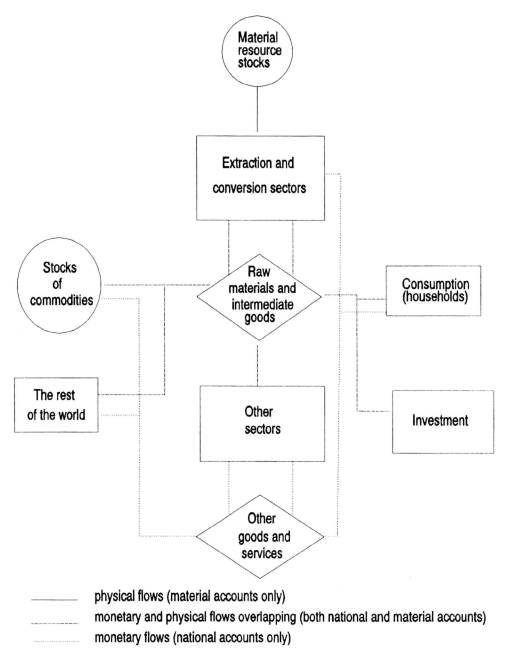

Quelle: Longva (1981), S. 17

Die konkrete Klassifizierung der Ressourcen im Rahmen des SRA läßt sich leiten von der Unterscheidung zwischen

1. Materialressourcen („Material Resources"), die der Natur entnommen werden können und die vor allem hinsichtlich ihrer Quantitäten von Interesse sind, und

2. Umweltressourcen („Environmental Resources"), die im Gegensatz dazu vor allem Leistungen erbringen und unter Qualitätsgesichtspunkten erfaßt werden.[131])

Eine weitere Untergliederung führt zu folgenden Gruppen:

Materialressourcen

– Mineralische Ressourcen
  (Mineralien, Rohöl, Erdgas, Metallerze, Sand, . . .)

– Biologische Ressourcen
  (in Wasser, in Boden, in Luft)

– „Inflowing Resources"
  (die für identifizierbare Lebewesen lebenserhaltend sind und sich in kurzem Zeithorizont erneuern):
  Sonnenstrahlung, Frischwasser, Wind, Meeresströmungen.

Umweltressourcen

– „Status"-Ressourcen (mit lebenserhaltender Funktion ohne kurzfristige Erneuerung): Luft, Wasser, Boden, Raum.

1. Mineralische Rohstoffe

Bestände werden im SRA im allgemeinen nur aus dem Blickwinkel profitablen Abbaus erfaßt. Das ist problematisch, wenn man die Möglichkeit technischen Fortschritts bzw. von Preisänderungen mit einbezieht. Zudem kann ein nicht profitabler Abbau aus verschiedenen Gründen sinnvoll sein.

Die norwegische Lösung zeigt sich folgendermaßen:

Als „Ressourcenbasis" wird der gesamte bekannte und geschätzte Bestand einer Ressource bezeichnet. Als „Reserven" werden diejenigen Bestände beschrieben, die bei gegebener Technologie, gegebenen Preisen, gegebener Kostenstruktur ökonomisch abbaubar sind. Schätzungen zur „Ressourcenbasis" müssen revidiert werden, wenn neue Vorkommen entdeckt werden, Schätzungen der „Reserven" ändern sich mit technischem Fortschritt, Variationen der Abbau-, Förder- und Transportkosten mit dem Marktpreis für das Produkt. Insofern unterliegen die Bestandsgrößen „Ressourcenbasis" und „Reserven" Schwankungen auch innerhalb einer kurzen Periode. Maßeinheit dieser Erfassung ist jeweils die physische Einheit der erfaßten Ressource. Auch Umbewertungen werden nicht in ihrem monetären Wert, sondern in ihrer physischen Extension beschrieben.

---

[131] Hierzu und für die folgenden Ausführungen vor allem: Alfsen/Bye/Lorentsen (1987), S. 9 ff. sowie: The Norwegian System of Resource Accounts (1983), S. 447.

2. Biologische Ressourcen

Für diese Kategorien – im Falle Norwegens hauptsächlich Fisch – wurden folgende Kategorien gewählt:

Reserven (Bestände), Recruitments (Zu- und Abwanderungen), Neubewertung, Abbau, natürliche Sterblichkeit.

3. „Inflowing Resources"

Für diese Kategorie wurde bislang kein Konto erstellt.

4. „Status Resources" oder Umweltressourcen

Die Konten zu den Medien sind im Vergleich zu den Materialressourcen kaum entwickelt. Ursache dafür ist die schwierige Bewertung von Qualitätsmerkmalen. Die „Status Resources"-Konten bestehen aus zwei Teilen, den Emissions-Konten, die sich mit den Emissionen in Boden, Wasser und Luft beschäftigen, und den Zustands-Konten, die den Zustand der Umwelt zu verschiedenen Zeitpunkten beschreiben. Eine entscheidende Dimension in diesen Konten ist die Wahl der geographischen Abgrenzung.

9.2.2 Interaktionsschema

Interaktionen zwischen den Hauptgruppen des Systems können in einer Input-Output-Matrix dargestellt werden (siehe folgende Übersicht 1), wobei auf der Diagonalen Zustände oder Aktivitäts-Niveaus dargestellt werden.

Übersicht 1
Interaktionen im "System of Resource Accounts"

Aufkommen \ Verwendung	Menschliche Aktivität	Umweltressourcen	Biologische Ressourcen	Landressourcen	Mineralische Ressourcen
Menschliche Aktivität	Produktion und Konsum	Emission von Abfallprodukten		Veränderungen der Landnutzung	Erschließung von Rohstofflagern
Umweltressourcen	Produktionsfaktoren und Lebensbedingungen	Indikatoren für Umweltqualität	Lebensbedingungen		
Biologische Ressourcen	Nahrungsmittel und Rohstoffe		Jährliche Erträge		
Landressourcen	Produktionsfaktor und Erholungswert		Lebensraum	Landnutzung	
Mineralische Ressourcen	Rohstoffe				bekannte Rohstoffreserven

Quelle: Garnasjordet, Longva (1980), S. 5

Im Rahmen des „Resource Accounting" sollen jedoch nur diejenigen Energie- und Masseflußgrößen dargestellt werden, die direkt durch menschliche Aktivität beeinflußt werden. Damit werden intra-natürliche Prozesse ausgeschlossen und die Darstellungen beschränkt auf Materialflüsse der Natur an die Ökonomie und Abfallströme von der Ökonomie an die Natur.

9.3 Darstellungsformen

In einem Gesamtkonto werden Bestände, Veränderungen und Umbewertungen für jede erfaßte Materialressource in physischen Einheiten dargestellt. Die folgende Übersicht 2 zeigt zunächst das Konto einer mineralischen Ressource.[132])

Übersicht 2
Struktur eines Kontos zu Material-Ressourcen

Reservekonto	Ressourcenbestände und Reserven zum Beginn einer Periode (entwickelt, nichtentwickelt) – Bruttoentnahme während der Periode + Berichtigungen der Bestände (neu entdeckte Reserven, Neuschätzungen alter Bestände) + Umbewertung der Resereven (durch neue Technologien, Abbaukosten, Transportkosten, Rohstoffpreis. . . .) = Ressourcenbestände und Reserven am Ende einer Periode (entwickelt, nicht entwickelt)
Konto zu Abbau, Umformung und Handel	Bruttoentnahme(nach Sektoren) – Ressourcennutzung im abbauenden Sektor = Nettoentnahme (nach Sektoren) + Import (nach Sektoren) – Export (nach Sektoren) = Nettoimport (nach Sektoren) – Vorratsveränderungen
Endverbrauchskonten	

Quelle: Alfsen/Bye/Lorentsen (1987), S. 13

Im ersten Schritt werden Veränderungen der ,,Ressourcenbasis" und der ,,Reserven" erfaßt.

In einem zweiten Schritt werden Stromgrößen für Rohstoffabbau, Außenhandel, usw. beschrieben, um als Ergebnis die letztlich für den Binnenmarkt verfügbaren Ressourcen zu erhalten.[133])

In einem letzten Schritt wird die Nutzung der Ressource in den einzelnen – institutionell abgegrenzten – ökonomischen Sektoren für Vorleistungen und Endverbrauch beschrieben.[134]) Dabei werden die Sektoren z.T. sehr tief untergliedert. Diese Darstellungsweise macht es möglich, den Materialverbrauch eines jeden einzelnen Sektors zu bestimmen. Was nicht geleistet werden kann, ist eine Differenzierung des Energieverbrauchs nach Funktionen innerhalb der Sektoren, also etwa für Transportleistungen innerhalb der chemischen Industrie, Prozeßwärme bei Gießereien usw. Damit fehlt ein wesentliches Planungsinstrument.

Materialressourcen werden demnach entsprechend einem weitgehend standardisierten Erfassungsrahmen beschrieben. Anders die Konten für Umweltressourcen: ,,Environmental accounts are of a more ,free style' and ad hoc nature".[135]) Umweltressourcenkonten beinhalten Informationen zu

---

[132]) Vgl. dazu auch das Beispiel ,,Energie".
[133]) Vgl. dazu auch das Beispiel ,,Energie".
[134]) Vgl. dazu auch das Beispiel ,,Energie".
[135]) Alfsen/Bye/Lorentsen (1987), S. 14.

Zustand oder Qualität der Ressource in definierter geographischer Abgrenzung jeweils zu Beginn und Ende des Beobachtungszeitraumes zusammen mit Angaben zu den Ursachen der Veränderung. Inhalt und Struktur der Konten sind demnach dem Untersuchungsgegenstand angepaßt und insofern sehr vielfältig, was im Rahmen eines kohärenten konzeptionellen Rahmens und hinsichtlich der Umsetzung in Planungsentscheidungen zu Berwertungsproblemen führt.

9.4   Das Beispiel „Energie"

Die Konten zu „Energie" wurden in einem sehr frühen Stadium der Arbeiten am SRA entwickelt (1976) und werden seitdem jährlich aktualisiert. Damit übernahmen sie gleichzeitig die Funktion eines Pilotmodells, das in allgemeiner Form auch für die Darstellung anderer Ressourcen im Rahmen des SRA Anwendung fand.[136]

Das Gesamtsystem zu „Energie" besteht im wesentlichen aus drei Kontengruppen:

1. Schätzungen zu Ressourcenbeständen und Energiereserven,

2. Abbau der Rohstoffe,

3. Nutzung der Energie durch die Sektoren.

Zu 1: Wie bereits oben beschrieben, unterscheidet das SRA bei Ressourcen (hier vor allem von Kohle, Rohöl, Gas, Wasserkraft, Biomasse) zwischen „Ressourcenbasis" und „Reserven". Entsprechend dem Kontenschema ergibt sich so ein „Reservenkonto" für die Ressource Energie wie in der folgenden Übersicht 3.

Übersicht 3
Energiereservenkonto 1985

	Nichterneuerbare Reserven			Erneuerbare Reserven	
	Kohle	Rohöl	Naturgas	Wasserkraft	Biomasse
	Mill. t	Mill. t	Mrd. t	TWh	Mill. m^3
Nicht-erschlossene Reserven 1.1.1985		291	128	60,6	
Umbewertung		0	– 1		
Geplante Erschließung		65	6		
Erschlossen				–1,5	
Nicht-erschlossene Reserven 31.12.1985		356	133	59,1	
Erschlossene Reserven 1.1.1985	30,0	359	271	99,7	5
Umbewertung		56	9		
Neuerschlossen				1,5	
Abbau	– 0,5	– 38	– 27		
Erschlossene Reserven 31.12.1985	29,5	376	254	101,2	5
Nicht-erschlossene und erschlossene Reserven 31.12.1985	29,5	732	387	160,3	5

Quelle: Alfsen/Bye/Lorentsen (1987), S. 17

---

[136] Garnasjordet/Longva (1980), S. 20.

Zu 2: In einem zweiten Teil wird Abbau, Umsetzung („Conversion") der Energieträger und Außenhandel beschrieben um zu verdeutlichen, wieviel Prozeßenergie durch den abbauenden Sektor selbst verbraucht wird (wie hoch demnach die Nettoenergieproduktion ist), wieviel im Außenhandel umgesetzt wird, wie hoch die Zunahme oder der Abbau von „Energielagerbeständen" (vor allem bei Wasserkraftwerken) ist, wie hoch – letztlich – der Energiebetrag ist, der im Land den Verbrauchern (Produktion und Haushalte) zur Verfügung steht (siehe folgende Übersicht 4).

Übersicht 4
Abbau und Umwandlung von Energie 1985

	Total	Coal	Coke	Biomass	Crude oil	Natural gas	Refinery products	Hydro power
Extraction	2 980	14	–	–	1 625	971	–	370
Use in conversion	– 47	–	–	–	–	– 38	– 2	– 7
Import	447	26	33	0	64	–	309	15
Export	– 2 460	– 7	– 6	0	– 1 379	– 922	– 129	– 17
Changes in invention	– 6	– 4	– 1	.	– 1	.	0	.
Primary supply	914	30	26	0	308	10	178	362
Refineries	– 45	–	6	–	– 137	–	279	– 1
Other conversion or supply	3	– 12	9	30	–	–	5	1
Losses, statistical error	– 6	3	– 3	–	8	– 10	12	– 30
Use outside conversion sector	896	21	38	30	–	–	475	332

Quelle: Alfsen/Bye/Lorentsen (1987), S. 18.

Zu 3: In einem dritten Teil wird die Nutzung der Energieströme in den einzelnen Sektoren detailliert untersucht (siehe Übersicht 5, S. 162 f). Dabei werden etwa 140 Sektoren differenziert.[137]

9.5 Zur Realisierung des SRA

Bei der Entscheidung, welche Ressourcen im Rahmen von Pilotstudien untersucht werden sollten, wurden die folgenden Kriterien berücksichtigt:

1. Die Ressource sollte ökonomisch oder politisch relevant sein.

2. Primärstatistiken für die betreffende Ressource sollten verfügbar oder zu „vernünftigen Kosten" erstellbar sein.

3. Die Realisierbarkeit des SRA sollte möglichst schnell bewiesen werden.

4. Die Abgrenzung der Sektoren und Güter in den Ressourcenkonten sollte so weit wie möglich den Definitionen des SNA folgen und eine Gegenüberstellung physischer und monetärer Daten ermöglichen.[138]

---

[137] Alfsen/Bye/Lorentsen (1987), S. 17.
[138] Alfsen/Bye/Lorentsen (1987), S. 15.

Übersicht 5

Energieverbrauch außerhalb des Energiesektors 1976

ISIC	Industry	Coal	Coke	Gas-olines	Petro-leum	Light fuel oil, diesel oil etc.	Heavy fuel oil	Elec-tricity
		1 000 t						GWh
	Total	349	1 201	1 534	830	3 514	11 141	67 082
	Production sectors, enterprises:							
1	Agriculture, forestry and fishing	-	-	20	13	448	34	707
11	Agriculture	-	-	11	1	150	34	707
12	Forestry	-	-	4	-	12	-	-
13	Fishing	-	-	5	12	286	-	-
2	Mining	7	-	1	2	40	48	876
23	Metal ore mining	7	-	-	2	20	47	743
29	Other mining	-	-	1	-	20	1	133
3	Manufacturing	325	1 171	242	6	462	1 459	37 093
31	Manufacture of provisions	-	-	8	1	113	252	1 445
32	Manufacture of textiles, leather and leather products	-	-	1	1	16	15	294
33	Manufacture of wood products	-	-	3	1	30	23	540
341	Wood-processing	-	-	-	1	32	415	4 109
342	Printing, publishing etc.	-	-	2	1	10	1	216
351	Manufacture of industrial chemicals	13	125	212	-	18	222	5 125
352, 354 355, 356	Manufacture of chemical products and products of mineral, oil, coal, rubber, and plastic	81	63	3	-	45	27	617
3692	Manufacture of cement and lime	-	2	1	-	6	288	352
36+3692	Manufacture of other mineral products	1	34	4	-	33	67	384
37101	Manufacture of iron and steel	-	293	-	-	14	6	2 144
37102	Manufacture of ferro-alloys	225	463	-	-	3	4	6 141
37103	Iron and steel founding	3	5	-	-	8	2	246
37201	Manufacture of primary aluminium	1	160	-	1	18	30	11 606
37202	Manufacture of other metals	-	24	-	-	2	69	1 732
37203, 37204	Rolling and founding, non-ferrous metals	-	-	-	-	3	-	118
38.39	Manufacture of workshop products, other manufacturing industries	-	2	7	-	109	39	2 006

Code	Category							
5	Construction	–	–	16	1	175	2	709
6	Wholesale and retail trade, restaurants and hotels	–	–	203	26	285	9	2 382
61, 62	Wholesale and retail trade	–	–	203	20	241	9	2 058
63	Operation of hotels and restaurants	–	–	–	6	44	–	324
7	Transport, storage and communication	–	–	56	440	1 192	9 561	760
7111, 71122	Rail transport etc.	–	–	2	–	17	–	554
71121	Scheduled bus transport	–	–	16	–	69	–	–
7113	Taxi and other unscheduled bus transport	–	–	–	–	17	–	–
7114, 7116	Other transport by road	–	–	–	–	161	–	–
7121	Ocean transport	–	–	–	438	500	9 500	–
7122	Coastal and inland water transport	–	–	3	2	412	61	–
713	Air transport	–	–	7	–	–	–	–
7123, 719	Services allied to transport	–	–	28	–	–	–	–
72	Communication	–	–	–	–	16	–	206
8	Financing, insurance, real estate and business services	–	–	37	4	32	1	606
81, 82	Bank and insurance	–	–	10	2	14	–	230
83	Real estate and business services	–	–	27	2	18	1	376
9	Other services	–	–	45	4	52	–	1 147
	Production sectors, public services	–	–	100	28	346	11	4 003
91	Public administration	–	–	–	5	32	–	449
931, 932	Educational and researching services	–	–	–	16	112	–	1 760
933, 934	Health and veterinary services, social care, etc.	–	–	–	7	65	1	1 061
	Other sectors in public administration	–	–	100	–	137	10	733
	Households	17	30	814	306	482	16	18 799

Quelle: Garnasjordet/Longva (1980), S. 25

Bisher wurden Konten erstellt zu: Energie (Kohle, Öl, Gas, Wasser), Fischerei, Wald, mineralischen Ressourcen (Eisen, Titan, Kupfer, Zink, Blei, Pyrit, Sand, Kies, ,,stone"), Landverbrauch, Luftverschmutzung.

Während die Arbeiten an Wasser- und Landnutzungskonten inzwischen wegen der zu aufwendigen Datenerfassung eingestellt wurden, werden die Wald-, Fischerei- und Mineralienkonten als Bestandskonten immer noch weitergeführt. Der Schwerpunkt der Erfassung liegt jedoch auf den Luftemissions- und Energiekonten, aus denen auch Daten für Modellrechnungen herangezogen werden.[139]) Derzeit wird hauptsächlich an der Erfassung von Daten über Nährstoffeintrag in Gewässer und Abfallstatistiken gearbeitet.[140])

9.6   „Resource Accounting" und umweltökonomische Berichterstattung

Wesentliche Stärke des SRA ist, daß es das traditionelle System der gesamtwirtschaftlichen Rechnungslegung unverändert beläßt und es um relevante Daten erweitert. Eine solche erweiternde statt revidierende Modellkonzeption läßt relativ kurzfristige und vor allem akzeptierte Ergebnisse zu. Die umfassende und differenzierte Ressourcenbestandsrechnung (Ressourcenbasis, entwickelte und nicht-entwickelte Reserven) ist der erste Ansatz in dieser Richtung, der allenfalls durch die Umbewertungsprinzipien in seiner Aussagekraft geschwächt wird (willkürliche Preisänderungen auf den Rohstoffmärkten führen zu Veränderungen der Reserven).

Der Verzicht auf eine monetäre Bewertung der Bestände bedingt eine – relativ zur Bewertung – unkomplizierte Rechnungslegung.

Die Identifikation einzelner Ressourcen im ökonomischen Prozeß als Vorleistungsgut bzw. Verbrauchsgut wird durch die tiefe Disaggregation der Sektoren möglich. Als Defizit muß dabei die Entscheidung für eine institutionelle Gliederung betrachtet werden. Eine funktionell ausgerichtete Berichterstattung ist von höherer analytischer Kapazität, beispielsweise in Richtung auf einzelne Verfahren oder Produkte. Ebensowenig ist der Konsum der privaten Haushalte differenziert, so daß keine Aussagen hinsichtlich der Verwendung (Substitution, Einsparmöglichkeiten, . . .) der einzelnen Ressourcen getroffen werden können.

Die erfolgreichste Anwendung des SRA bestand in der Erstellung von Energiekonten. Im Rahmen von Energienachfrage-Prognosemodellen dienen die ,,Ressource Accounts" als Input. Zudem kann über Emissions-Prognosemodelle eine Aussage über die zu erwartende Luftverschmutzung auf der Basis des gewählten Input-Mix getroffen werden.

Während in den siebziger Jahren – auch im Zusammenhang mit der vermeintlichen Gefahr der Rohstoffverknappung – mehr das Ziel eines Managements der natürlichen Ressourcen im Mittelpunkt stand, trat inzwischen aufgrund politischer Gründe (internationale Übereinkünfte über Emissionslevels) mehr die Erfassung von Emissions- und Energiedaten in den Vordergrund. Ziel war dabei vor allem diese in makroökonomischen Planungsmodelle zu integrieren.[141])

---

[139]) Sabo (1933), S. 7 und 8.
[140]) Central Bureau of Statistics of Norway (1993) und Sabo (1933), S. 8.
[141]) Alfsen (1933), S. 4 ff.

10   Finnland: Resource Accounting

10.1   Grundlegende Ausrichtung

10.1.1 Anlaß und Ziele für ein System des Resource Accounting

Auf Initiative des finnischen Natural Resources Council wurde bereits zu Anfang der achtziger Jahre mit der Untersuchung der Ressourcenpolitik Finnlands begonnen. Der Vorschlag einer Voruntersuchung von Fragen des Resource Accounting[142]) bezog sich auf dessen gesellschaftliche Notwendigkeit und die Verwendbarkeit in verschiedenen Bereichen, auf die Entwicklung von entsprechenden Methoden sowie auf die Projektplanung zur Schaffung eines derartigen Systems.

Die Voruntersuchung[143]) grenzte die Ziele und Funktionen einer Ressourcenrechnung ab. Im Vordergrund steht die Notwendigkeit der Verknüpfung von Umwelttatbeständen mit anderen Sektoren der Gesellschafts- (bzw. Wirtschafts-) politik. Insbesondere beziehen sich Ressourcenrechnungen auch auf Kontinuitätsziele im Sinne einer nachhaltigen Entwicklung.

Das besondere Anliegen der Verbindung ökonomischer Daten mit physischen Ressourcendaten zum Zwecke der Verbesserung wirtschaftlicher Entscheidungsprozesse unter Umweltgesichtspunkten verlangt im einzelnen (im Anschluß an Gilbert 1987)

- eine konsistente und standardisierte Beschreibung der natürlichen Ressourcenbasis und der Umwelt,
- die Identifizierung der Schlüsselvariablen und -beziehungen im Rahmen eines Ressourcen- und Umweltmanagements,
- die Darstellung beobachteter Entwicklungen anhand von Indikatoren,
- eine Bewertung der Probleme insbesondere auf unterschiedlichen räumlichen und Planungsebenen,
- die Verwendbarkeit der Daten für analytische Zwecke, etwa in Simulations- oder Optimierungsmodellen.

10.1.2 Orientierung an der Zielsetzung eines Sustainable Development

Ausgangspunkte, Ziele und Methoden eines Natural Resource Accounting entsprechen unter finnischem Blickwinkel den Datenerfordernissen zur Beschreibung der ökonomischen und ökologischen Dimensionen eines Sustainable Development. Die Daten sind nutzbar zum Aufzeigen, zur Interpretation und zur Einschätzung

- der Wechselbeziehungen zwischen wirtschaftlichen und ökologischen Komponenten einer nachhaltigen Entwicklung,
- der Multidimensionalität des Prozesses einer nachhaltigen Entwicklung,
- der Trends sowie der Nutzen und Nachteile und zukünftigen Wohlfahrtseffekte der Ressourcennutzung.[144])

---

[142]) Natural Resources Council (1984), zitiert nach Kolttola (1991).
[143]) Kolttola/Tammilehto-Luode (1988).
[144]) Muukkonen (1990), S. 79.

Das relative Ausmaß der ökonomischen oder ökologischen Orientierung bestimmt allerdings zu einem wesentlichen Grad die Aussagefähigkeit im Hinblick auf das Ziel eines Sustainable Development.

10.2   Umfang der Rechnungslegung über natürliche Ressourcen und Umwelt

10.2.1 Ressourcensektoren

Der Voruntersuchung war die Aufgabe gestellt, den Umfang des finnischen Ansatzes festzulegen, so vor allem

– inwieweit der Material- Energiefluß verfolgt werden sollte,

– in welchen Sektoren eine stärkere Detaillierung der Rechnungslegung anzustreben wäre,

– wieviele qualitative Aspekte in die Rechnungen miteinbezogen werden sollten.

Als besonders wichtiges Ergebnis ist festzustellen,[145]) daß nach derzeitigem Wissensstand Kenntnisse über die gesamte Lebensspanne der Produkte hinweg unverzichtbar sind.

Statistisch zu verfolgen wären nach Vorschlag des Natural Ressources Council die Vorgänge im Forstsektor, in der Land- und Ernährungswirtschaft, im Energiesektor und in der Landnutzung. Inzwischen ist jedoch aus Aufwandsgründen die Land- und Ernährungswirtschaft ausgesondert worden. Da weiterhin Wasser und Boden in der Betreuung anderer Instanzen liegen, werden in einer umfassenden langfristigen Untersuchung nur mehr (Holz-) Material- und Energierechnungen durchgeführt, die allerdings systematische Daten über Emissionen in die Atmosphäre einschließen.

10.2.2 Umweltqualität und Geographische Informationssysteme (GIS)

Besondere Probleme ergeben sich bei der Einbeziehung von Umweltqualitätsfaktoren. Hier wird zur Verknüpfung wirtschaftlicher Aktivitäten mit der Umweltqualität von Landnutzungskomponenten ausgegangen. Damit rücken geographische Informationssysteme (GIS) in das Zentrum des Interesses an einer systematischen Weiterentwicklung: In Finnland wird aus Kostengründen versucht, nur die bereits digitalisiert vorhandenen Daten zu verwenden, wie sie erhältlich sind in

– den Satellitenbild-Daten als Information über ,,Natürliche Elemente'',

– dem nationalen Bebauungsregister mit Daten über Gebäude sowie

– dem Bevölkerungsregister mit Angaben über abgegrenzte bewohnte Gebiete.

10.3   (Holz-) Materialrechnungen

Die Technik der Material- und Energiebilanzen wird in Finnland zur Erstellung von (Holz-) Materialrechnungen angewandt. Im Vordergrund steht die gesamte Biomasse des Landes mit Beständen und Materialflüssen im Rahmen der wirtschaftlichen Aktivitäten. Damit sind vier Bereiche im einzelnen zu erfassen:

---

145) Kolttola (1991) S. 5.

1. Extraktion; hier Holzfällung,

2. Holzbearbeitung und Papiererzeugung,

3. Holzverarbeitung in anderen (auch Endprodukt-) bereichen,

4. Recycling und Deponierung.

Die Nutzung dieser Rechnungen zeigt bereits die differierende Struktur von Holzangebot und Holznachfrage sowie die mit dem Energie-Input und der daraus resultierenden Umweltbelastung verbundenen Probleme Finnlands auf.

Monetäre Bewertungsversuche wurden von amtlicher Seite bisher nicht betrieben. ,,Eine offensichtliche Lücke in den Statistiken zu belassen ist ein geringerer Defekt als die Auffüllung der Lücke mittels Informationen, die nicht auf objektiven Untersuchungen beruhen, sondern auf subjektiven Meinungen über einen adäquaten Preis der fehlenden Elemente.``[146]) Jedoch ist für die Zukunft die Entwicklung von Wertgrößen auf der Basis der Materialrechnungsdaten ins Auge gefaßt.

10.4 Modellrechnungen und zukünftige Arbeitsvorhaben

Es wird angestrebt, die Ergebnisse der Ressourcenrechnung als Input in umweltökonomische Modelle einfließen zu lassen. Auf diese Weise wäre auch eine Abschätzung der Umweltwirkungen verschiedener forstlicher Entwicklungsszenarios möglich. Energie- und umweltbedingte Restriktionen könnten umgekehrt in ihrer Auswirkung auf die forstlichen Entwicklungsmöglichkeiten erkannt werden. Eine Koppelung mit Planungsmodellen in anderen Sektoren liegt ebenfalls im Bereich möglicher Anwendungen.

Starkes Gewicht unter den zukünftigen Arbeitsvorhaben kommt der Entwicklung von Indikatoren eines Sustainable Development zu. Daneben ist besonders hervorzuheben – auch als ein Beispiel für Entwicklungserfordernisse in anderen Ländern – das Bemühen um weitere, intensivere Nutzungsmöglichkeiten von geo-codierten Daten im Rahmen der GIS-Technologie.

---

[146]) Luther (1990), zitiert nach Kolttola (1991), S. 9.

11 Schweden: Umweltrechnungslegung

11.1 Planung einer Umweltrechnungslegung in Schweden

11.1.1 Grundsätzliche Ausrichtung

Zur Untersuchung der Möglichkeiten einer Ergänzung der VGR durch Ressourcen- und Umweltrechnungen wurde 1990 in Schweden eine Regierungskommission gebildet, die bereits nach einem Jahr ihre Vorschläge dem Finanzminister präsentieren konnte.[147]) Der Bericht stellt den Rahmen auf, in welchem nach dem Schema der VGR Satellitenkonten zu bilden sind, die in physischen und monetären Größen die durch wirtschaftliche Aktivitäten bedingten Umweltschäden verzeichnen. Dabei wird auch die Berechnung eines Ökosozialprodukts (Environmentally Adjusted Net Domestic Product) angestrebt; die Resultate der Arbeiten sollen allerdings – als Ergebnisse von unabhängigen Wissenschaftlern – vorerst nicht den Charakter offizieller Verlautbarungen erhalten.[148])

Besonderer Wert wird auf die Feststellung gelegt, daß die Bemühungen im Einklang mit den von dem Statistischen Amt der Vereinten Nationen vorgelegten Richtlinien für ein System of Integrated Environmental and Economic Accounting (SEEA) stehen.[149]) Die Vorschläge beziehen sich zunächst auf die Möglichkeiten, mittels Input-Output Tabellen

- – Energienutzung,

- – Gebrauch von bestimmten Chemikalien und Schwermetallen,

- – Emissionen bestimmter Stoffe in Boden, Wasser und Luft

systematisch zu verfolgen. Um darüber hinaus in Richtung auf eine kohärente Darstellung der Ökosysteme weiter voranzuschreiten, wird zur Ergänzung die Entwicklung eines Systems von Umweltindikatoren vorgeschlagen. Allerdings wird die Notwendigkeit besonders betont, den Umfang, die Qualität und die VGR-gerechte Systematik der Daten zu verbessern. Zusammenarbeit mit anderen Behörden soll hier weiterhelfen.

11.1.2 Aufzeichnung physischer Größen

Konten natürlicher Ressourcen beziehen sich auf Bestände und Ströme (d. h. den Abbau) von Extraktionsprodukten und Energie, ferner Materialflüsse belastender Stoffe und Abgabe von Reststoffen. Umweltpolitische Erfolgskontrollen werden damit ermöglicht. Die Verknüpfung mit VGR-Daten erlaubt darüber hinaus Rückschlüsse auf den Einfluß von Wachstum und Strukturänderungen sowie von wirtschaftspolitischen Maßnahmen auf den Umweltzustand.[150])

11.1.3 Ein System von Umweltindikatoren

Mit den physischen Größen allein lassen sich Rückschlüsse auf den Umweltzustand noch nicht zuverlässig ziehen. Die grenzüberschreitenden Extraktions-, Emissions- und Immissionsvorgänge im besonderen machen ein selbständiges Monitoring der Umweltzustände notwendig.

---

[147]) Commission for Environmental Accounting (1991).

[148]) Öhmann (1991), S. 2.

[149]) Siehe auch Kapitel „Ansätze und Anstöße zur Umweltberichterstattung . . .“, Abschnitt 2.

[150]) Öhmann (1991), S. 4.

Aus diesen Grund sollte ein Indikatorensystem für bestimmte, besonders wichtige Ökosysteme geschaffen werden.

Hier verdient der Vorschlag zusätzlicher regionaler Rechensysteme besondere Beachtung, da auf diese Weise konkrete Wirkungsbeziehungen „vor Ort" für den Einsatz regional gezielter Maßnahmen aufgedeckt werden können.

11.1.4 Berechnung monetärer Größen

Eine wesentliche Intention monetärer Rechnungen des SEEA ist die Kalkulation von Schäden, die der Umwelt durch sektorspezifische Produktionsaktivitäten zugefügt werden. Die Berücksichtigung (Absetzung) dieser Werte führt zu Wertschöpfungsbeträgen, die in ihrer Summe über alle Produktionszweige eine gegenüber dem Bruttoinlandsprodukt verringerte Wertschöpfungsgröße ergeben (Environmentally Adjusted Net Domestic Product-EDP).

Die Kommission sieht eine besondere Schwierigkeit in der Berechnung monetärer Schadenswerte, da nur ein Teil der tatsächlichen Schäden anhand von Marktdaten erfassbar ist; aus diesem Grund werden Schadensvermeidungskosten für den Berechnungszeitraum als Maß vorgeschlagen. Da zu deren Ermittlung ein Anspruchsniveau für das Vermeidungsausmaß vorgegeben werden muß, ist eine Entscheidung über kürzerfristige Politikziele oder aber ein längerfristiges Ziel nachhaltiger Entwicklung zu postulieren. Je nachdem verändert sich der Aussagewert der berechneten Inlandsproduktgröße entsprechend.

Eine Absetzung der defensiven (Umweltschutz-) Ausgaben sollte nach Meinung der Kommission bei der Berechnung eines EDP nicht erfolgen. Als Begründung wird angeführt, daß der volle Ansatz von (kalkulierten) Vermeidungskosten für die Schadensberechnungen zu dem gleichen Verringerungsbetrag führt, wie er bei der Ansetzung der verschiedenen tatsächlich getätigten Schutzmaßnahmen zustande käme. Aus der Höhe des als Gesamtgröße berechneten EDP ließe sich nicht feststellen, ob eine Volkswirtschaft ihre Umweltposition verbessert hat oder nicht.[151])

Diese Argumentation ist nicht stichhaltig, sofern (was allerdings stets erfolgen müßte) die tatsächlich getätigten von den (eigentlich) erforderlichen Defensivaufwendungen getrennt und gesondert ausgewiesen werden. Die Kommission gibt allerdings zu, daß ein besonderes Interesse an dem detaillierteren Ausweis defensiver Ausgaben darin bestehen kann, genauere Informationen über die Beziehungen von Wirtschaftszweigen zur Umweltsituation, die Auswirkungen von Strukturveränderungen und die Änderungen der Umweltpolitik zu erhalten.

Aus Gründen der bestehenden Berechnungsunsicherheiten sollten derartige Rechnungen und Analysen nicht von der amtlichen Statistik, sondern primär von unabhängigen Forschern und Forschungsinstitutionen durchgeführt werden. Hiermit sowie mit den unterschiedlichen Realisierungsvorschlägen versucht die Kommission, den bestehenden Interessengegensätzen, Neigungen und institutionellen Eignungen in vorsichtiger Abwägung Rechnung zu tragen.[152])

---

[151]) Öhmann (1991), S. 3.
[152]) Vgl. Schlußabschnitt Commission for Environmental Accounting (1991).

11.2 Spezifische Vorschläge für einzelne Bereiche der Umweltberichterstattung in Schweden

11.2.1 Monetäre Rechnungen

Mögliche Komponenten von Umweltkonten mit Bezug auf die schwedischen Wälder wurden aus der Institution for Forest Economy der University of Agriculture and Forestry beigetragen. Sie beziehen sich auch auf Einkommensgrößen. Ihre Struktur läßt sich aus der folgenden Darstellung ersehen (siehe folgende Übersicht 1). Weitere Forschungsarbeiten in diesem Zusammenhang werden angestrebt.

Übersicht 1
Estimation of Total Revenues from Swedish Forest

	1 000 million SEK (1987)
Timber production	
Gross production value	19.03
Input	- 3.14
Increase of stock	3,80
Forestry protection costs	-1.55
Total 1	18.15
Other production of goods from forests	
Berries	0.50
Mushrooms	0.55
Hunting (meat)	0.47
Total 2	1.52
Changes in environmental assets	
Decrease in biological diversity	- 0.60
Carbon cumulation	3.80
Loss in exchangeable base cations	- 0.60
Loss in production of lichens	- 0.02
Total 3	2.58
Net Production Value	22.25

Quelle: Öhmann (1991), S. 8

Für die Ermittlung von defensiven Ausgaben in der offiziellen Statistik bestehen starke Lücken im administrativen und privaten Bereich. Hier werden Schätzungen und Fragebogenaktionen in Zusammenarbeit mit anderen, fachlichen öffentlichen Stellen empfohlen. Eine Reihe methodischer Probleme ist jedoch noch zu lösen.

11.2.2 Physische Rechnungen

Energiekonten sollten in Verknüpfung mit Input-Output-Tabellen als Satellitenkonten erstellt werden. Emmisionen und Abfälle sind in Anpassung an die Input-Output-Tabelle zu erfassen und darzustellen. Für Wälder werden in Schweden vorwiegend ökologisch orientierte Rechnungen gefordert, vor allem in Verbindung mit einem Geographischen Informationssystem. Eine vorgeschlagene Untergliederung ist aus Übersicht 2 (siehe S. 172) ersichtlich.

Umstellungen der Klassifikation werden sich als notwendig erweisen. Schätzmethoden sind noch zu entwickeln,um die unbefriedigten Informationen zu ergänzen.

Input-Output-Tabellen können schließlich auch in gewissen Grad für die Ermittlung des Gebrauchs von Chemikalien und gefährlichen Metallen benutzt werden. Vorrang müssen dabei diejenigen Stoffe haben, für die in den nächsten Jahren Produktionsvorschriften gelten.

11.2.3 Indikatorenrechnungen

Indikatoren sollten in der Lage sein, Abweichungen von festgesetzten Umweltqualitätszielen anzuzeigen; sie können als zusammengesetzte Größen eingeführt werden. Die Einflußstärke kann nach Stufen angegeben werden; die vorläufigen Meßgrößen sollten sich exemplarisch für Wasser und Wälder auf die in Übersicht 3 (siehe S. 173) angegebenen Meßbereiche beziehen. Für die Zuordnung von Parametern zu den unterschiedlichen Indizes werden entsprechende Vorschläge gemacht.

Übersicht 2

Possible Components In Environmental Accounts for Swedish Forests

Service/"anti"-service	Reinvestment	Stock
Timber for industrial use and for burning	Forestry protection	Timber
Berry harvest		Berry species
Mushroom harvest		Mushroom mycel
Hunting meat-production	Protection of hunting species, costs in agriculture of forestry from damages of animals, traffic damages	Stock of hunting species
Existential value of flora and fauna	Flora and fauna protection	Conditions for survival of species
Influence on hydrological cycle	Activities promoting or preventing drainage	Timber stock, clear-cutting areas, ditches, etc.
Carbon cumulation	Forestry protection	Stock of carbon
Buffering of acid rain, fertilizer status	Liming, fertilizing	Buffering capacity of soil, nitrogen and phosphorus status
Leakage of nitrogen	Construction of wetlands to reduce leakage	Nitrogen capacity
Reindeer raising		Stock of lichens
Recreation		

Quelle: Öhman (1991), S. 7

Übersicht 3
Examples of Environment Indexes

Indexes for fresh Water

Environmental index	Environmental parameter
1. Eutrofication status	Total-phosphorus, primary production, volume of algaes, oxygen demand, bottom fauna
2. Acidification status	Alcalinity, pH, reproduction of insects and fishes, spreading of water-moss
3. Pollution status	Heavy metals and organic environmental poison in indicator organisms
4. Natural resources values	Lenght of unspoiled rivers, accessible shore, lowering the surface of lakes and rivers, changed water flow
5. Health-groundwater	Metals, organic environmental poison, nitrites/nitrates, microbiological pollution
6. Health-surface water	Poisons in edible fish, microbiological pollution

Indexes for Forests

Environment index	Environment parameter
Long- term productive capacity	
1. Growth	Carbon cumulation, loss of needles, reuse of biomass
2. Nutrient condition	pH in soil, nutrient in needles, fertilized land, vitalized land deposition of S and N
3. Toxicity	Content of pesticides and heavy metals
Natural values	
4. Biological diversity	Number of species, protected area of different types of biotopes share of deciduous trees
5. Values for humans	Hunting species, berries, mushrooms, access for humans
Protective function, stress to surrounding environment	
6. Protection/Stress to freshwater	N-fixation/leakage, metalbudget
7. Stress on coastal waters	N-leakage

Quelle: Öhmann (1991), S. 13 f

11.3   Ergebnisse eines Anhörungsverfahrens

Stellungnahmen zu dem Kommissionsbericht wurden von fast 50 nationalen und regionalen Behörden, größeren Städten, Akademien bzw. Universitäten sowie Verbänden und Vereinigungen abgegeben. Das Gesamtkonzept wurde praktisch von allen Institutionen befürwortet; allerdings ergaben sich – je nach fachlichen Bedenken und sonstigen Interessen – jeweils einzelne, auch dezidierte Abweichungen.

Die wünschbare Zuständigkeit lag entsprechend den Meinungsäußerungen für die physichen Rechnungen deutlich bei dem Schwedischen Amt für Statistik. Stärker geteilt waren die Meinungen hinsichtlich der Betreuung der monetären Rechnungen durch das National Institute of Economic Research oder durch Universitäten.

12   Japan: „Net National Welfare" (NNW) und Umweltschutzausgaben

12.1   Die Korrektur des Bruttosozialprodukts im NNW

Einer der ersten Ansätze zur Berücksichtigung von Umweltqualitäten im Rahmen der volkswirtschaftlichen Berichterstattung entstand 1971 mit der Einrichtung des „Net National Welfare Development Comittee" in Japan. Ziel war es zunächst, für einen 1973 beginnenden mittelfristigen Gesamtwirtschaftsplan methodische Vorarbeiten zu leisten,

„to establish a new target indicator in economic planning. This new indicator aimed at assessing the advancement of national economic welfare in monetary terms in contrast to the mere expansion of economic activity reflected in national income."[153])

Der Indikator des „Net National Welfare" besteht im Wesentlichen aus folgenden Komponenten:[154])

a) Wohlfahrtsgewinne

1. NNW-Privater Konsum = BSP-Privater Konsum
–   Ausgaben für dauerhafte Konsumgüter,
–   Fahrtkosten zum Arbeitsplatz,
–   persönliche berufsbezogene Kosten.
2. NNW-Staatskonsum = BSP-Staatsausgaben
–   Defensive Staatsausgaben für Militär, Justiz, Polizei, allgemeine Verwaltung.
3. Leistungen dauerhafter Konsumgüter.
4. Leistungen des staatlichen Kapitalstocks.
5. Freizeit (Stunden, bewertet mit nach Geschlecht und Alter differenzierten Lohnsätzen).
6. Außer-marktliche Aktivitäten (Hausarbeit, bewertet mit durchschnittlichem Lohnsatz für   weibliche Arbeitskräfte).

b) Wohlfahrtsverluste

1. „Defensive" Ausgaben zum Schutz der Umwelt.
2. Kosten der Umweltverschmutzung (geschätzte Werte zur Aufrechterhaltung des Vorjahres-standards).
3. Urbanisierungsverluste (z.B. die Kosten der wachsenden Entfernung zwischen Wohn- und Arbeitsplatz, Kosten der in Agglomerationsgebieten zunehmenden Verkehrsunfälle einschl. Verletzten und Verkehrstoten).

Die entsprechenden Arbeiten wurden nach ersten Berechnungen für die Jahre 1955, 1960, 1965 und 1970 jedoch nicht in staatliche Planungsziele übersetzt – zu angreifbar und willkürlich schien die Wahl der Korrekturgrößen.

Vor einiger Zeit wurde die Methode von Professor Uno[155]) von der Tsukuba-Universität wieder aufgenommen und die Zeitreihen um die Jahre 1975, 1980 und 1985 ergänzt. Offizielle Anstrengungen in diese Richtung sind derzeit jedoch nicht sichtbar.

---

153) Unbekannter Verfasser, nach: Lörcher (1976), S. 38.
154) Lörcher (1976), S. 39 ff.
155) Peskin/Lutz (1990), A – 1 – 13.

12.2 Umweltschutzausgaben

Eine Gesamtdarstellung der getätigten Ausgaben für Zwecke des Umweltschutzes in Japan ist nur begrenzt möglich. Nach Uno werden die entsprechenden Daten nicht einheitlich (etwa von der Umweltschutzbehörde) erhoben.[156]) Die Daten des MITI (Ministry of International Trade and Industry) beziehen sich allein auf Investitionsausgaben von Industriebetrieben mit einem Kapital von mehr als 100 Mill. Yen.[157]) Entsprechend schwankt die Zahl der erfaßten Unternehmen. Die „Small Business Finance Corporation" veröffentlicht jährlich Zahlen für kleinere Betriebe und ist damit komplementär zu den MITI-Erhebungen. Eine dritte Quelle, die „Japan Association of Industrial Machinery Producers", bezieht sich auf die für den inländischen Markt bezogene Produktion der entsprechenden Anbieter und liefert so eine sachliche Untergliederung der Investitionsgüter (siehe Übersicht 1, S. 176). Nach der Darstellung der „Japan Development Bank" werden die Investitionen nach einer funktionellen Gliederung ausgewiesen.

Eine erste Darstellung zeigt die jährlichen Investitionsausgaben der Großbetriebe nach MITI-Darstellung[158]) untergliedert nach industriellen Sektoren (siehe Übersicht 3 S. 178 f). Eine zweite Darstellung hebt ab auf die Unterteilung nach dem Verwendungszweck der Investition in Luftreinhaltung, Abwasserreinigung, Lärm und Abfall (siehe Übersicht 2, S. 177).

12.3 Einordnung in die umweltökonomische Berichterstattung

Die Arbeiten zum NNW stellen einen sehr weitgehenden Versuch dar, über die VGR-Daten hinaus zu einer Aussage über die gesamtgesellschaftliche Wohlfahrt zu gelangen. Dabei sollen nicht allein die in der umweltökonomischen Diskussion akzeptierten Begriffe der „defensiven Ausgaben" und „Umweltschäden" berücksichtigt werden, sondern darüber hinaus Aspekte gesellschaftlicher Entwicklung in sehr allgemeiner Form. Verbunden mit einem so ehrgeizigen Ansatz sind zwangsläufig erhebliche methodische Schwierigkeiten der Bewertung. Ein Maß für die Abschreibung langlebiger Konsumgüter zu finden, dürfte dabei noch relativ einfach zu realisieren sein. Schwieriger ist die Abgrenzung „defensiver" staatlicher Aktivitäten (Militär, Justiz, ...) von nicht-defensiven, also real wohlfahrtserhöhenden. Die Fragen zur Bewertung von Umweltschäden kommen hinzu. Angreifbar wird das NNW in der Frage nach der Wahl der zulässigen bzw. sinnvollen Einzelindikatoren und der Vollständigkeit der berücksichtigten Größen. Zudem bedeutet die Aggregation einzelner bewerteter Größen eine Gewichtung innerhalb des Gesamtindikators „Net National Welfare", die wiederum – wie das BSP – eine sehr eingeschränkte, nicht operationalisierbare Wertung des Begriffes „Wohlfahrt" beinhaltet.

Die Arbeiten an einer gezielten, statistisch weiter aufgefächerten umweltökonomischen Berichterstattung sind in Japan im Gange. Japan verfügt über ein weltweit einmaliges, sehr ausdifferenziertes System der Umweltberichterstattung und -kontrolle,[159]) mit enger Verbindung zur Ökonomie. Informationen über ein geschlossenes Berichtssystem existieren bislang jedoch noch nicht.[160])

---

[156]) Uno, (1987), S. 271 ff.

[157]) Mit sektorspezifischen Ausnahmen.

[158]) Nach der oben getroffenen Abgrenzung.

[159]) Weidner (1987)

[160]) Nach einer Mitteilung von Takao Ohashi, Director am Statistical Standards Department, Statistics Bureau, Management and Coordination Agency, Tokio, vom 17. Oktober 1989.

Übersicht 1
Sachliche Untergliederung der Umweltschutzinvestitionen in Japan

A. Air pollution prevention investment equipment

1. Dust collection

2. Heavy oil desulphurization

3. Stack fume desulphurization

4. Nitrogen oxide removal

5. Exhaust gas treatment

6. High stack

7. Related equipment

B. Water pollution prevention investment equipment

1. Industrial water processing

2. Sewerage processing

3. Sewerage treatment

4. Sludge processing

5. Ocean pollution prevention

6. Related equipment

C. Waste treatment equipment

1. Household waste

2. Industrial waste

3. Related equipment

D. Noise and vibration prevention equipment

1. Noise prevention

2. Vibration prevention

3. Related equipment

Quelle: Japan Association of Industrial Machinery Producers, nach: Uno, K. (1987), S. 284

Übersicht 2

Private Investitionen nach Umweltschutzbereichen in Japan

Fiscal Year	Air Pollution		Water Pollution		Noise & Vibration		Industrial Waste		Other		Total	
	Value[1]	%	Value[1]	%	Value[1]	%	Value[1]	%	Value[1]	%	Value[1]	%
1971	154.4	57.1	72.0	26.6	9.9	3.7	8.8	3.3	25.5	9.4	270.6	100
1972	179.4	55.5	87.9	27.2	11.1	3.4	13.6	4.2	31.2	9.7	323.2	100
1973	227.4	51.6	117.7	26.7	24.7	5.6	30.0	6.8	40.6	9.2	440.3	100
1974	437.4	55.7	172.3	21.9	30.1	3.8	44.9	5.7	106.8	13.6	785.5	100
1975	558.0	60.1	200.7	21.6	27.6	3.0	52.6	5.7	108.1	11.6	928.6	100
1976	563.0	66.7	141.9	16.8	28.6	3.4	33.8	4.0	77.3	9.2	844.5	100
1977	305.1	59.4	86.2	16.8	25.7	5.0	32.2	6.3	64.7	12.6	513.9	100
1978	244.3	60.8	60.9	15.2	28.2	7.0	22.2	5.5	46.0	11.5	401.7	100
1979	196.4	58.2	65.0	19.2	26.2	7.8	15.7	4.6	34.4	10.1	337.7	100
1980	248.2	65.4	52.4	13.8	32.7	8.6	13.3	3.5	32.7	8.8	379.3	100

1) In Mrd. Yen.

Quelle: MITI, nach: Uno, K. (1987), S. 291

Über

Umweltschutzinvestitionen

Mrd.

Fiscal Year \\ Industry	Total	Iron & steel	Petro- leum	Elec- tricity, ther- mal	Paper & pulp	Non- fer- rous metal	Chemi- cal, excl. petro- chemi- cal	Machin- ery	Petro- chemi- cal
1965	29.7	4.8	5.0	5.5	1.6	1.0	3.0	1.0	1.3
1966	26.8	6.8	0.9	7.6	1.3	0.9	1.9	1.1	0.8
1967	46.2	10.6	11.3	8.9	3.1	0.8	2.6	1.1	1.4
1968	62.4	15.2	8.7	10.2	3.2	2.5	4.4	6.3	3.1
1969	106.7	24.3	22.5	21.0	6.2	10.5	5.2	3.5	5.8
1970	163.7	40.4	22.2	29.7	6.8	13.9	11.7	11.5	12.9
1971	270.6	72.1	39.5	48.8	14.2	11.2	18.5	17.5	9.6
1972	323.2	72.7	53.1	60.9	19.6	13.6	21.3	23.1	13.2
1973	440.3	84.1	59.4	72.3	32.7	10.4	51.2	39.7	15.8
1974	785.5	135.4	95.7	141.4	44.3	22.5	137.6	48.6	49.8
1975	928.6	196.1	126.1	172.1	42.9	22.3	154.5	37.1	65.8
1976	844.5	220.4	109.7	226.6	37.0	12.1	78.8	34.0	43.8
1977	513.9	123.8	50.2	154.5	16.4	14.8	38.8	32.8	18.6
1978	401.7	112.0	34.2	133.4	12.6	7.4	16.6	22.0	8.3
1979	337.7	77.6	15.9	125.4	13.2	5.3	14.8	23.1	4.9
1980	379.3	39.4	31.8	212.9	5.8	2.4	10.8	17.4	3.2

sicht 3

des Privaten Sektors in Japan

Yen

Mining, excl. coal	Textile	Cement	Cera-mics, excl. cement	City gas	Coal mining	Miscel-laneous goods	Build-ing materi-als	Elec-tricity, excl. thermal
3.8	0.6	-	1.3	-	0.5	-	-	-
3.5	0.4	-	0.5	0.2	0.5	-	-	-
3.4	0.8	-	1.1	0.2	0.3	-	-	-
4.6	0.8	-	1.9	0.5	0.3	-	-	-
-	1.3	-	3.0	1.0	-	-	-	-
5.0	3.0	0.5	0.9	8.8	0.4	0.5	0.4	-
16.0	5.3	4.3	3.3	1.5	1.1	0.6	0.8	4.7
14.8	7.9	6.1	3.1	2.7	0.7	1.3	2.8	6.3
21.9	9.6	11.6	9.0	3.2	0.9	4.1	2.6	11.7
36.5	19.1	20.5	8.1	5.7	1.2	5.8	2.1	11.2
40.9	22.6	14.4	7.5	8.2	2.6	1.9	2.7	10.8
37.0	9.1	10.9	3.4	3.8	1.4	1.0	2.0	13.3
27.3	4.1	7.3	2.7	3.4	0.9	1.3	1.9	15.0
10.6	2.1	15.2	3.8	3.0	0.4	0.9	1.4	17.9
8.4	1.8	19.9	2.0	5.4	0.5	0.5	1.3	17.6
4.3	1.3	10.4	2.7	9.1	0.5	0.8	0.9	25.7

Quelle: MITI, nach: Uno, K. (1987), S. 286

13 USA:
Pollution Abatement and Control Expenditures (PAC)

13.1 Grundsätzliches

In den USA werden von der „Environmental Economics Division" des „Department of Commerce" Ausgaben für Umweltschutz im Rahmen der SNA berechnet.[161]) Die Angaben beziehen sich auf

- Ausgaben für Umweltschutzinvestitionen,

- Betriebsausgaben,

- Überwachungskosten sowie

- Kosten für Forschung und Entwicklung.

Die Klassifizierung dieser Einheiten erfolgt zum einen nach sehr groben

- „Sektoren" (Consumers, Business, Government), die nicht mit der Gliederung der SNA übereinstimmen, zum anderen nach

- Medien (Boden, Wasser und Luft).

Unter den PAC-Ausgaben werden ausschließlich Ausgaben erfaßt, die auf der Basis von Gesetzen getätigt werden. Nicht erfaßt werden Ertragseinbußen (Produktionsstillegungen aufgrund von Grenzwerten, Einkommensverluste in der Landwirtschaft durch Verbote bestimmter Pestizide u.a.) und nicht-marktliche Aktivitäten (freiwillige Arbeitseinsätze u.a.).

13.2 Gliederung nach „Sektoren"

Als Ausgaben der „Consumer" werden aufgrund der rechtlichen Bindung des PAC allein die Ausgaben für Kfz-Katalysatoren und die höheren Kosten durch bleifreies Benzin berücksichtigt.

Auch „Business" wird unter sehr groben Kostenkategorien beschrieben.

Bei den Investitionsausgaben sind es:

- Kfz-Katalysatoren,

- Anlagen und Ausrüstungsgegenstände,

- Andere;

bei den laufenden Ausgaben:

- Kfz-Katalysatoren,

- Betriebsausgaben für Anlagen,

- Betriebsausgaben für öffentliche Abwassersysteme (die in der Klassifikation als vom Staat erstellt, aber von privaten Firmen betrieben gelten),

- Andere (darunter fallen etwa die Kosten für die Müllbeseitigung).

---

[161] Die folgende Darstellung bezieht sich im Ganzen auf die Veröffentlichung von Farber/Rutledge (1989).

Dem stehen an verbundenen Einnahmen Erlöse (wahrscheinlich aus den Gebühren für Abwasserbeseitigung) gegenüber.

Bei den staatlichen Ausgaben stehen zwei Kostenkategorien im Vordergrund:

– Errichtung öffentlicher Abwassersysteme,

– Andere (z.B. Müllbeseitigung).

13.3 Gliederung nach Medien

Die mediale Gliederung entspricht in ihrer groben Struktur der sektoralen Differenzierung.

Luft
Mobile Quellen
Investitionen
Betriebsausgaben

Stationäre Quellen
Investitionen
Industrie
Andere

Betriebsausgaben
Industrie
Andere

Wasser
Stationäre Einrichtungen
Investitionen
Industrie
Öffentliche Abwassersysteme
Andere

Betriebsausgaben
Industrie
Öffentliche Abwassersysteme

Nichtstationäre Einrichtungen

Boden
Industrie
Müllbeseitigung

13.4   Synoptische Darstellung

In einer Überblicksdarstellung werden Daten zu einzelnen PAC-Sektor-Kategorien im Bereich privater Unternehmen und staatlicher Akteure differenziert und einzelnen Medien (allerdings nur Wasser oder Luft) zugeordnet (siehe Übersicht 1). Dadurch entsteht ein etwas differenzierteres Bild. Als Besonderheit werden die öffentlichen Ausgaben nach der Ebene der Gebietskörperschaft ausgewiesen.

Übersicht 1
Umweltschutzausgaben für Luft und Wasser in den USA

Aktivitätsbereich	Total	Luft	Wasser
Unternehmen			
— Investitionen			
— Kfz-Katalysatoren			
— Anlagen und Ausrüstungsgegenstände			
— Residential Systems (private Kläranlagen und Abwassersysteme)			
— Landwirtschaft			
— Betriebsausgaben			
— Private Unternehmen			
— Kfz-Katalysatoren			
— Anlagen			
— Residential Systems			
— Landwirtschaft			
— Öffentliche Unternehmen			
— Öffentliche Stromversorger			
— Öffentliche Abwassersysteme			
— Andere			
Staat			
— Bundesregierung			
— alles außer Straßenerosion			
— Straßenerosion			
— Bundesländer und lokale Behörden			
— alles außer Straßenerosion			
— Straßenerosion			
— Investitionen öffentlicher Unternehmen			
— Öffentliche Stromversorger			
— Öffentliche Abwassersysteme			

Quelle: Farber/Rutledge (1989), S. 26.

Auch in dieser Darstellung ist wichtig zu beachten, daß Investitionsausgaben dem Staat, Betriebsausgaben jedoch dem Unternehmenssektor zugerechnet werden.

13.5 PAC und umweltökonomische Berichterstattung

Aus den vorliegenden Informationen läßt sich zum PAC-Modell der USA keine eindeutige Bewertung vornehmen. Sicher scheint zu sein, daß hier – wie im französischen System der „Comptes Satellites" – weniger die Beschreibung gesamtwirtschaftlicher Prozesse im Mittelpunkt des Interesses steht. Vielmehr wird sehr eng auf eine Erfassung derjenigen Ausgaben abgehoben, für die legislative Grundlagen bestehen (besonders auffallend: die Betonung der Ausgaben für Kfz-Katalysatoren). Eine Untergliederung ökonomischer Akteure findet allein für staatliche Ebenen statt.

Zwar deuten die Abgrenzung nach Sektoren, der SNA-Bezug, die Erfassung einiger, juristisch determinierter Ausgabenkategorien auf eine Verwandtschaft des PAC mit den Arbeiten des Statistischen Bundesamtes hin, die konkrete Ausgestaltung des US-Systems ist jedoch relativ dürftig. Verflechtungen werden im Gegensatz zur starken Differenzierung des deutschen Systems nicht nachgewiesen.

Die verschiedenen Tabellen lassen den Schluß zu, daß z.T. Daten differenzierter erhoben wurden, als sie schließlich ausgewiesen sind. Demnach müßte noch ungenutzter Darstellungsraum existieren. Auf der anderen Seite ist zu vermuten, daß keine umfangreichen Rohdaten im Begriffsraster eines „Systems", etwa im Erkenntnisinteresse eines „Satellitensystems", gesammelt werden.

Insgesamt sind die ausgewiesenen Daten zu undifferenziert, als daß sie als Basis für ein aussagefähiges Berichtssystem dienen könnten. Sie können jedoch – „wie die Arbeiten des Statistischen Bundesamtes zur Erfassung der Umweltschutzausgaben" – als Modul eines umfassenderen Berichtssystems verstanden werden.

14 Italien: Ansätze für eine umweltökonomische Berichterstattung

14.1 Politisch-institutionelle Bedingungen

14.1.1 Erste Anstöße

Um ein Bild über die Probleme des Aufbaus einer Umweltberichterstattung in Italien zu gewinnen, müssen die Entwicklungsbesonderheiten der nationalen Umweltpolitik beachtet werden. Italien hat sich mit großer Verzögerung mit der Problematik der Umweltverschlechterung, den erforderlichen Schutzmaßnahmen und einer entsprechenden Berichterstattung befaßt. Nach ersten Schritten in der Gesetzgebung und in der Teilnahme an internationalen Abkommen und Organisationen seit der Mitte der siebziger Jahre sah die Gesetzgebung erst Ende der achtziger Jahre im Hinblick auf Umweltprobleme eine breite Zusammenarbeit zwischen den zentralen und lokalen Verwaltungen sowie auch mit Experten (Forschungszentren, Universitäten) und dem Statistischen Amt vor.[162]) Eines der ersten Ziele war dabei der Aufbau eines Informations- und Überwachungssystems (SINA), das seit 1988 vom Umweltministerium koordiniert wurde und in homogener Bearbeitung entsprechende Daten der Öffentlichkeit zur Verfügung stellen sollte.

14.1.2 Voraussetzung: Die Entwicklung des Verwaltungssystems[163])

Die Kompetenzen, die heute dem Umweltministerium übertragen sind, wurden in der Vergangenheit von verschiedenen Ministerien wahrgenommen. Die Etablierung eines Ministeriums für Umweltprobleme erfogte erst 1975 unter dem Namen ,,Ministerium für Kulturschätze und Umwelt". Die ersten Aufgaben dieses Ministeriums bezogen sich eher auf die Bewahrung von Altertumswerten, Kunstgegenständen und Naturschätzen (vom Kultusministerium übernommen) als etwa auf Emissionen und Immissionsverhältnisse sowie andere unmittelbar umweltrelevante Tatbestände. Im Jahr 1983 wurde das erste Ministerium für Ökologie (ohne Portefeuille) ins Leben gerufen. Dieses Ministerium hatte allerdings nur die Aufgabe, die internationalen Ausschüsse für die Überwachung der Wasserverschmutzung und des Abfalls zu koordinieren und gemeinschaftliche Aktivitäten der Regierung und anderer Verwaltungen aufeinander abzustimmen. Erst im Jahre 1986, nach dem Unglück von Tschernobyl und einigen Naturkatastrophen in Italien (Erdrutsche, Überschwemmungen etc.), ist die Gründung eines aktionsfähigen Umweltministeriums vorgenommen worden. Dieses Ministerium hat als wesentliche Aufgaben

– Maßnahmen zu treffen gegenüber der Umweltverschmutzung und zur Umweltsanierung,

– die Erhaltung der Natur sicherzustellen,

– eine Umweltkostenrechnung, entsprechende Bürgerinformation und die offizielle Berichterstattung über die Umweltsituation zu gewährleisten.

Seine ausschließliche Zuständigkeit umfaßt einige Umweltbereiche, wie Wasser- und Teilbereiche der Luftverschmutzung, Festmüll und Nationalparks. Auf anderen Gebieten hat dieses Ministerium (lediglich) vorrangige Kompetenz. Erst nach Vereinbarung mit dem Gesundheitsministerium werden etwa Verordnungen für Luftverschmutzung, Lärmschutz und Oberflä-

---

[162]) Gesetz Nr. 305 vom 28.8.1989.
[163]) Vgl. hierzu und zu den Entwicklungen in der Umweltberichterstattung Sabatini (1991 und 1992) sowie Chies (1992).

chengewässer erlassen. In gleicher Weise erfolgen Abstimmungen mit dem Industrieministerium, dem Ministerium der Handelsmarine sowie mit dem Ministerium für öffentliche Arbeiten. Die Zusammenarbeit mit den Regionen ist zwingend, wenn Entsorgungsplanungen für Gebiete mit hohem Umweltrisiko vorbereitet werden müssen. Das Umweltministerium muß seinerseits den Planungen anderer Verwaltungen, die einen großen Einfluß auf die Umwelt haben können, die Zustimmung erteilen.

14.1.3 Die Umweltgesetzgebung

Bis Mitte der achtziger Jahre war die Umweltgesetzgebung sehr mangelhaft; es wurden lediglich begrenzte Initiativen für die Verminderung der Luftverschmutzung durch Industrieanlagen, für die Reduzierung der Wasserverschmutzung, für die gesetzliche Ermächtigung der Regionen im Rahmen von Stadtplanung und Umweltschutz und für die Müllbeseitigung ergriffen.

Ein Teil der Gesetzgebung ist stark vom Verursacherprinzip geprägt. Unter dieser Orientierung bezogen sich die Gesetze vielfach auf die Anlastung von Kosten, wie etwa bei der Abfallbeseitigung und der Abgabe für die Sanierung der Abwässer. Eine wichtige Rolle spielten auch die Abgaben, die die Betriebe den Kommunen zu zahlen haben, wenn sie die vorgesehenen Entsorgungsanlagen nicht einführen. In dieselbe Richtung geht auch das Dekret, das vorsieht, die besonders stark umweltschädlichen Betriebe mit der Streichung der „Fiskalisierung der Sozialbeiträge" und der ermäßigten Beiträge (ursprüngliche industriepolitische Maßnahmen zur Förderung der Produktion und der Beschäftigung) zu bestrafen. Ein Artikel eines Dekrets des Staatspräsidenten, das die EG-Richtlinie bezüglich der Risiken größerer Industrieunfälle umsetzte, sah eine obligatorische Versicherung für die Ausübung von potentiell umweltschädlichen Aktivitäten vor.[164] Starke Widerstände führten jedoch dazu, diesen Artikel abzuschaffen. Die Betriebe bleiben weiterhin verpflichtet, Informationen über Versicherungs- und Garantiemaßnahmen für Personen-, Sach- und Umweltschäden dem Gesundheits- und dem Umweltminister mitzuteilen. Sanktionen bestehen allerdings nicht.

14.2 Die italienische Umweltberichterstattung

14.2.1 Entwicklungsansätze für eine Umweltstatistik

Umweltrelevante Statistiken sind in Italien auch trotz der bereits in Gang gesetzten Diskussion um den Umweltschutz lange Zeit vernachlässigt worden. Erst 1985 veröffentlichte das Statistische Amt Italiens (ISTAT) die erste Sammlung von Umweltstatistiken aus verschiedenen Quellen. Die Daten waren lückenhaft und zum Teil nicht verläßlich.[165] Die Gliederung der Statistiken basierte auf der Definition einer natürlichen und einer künstlichen (vom Menschen hergestellten) Umwelt. Der Vorläufer- und Experimentcharakter dieser Sammlung von Umweltstatistiken trat deutlich in Erscheinung.

Die Gründung des Umweltministeriums und die Diskussion in Politik und Öffentlichkeit haben dazu beigetragen, daß das ISTAT in den letzten Jahren neue Erhebungen durchgeführt hat, so etwa zur Wasser-, Abwasser- und Kläranlagenstatistik sowie zur Statistik über Anlagen zur Reduzierung der Emissionen in die Luft und des Energieverbrauchs.

---

[164] Artikel 11 des Dekrets des Staatspräsidenten vom 17.5.1988.
[165] Sabatini (1991), S. 2.

Wesentliche Aufgaben des ISTAT erstreckten sich in den letzten Jahren auf

- das Projekt ,,Umweltrechnung'',

- einen neuen Band der ,,Umweltstatistiken'',

- die Sammlung und Verarbeitung der bedeutendsten von verschiedenen Institutionen der öffentlichen Verwaltung und von wissenschaflichen Organisationen publizierten Umwelt-daten.

Außerdem hat das Statistische Amt eine Datenbank aufgebaut als Informationssystem über Umweltinformationsquellen (SINFONIA). Das Umweltministerium hat im Rahmen des Um-weltinformations- und monitoringsystems (SINA) die Erhebung der existierenden Informati-onsquellen für vorrangig erklärt. Sie wurde von ISTAT 1988 für solche Institutionen durchge-führt, die als wichtige Umweltinformationsquellen einzuschätzen waren (z. B. Ministerien, Regionen, Kommunen mit mehr als 50 000 Einwohnern, öffentliche Körperschaften wie ENEA, ENEL, CNR, Industriekonzerne wie EFEM, ENI, FIAT, Montedison). Zur Zeit sind in der Datenbank etwa 1 500 Untersuchungen samt 10 000 Erhebungsstationen gespeichert.

14.2.2 Stand der italienischen Umweltberichterstattung

Die zwei bisher erschienenen Bände der ,,Umweltstatistiken''[166]) haben das Gliederungssche-ma des FDES der UN übernommen. Die Struktur resultiert aus verschiedenen Schnittlinien:

- nach den Umweltbereichen, für die die verschiedenen Informationsarten zur Verfügung stehen (Luft, Wasser, Boden, Flora und Fauna),

- nach der Art der Informationen, die die Umweltbereiche betreffen (Informationen über die Einflüsse auf die Umwelt, über deren Auswirkungen sowie über getroffene Maßnahmen).

Im ersten Band (1985) ist – ,,auch auf Basis der Ergebnisse der internationalen Diskussion zu Anfang der achtziger Jahre'' – die erste Schnittlinie bevorzugt worden. Im zweiten Band (1991) ist hingegen der Ansatz nach der Art der Information gewählt worden.

Nur ein Teil der Statistiken kann sich wegen des Mangels an zuverlässigen Monitoring-Quel-len auf längere Datenreihen stützen. Die Qualität der Daten selbst sowie die Präsentation hat sich jedoch im letzten Band stark verbessert.

Die Vorbereitung der beiden Bände ,,Umweltstatistiken'' ist vom Statistischen Amt Italiens koordiniert worden. An der Realisierung waren verschiedene Institutionen beteiligt,[167]) so daß die aktuellen Ergebnisse aufgrund offener Partizipation (und nicht intern am Statistischen Amt) entstanden sind. Der Nationalforschungsrat (CNR), das Nationalamt für Atomenergie (ENEA) sowie mehrere Informations- und Forschungszentren haben sowohl zur Sammlung als auch zur Verarbeitung und Interpretation der Resultate beigetragen.

Außer den ,,Umweltstatistiken'' des ISTAT werden periodisch Berichte über den Zustand der Umwelt durch das Amt für die Einschätzung von Umweltwirkungen (VIA), das Umweltmini-sterium und die ,,Umwelt-Liga'' erstellt. Diese Arbeiten sind von großem Interesse für die

---

[166]) ISTAT (1985 und 1991).
[167]) Chies (1992) passim.

Überlegungen in Richtung auf eine umweltökonomische Berichterstattung. Eine Vorstellung über die Struktur der Umweltstatistiken wird in Abbildung 1 (siehe S. 188) vermittelt.

14.2.3 Die statistischen Quellen: SINA

Eine der wichtigsten Voraussetzungen für die Realisierung umweltpolitischer Programme ist die Schaffung eines Informationsnetzes, das die Rahmenbedingungen des italienischen Umweltsystems abzubilden vermag. Ein wesentliches Instrument hierfür ist das Nationale System für Umweltinformationen (SINA).[168] Die wesentlichen Strukturelemente des SINA beziehen sich auf

- die Ermittlung der existierenden Datenquellen,

- die Standardisierung der Bearbeitungsmethoden und -prozesse,

- die Verwirklichung, Integration und Weiterentwicklung der Informations- und Überwachungssysteme in der öffentlichen Verwaltung.

Die Einzelelemente sind aus Abbildung 2 (siehe S. 189) zu ersehen.

Die Ermittlung der existierenden Datenquellen ist erfolgreich abgeschlossen. Ihre Standardisierung hängt dagegen von einer Vielzahl von Projekten ab, deren zukünftige Entwicklung abgewartet werden muß.

14.3 Konzeptionelle Wegweisung für eine umweltökonomische Berichterstattung in Italien

14.3.1 Empfehlungen der Kommission „ISTAT-Fondazione Mattei"

Die Überlegungen zur Konzeption eines Modellrahmens für ein umweltökonomisches Berichtssystem haben in Italien eine Zusammenarbeit verschiedener Forschungsinstitutionen erforderlich gemacht. Außer der Kommission für Umweltrechnungen beim ISTAT hat das Umweltministerium einen Sachverständigenrat gebildet, der sich aus Professoren der Universitäten, Experten des ISTAT und der Mattei-Stiftung (einer Stiftung des ENI-Konzerns) zusammensetzt.[169]

Die Arbeiten der Experten sind erst im Herbst 1991 begonnen worden, so daß Konzepte noch nicht klar ausformuliert sind. Die Vorschläge basieren auf der Analyse der internationalen Ansätze. Dabei wird besonders betont.[170]

- daß sich das EUROSTAT-System (als Vorteil und Nachteil zugleich) hauptsächlich auf die defensiven Ausgaben konzentriert,

- daß, wenn ein breiterer Ansatz wie etwa das SEEA-Schema der UN gewählt wird, schwierige Erfassungs- und Zuordnungsprobleme bestehen,

- daß Vorschläge für die Integration des EG- und des UN-Entwurfes im italienischen System (auch in Hinblick auf die Entscheidungsgrundlagen für die Wahl umweltpolitischer Maßnahmen) gemacht werden müssen.

---

[168] Sabatini (1992), S. 4 f.
[169] Chies (1992), S. 21.
[170] Chies (1992), S. 21.

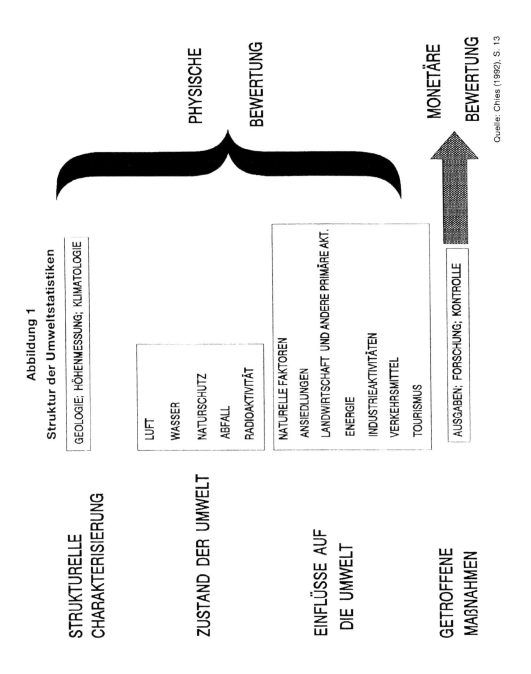

Abbildung 1

Struktur der Umweltstatistiken

STRUKTURELLE
CHARAKTERISIERUNG

GEOLOGIE; HÖHENMESSUNG; KLIMATOLOGIE

ZUSTAND DER UMWELT

LUFT
WASSER
NATURSCHUTZ
ABFALL
RADIOAKTIVITÄT

EINFLÜSSE AUF
DIE UMWELT

NATURELLE FAKTOREN
ANSIEDLUNGEN
LANDWIRTSCHAFT UND ANDERE PRIMÄRE AKT.
ENERGIE
INDUSTRIEAKTIVITÄTEN
VERKEHRSMITTEL
TOURISMUS

GETROFFENE
MAßNAHMEN

AUSGABEN; FORSCHUNG; KONTROLLE

PHYSISCHE

BEWERTUNG

MONETÄRE

BEWERTUNG

Quelle: Chies (1992), S. 13

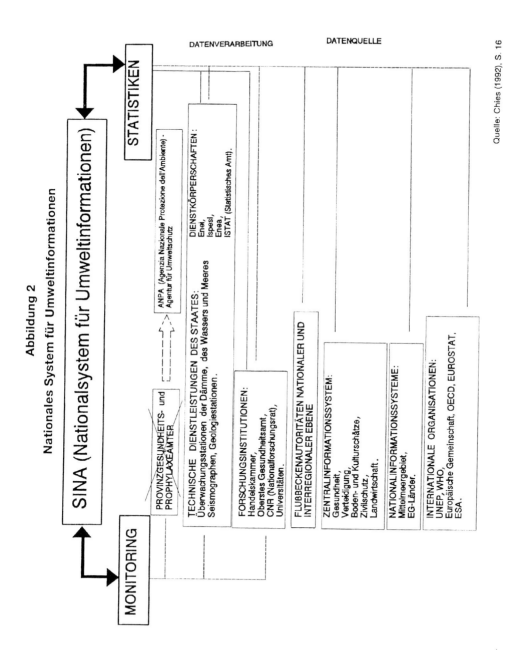

Abbildung 2

Nationales System für Umweltinformationen

Quelle: Chies (1992), S. 16

Im EUROSTAT-Ansatz sind die defensiven Ausgaben als eine indirekte Bewertung der Schäden interpretierbar, die durch ökonomische Aktivitäten in der Umwelt verursacht werden. Sie lassen sich jedoch auch positiv als tatsächliche Leistungen zu ihrer Erhaltung bzw. Wiederherstellung im Sinne eines Erfolgs entsprechender wirtschaftlicher Aktivitäten bezeichnen. Gegenüber dieser eingeschränkten Sichtweise will das SEEA der UN, außer den defensiven Ausgaben, die im Produktionsprozeß beinhaltet sind, auch alle monetären und physischen Ströme zwischen Ökonomie und Ökologie als Ausdruck der bestehenden Wechselbeziehungen beschreiben. Dieses Konzept ist komplett noch nicht realisierbar, weil ein umfassendes Datensystem zur Beschreibung der natürlichen Umwelt noch nicht vorhanden ist. Deshalb kann nur das SNA als Anknüpfungspunkt gewählt und zur Beschreibung der ökonomisch-ökologischen Wechselbeziehungen schrittweise mittels Satellitenkonten ergänzt werden.

In diesem Sinne hat auch die Kommission „ISTAT-Fondazione-Mattei" festgestellt, daß der Aufbau jeweils eines Satelliten(teil-)systems

- für die physischen Emissionsrechnungen,
- für die defensiven Umweltausgaben,
- für die ökonomische Berechnung des Ressourcenabbaus und der Umweltschäden

mit besonderer Dringlichkeit in Angriff zu nehmen ist.[171] Offen bleiben dabei noch die Fragen, ob bei den Rechnungen Ströme oder Bestände im Vordergrund stehen sollen und welche Gebietseinteilung bzw. -abgrenzung mit Vorrang zu wählen ist (National- oder Regionalrechnungen).

14.3.2 Die COPAMB und QUADROTER Programme[172]

Der italienische Forschungsrat (CNR) ist beauftragt worden, dem italienischen statistischen System, insbesondere dem ISTAT, eine Methodologie für den Aufbau einer Buchhaltung des natürlichen Umweltvermögens (sowohl in physischen als auch in ökonomischen Größen) vorzuschlagen. Mit dem Projekt COPAMB wird versucht, das Naturvermögen zu definieren, zu berechnen und in einen Systemzusammenhang zu stellen. Dabei sollen auch seine Nutzungsalternativen methodisch untersucht werden. Angestrebt ist damit eine systematische Vermögensrechnung der natürlichen Umwelt. Ziel des Projektes ist es auch, generell Methoden und Hinweise zu liefern, um Ansätze für die Verknüpfung der Umweltstatistiken mit den Konzeptbestandteilen des Systems der Volkswirtschaftlichen Gesamtrechnungen zu finden.[173]

Dieser Ansatz ist mit dem Projekt QUADROTER verflochten. Die Arbeiten im Rahmen dieses Projekts haben die Aufgabe, die Rahmenbedingungen für eine territoriale Umweltpolitik zu untersuchen. Dazu muß auch festgestellt werden, wie Standortwahl, Ansiedlungsprozesse sowie Produktionsaktivitäten auf regional relevante umweltpolitische Maßnahmen reagieren. Untersuchungsgegenstände der Studien sind unter anderem

- Erweiterungspläne konkreter städtischer Gebiete,
- örtliche Entwicklungsstrategien für Ökosysteme,

---

[171] Chies (1992), S. 22.
[172] Chies (1992), S. 36 f.
[173] Giannone/Carlucci (1991), S. 1 ff.

- Spezifika konkreter Teile eines Ökosystems,

- festzulegende Gebietseinheiten für die Umweltschutzmaßnahmen,

- Eigenschaften eines nationalen Kommunikationssystems (insbesondere Verkehrs- und Informationsnetz), das mit Erfordernissen städtischer Ökosysteme kompatibel ist.

Aus diesen Untersuchungen werden Hinweise erhofft, die im weiteren von den öffentlichen Verwaltungen berücksichtigt werden müssen und damit zu einer einheitlichen Ausrichtung ihrer Programme und Maßnahmen für die jeweiligen Regionen führen.

14.3.3 Zur Realisierung des Systems

Die Ansätze für den Aufbau eines statistischen Systems für die Umwelt gehen besonders von ISTAT und dessen Sachverständigenkommissionen aus. Favorisiertes Modell ist das SEEA-Satellitensystem der UN, das nach Ansicht der Experten am ehesten schrittweise nach Modulen realisierbar ist.[174]

Erste konkrete Ergebnisse sind zur Zeit die Umweltrechnung des ISTAT, eine Sammlung von physischen Daten über die Umweltbelastung und die defensiven Ausgaben für die Umwelt sowie die neuen Klassifizierungsmethoden des Umweltministeriums für wichtige öffentliche Ausgaben verknüpft sind.[175] Eine besondere Rolle spielen in diesem Zusammenhang auch die Analyseprobleme, die mit der Schätzung der umweltrelevanten öffentlichen Ausgaben verknüpft sind. Die Evaluierungsschwierigkeiten sind gravierend, vor allem wegen

- der großen Zahl der Verwaltungseinheiten, die für die Ausgaben zuständig sind,

- der Heterogenität der Klassifizierungskriterien für die Ausgaben,

- der Heterogenität der Quellen (finanzielle Rechnungen, Bilanzen, legislative Verordnungen),

- der Willkür der Anweisungen über die funktionale Verteilung der Ressourcen,

- der Unmöglichkeit, über die Bilanzen aller Verwaltungen für die gleiche Zeitspanne zu verfügen.

Das späte Engagement Italiens für die Umsetzung der Umweltberichterstattung hatte zwei wesentliche Folgen. Zum einen leiden die spezifischen Arbeiten unter dem großen Rückstand im internationalen Vergleich; zum anderen jedoch profitiert Italien von den bereits relativ weit entwickelten ausländischen Konzepten (insbesondere der UN, der EG und der OECD) für die Ausarbeitung der Umweltrechnungen.

Die Überlegungen in Italien haben dazu geführt, eher dem Entwicklungspfad der Vereinten Nationen zu folgen als der Ausrichtung der EUROSTAT-Experten. Dies schließt auch ein, daß die Einkommensberechnungen den (negativen) Veränderungen des Umweltvermögens Rechnung zu tragen haben, die nach dem aktuellen Wert der zukünftigen (möglicherweise verringerten) Leistungen der Umwelt anzusetzen sind.[176]

---

[174] Siniscalco (1991), passim.
[175] Costantino (1991), S. 2 ff.
[176] Beltratti (1991).

15   Andere Staaten

15.1   Großbritannien: Sustainability und Ansätze für Resource Accounting

In Großbritannien sind vor allem die Arbeiten von Pearce[177] zur theoretischen und praktischen Durchdringung des Ziels eines Sustainable Development zu nennen. Zudem ist - nach einer Mitteilung des Department of Environment - eine Arbeitsgruppe mit dem Aufbau von Natural Resource Accounts befaßt.

15.2   Island: Erneuerbare Ressourcen: Fischbestände

Die einzigen isländischen Ansätze umweltökonomischer Berichterstattung finden sich in einer Untersuchung zu Fischbeständen.[178]

---

[177] Pearce/Markandya/Barbier (1989).
[178] Nach einer Mitteilung des Statistischen Büros von Island.

Umweltökonomische Berichterstattung in der Bundesrepublik Deutschland

1 Orientierungen

1.1 Rahmensetzung

Der Rahmen, in dem sich die Bemühungen um eine umweltökonomische Berichterstattung in der Bundesrepublik Deutschland bewegen, ist vergleichsweise weit gesteckt. Die Schwerpunkte reichen

- von bereits frühen Ansätzen der Erfassung von Umweltschutzaktivitäten im Rahmen der VGR, [1]

- über die Bemühungen zur Ermittlung einer „Emittentenstruktur" [2] und eine groß angelegte Untersuchung „Kosten der Umweltverschmutzung/Nutzen des Umweltschutzes", [3] bis hin

- zu dem integrativen Ansatz zur Zusammenfassung sehr verschiedenartiger Berichterstattungsbereiche in einer Umweltökonomischen Gesamtrechnung. [4]

Die Diskussion derartiger Schwerpunkte wird auch in der Bundesrepublik zunehmend unter der Langfrist-Zielsetzung eines Sustainable Development geführt. [5] Dabei sind allerdings noch eine Vielzahl methodischer Probleme zu klären, ehe an eine unmittelbare statistische Umsetzung gedacht werden kann. [6]

Mit der Umweltökonomischen Gesamtrechnung, die als eigenständiges statistisches System geplant ist, soll der Zustand der Umwelt und ihre Veränderungen im Zusammenhang mit den wirtschaftlichen Nutzungen durch den Menschen dargestellt werden (siehe Abbildung 1, S. 194). Das Grundkonzept ist inzwischen präsentiert worden, „das sich in erster Linie mit der Messung und den konzeptionellen Problemen der Ressourcentnahme, der Emission von Stoffen sowie mit der Entsorgung und dem Verbleib von Emissionen beschäftigt, aber auch die Immissionslage und ihre zeitliche Veränderung in die Betrachtung einbezieht und bestimmte ausgewählte Nutzungen der Umwelt als Standort berücksichtigt. Hinzu kommen Angaben über die Ausgaben des Staates und der Wirtschaft für den Umweltschutz sowie Vorschläge für die monetären Bewertungen und für andere aggregierte Indikatoren." [7]

1.2 Parlamentarische Anhörung und Stellungnahmen wissenschaftlicher Institute

Divergierende Meinungen bestanden und bestehen in unterschiedlichen Institutionen und Gruppen der Gesellschaft hinsichtlich der Wünschbarkeit und Machbarkeit einer Umweltberichterstattung sowie zur Ausrichtung und Methodik im Einzelnen. Um das Spektrum der Meinungen abgreifen zu können, wurde anläßlich einer Großen Anfrage im Bundestag eine Sachverständigenanhörung zu dem Thema „Ökologische und soziale Folgekosten der Industriegesellschaft" durchgeführt. [8]

---

[1] Ryll/Schäfer (1988).
[2] ISI (1990) und (1992).
[3] Endres et al. (1991).
[4] Beirat „Umweltökonomische Gesamtrechnung" (1992), Radermacher (1992), Bolleyer/Radermacher (1993).
[5] Siehe Kapitel „Ansatzpunkte, Ziele und methodischer Rahmen", Abschnitt 2.
[6] Radermacher (1993).
[7] Radermacher (1992), S. 411.
[8] Deutscher Bundestag (1986 und 1989).

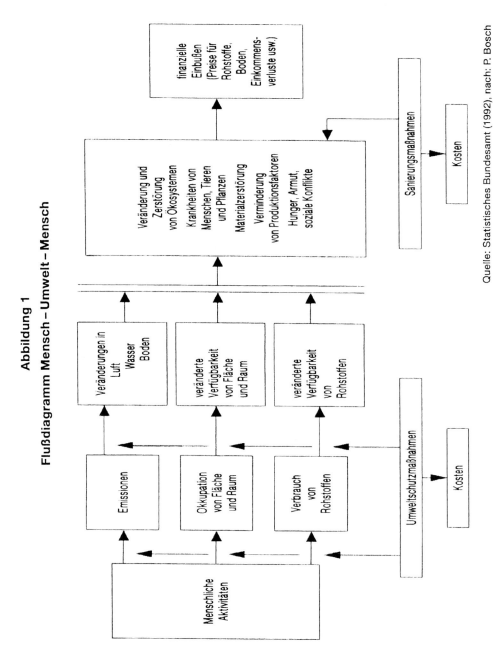

Abbildung 1
Flußdiagramm Mensch – Umwelt – Mensch

Quelle: Statistisches Bundesamt (1992), nach: P. Bosch

Das Spektrum der Meinungen und Argumente zu der Frage des Aufbaus einer umweltökonomischen Berichterstattung war sehr breit. Die Stellungnahmen sind außer durch wissenschaftliche Orientierungen und Erfahrungen naturgemäß auch durch die jeweiligen wirtschaftlichen Interessenkonstellationen beeinflußt. Sie reichen von der Befürwortung einer umfassenden Berichtssystematik und erweiterten Nettowohlfahrtsmessung bis zur skeptischen Beurteilung oder auch völligen Ablehnung jeglicher Änderung der gegenwärtigen Sozialproduktberechnung. Konsens herrscht im Lager der Befürworter besserer ökonomisch-ökologischer Informationen weitgehend in der positiven Einschätzung von Umweltsatellitensystemen und anderen Indikatorensystemen. Nichtsdestoweniger wird auch hier die inhaltliche Ausgestaltung noch kontrovers beurteilt.

Die zusammenfassende Dokumentation der Diskussion und der vorgebrachten Argumente ist erfolgt; [9] daher wird im Folgenden nur exemplarisch auf einige Stellungnahmen wissenschaftlicher Institute hingewiesen. [10]

Der Sachverständigenrat zur Begutachtung der gesamtwirtschaftlichen Entwicklung betont und begrüßt in seiner Stellungnahme den Ausbau der VGR um Umweltsatellitensysteme und die Notwendigkeit des Wissens um ökonomisch-ökologische Zusammenhänge. Als nicht zweckdienlich werden dabei Versuche angesehen, das BSP zu einem monetären Indikator für die gesellschaftliche Wohlfahrt umzurechnen. Da sich die Entscheidungen auf der politischen Ebene stets auf eine Abwägung zwischen wirtschaftlichen und gesellschaftlichen Zielen stützen müssen, sind die Systeme volkswirtschaftlicher und umweltpolitischer Indikatoren in Richtung beider Zielgruppen entsprechend auszubauen.

Ähnlich werden von dem Sachverständigenrat für Umweltfragen die bisherigen Versuche positiv beurteilt. Dabei wird jedoch auf die besonderen Schwierigkeiten der Realisierung von umfassenden Konzepten hingewiesen. Auch die Möglichkeit der Erstellung eines einzigen Indikatorwertes zur Charakterisierung der Umweltqualität und ihrer Veränderung stößt auf begründete Zweifel.

Die Überlegungen befragter Wirtschaftsforschungsinstitute gehen in die gleiche Richtung. So hält das Rheinisch-Westfälische Institut für Wirtschaftsforschung einen Nettowohlfahrtsindikator für unbefriedigend. Stattdessen wird der Vorschlag des Sachverständigenrats für Umweltfragen (Gutachten 1987) aufgegriffen, zur Vermeidung von Kommensurabilitätsproblemen neben der VGR ein eigenständiges System von Umweltindikatoren zu erstellen. Auf die Bedeutung von Umweltsatellitensystemen, einer umweltbezogenen erweiterten Sturkturberichterstattung und der Ermittlung von Emittentenstrukturen wird zusätzlich besonders hingewiesen.

Von dem Ifo-Institut werden die Grenzen monetärer Korrekturgrößen für die volkswirtschaftliche Berichterstattung relativ eng gesehen. Umweltsatellitensysteme werden als Rechenwerk umweltschutzbezogener Indikatoren aufgefaßt. Dabei wird betont, daß das Konzept der Satellitensysteme vorerst noch wirtschaftswissenschaftliches Neuland ist und national sowie international akzeptierte Konzepte noch nicht vorliegen. Obwohl die empirische Umsetzung noch weitgehend am Anfang steht, wird doch der Ansatz im Hinblick auf Verbesserung der

---

[9] Junkernheinrich/Klemmer (Hrsg., 1991); auch Strathman/Roth/Wissman (1989).
[10] Deutscher Bundestag, Ausschuß für Wirtschaft (1989).

Transparenz der ökonomisch-ökologischen Wirkungszusammenhänge als vielversprechend beurteilt. Das Deutsche Institut für Wirtschaftsforschung sieht im Satellitensystem des Statistischen Bundesamtes ebenfalls einen Ansatz zur „Erfassung globaler umweltrelevanter Tatbestände", weist aber auch auf dessen Begrenztheit bei ökologischen Fragestellungen hin. Die Notwendigkeit der weiteren Entwicklung von Umweltsatellitensystemen wird dennoch besonders betont.

Das Institut setzt sich ebenfalls differenziert mit der Bewertungsproblematik auseinander. Problematisch ist die Meßbarkeit bzw. Operationalisierbarkeit von Belastungseffekten, die bewertet werden sollen. Dazu ist es notwendig, ein System von Kategorien bzw. Indikatoren zu schaffen, wobei sich die entsprechenden Merkmale nicht notwendig auf kardinalmeßbare Größen beziehen müssen. Bei einer Weiterverwendung als Grundlage einer monetären Bewertung sollte jedoch auf physische Größen zurückgegriffen werden.

Das Gutachten des Hamburger Instituts für Wirtschaftsforschung würdigt die Tatsache, daß Beseitigungs- und Vermeidungsausgaben im Sozialprodukt nicht positiv verzeichnet werden. Kritik an der Sozialproduktberechnung ist jedoch nur im Hinblick auf die in der Konsumsphäre eingetretenen Folgekosten zulässig. Die Erfassung der Umwelt als Vermögen und der Wertminderung des Naturkapitals als Abschreibung wird als unpraktikabel beurteilt. Als Grund wird betont, daß für eine umfassende Korrektur der Sozialproduktrechnung weit mehr Tatbestände berücksichtigt werden müßten, so auch solche, die das Sozialprodukt erhöhen, wie zum Beispiel einkommenserhöhende Wirkungen des technischen Fortschritts.

Vom Institut der Deutschen Wirtschaft werden unterschiedliche Ansätze zur Quantifizierung externer Umwelteffekte diskutiert. Umweltkosten werden zunächst als Umweltschutzausgaben erfaßt. Damit werden zugleich Anhaltspunkte für die quantitative Bewertung der Wachstums- und Beschäftigungseffekte des Umweltschutzes geliefert.

Werden Umweltschutzinvestitionen als defensive Ausgaben interpretiert, so rückt in der Sicht des Instituts die Kritik am Wirtschaftswachstum und am kapitalistischen System in den Vordergrund. Damit entsteht jedoch die Gefahr einer falschen Bewertung von Umweltschutzinvestitionen; vor allem vorsorgende Investitionen dürften nicht als negative Komponente des Wirtschaftswachstums gewertet werden.

Über diese Rechenansätze hinaus wird der Ansatz diskutiert, die Folgekosten der Umweltbelastung zu erfassen. Gegenüber den Versuchen, Bewertungsmaßstäbe der Umweltqualität zu entwickeln und Nutzenentgänge monetär zu quantifizieren, wird geltend gemacht, daß aus dem Blickwinkel der umweltpolitischen Praxis die Kenntnis der Wirkungsketten als wichtiger anzusehen ist als die exakte Bewertung der Folgekosten.

Eine starke Position zugunsten einer Umweltberichterstattung wird schließlich von dem Institut für Ökologische Wirtschaftsforschung eingenommen. Es wird darauf hingewiesen, daß wegen der Komplexität der ökonomisch-ökologischen Interdepenzen die Wirtschaftsaktivität immer weniger erfaßbar und bewertbar wird. Vorgeschlagen wird der Auf- bzw. Ausbau differenzierter Informationssysteme, so besonders

- eines Umweltinformationssystems zur Berichterstattung über die Umweltbedingungen und deren Bewertung, verbunden mit einer Ausdifferenzierung bezüglich der Erfassung ökologischer Schäden mittels repräsentativer Indikatoren und der Abbildung von Schadensentwicklungen in ökologischen Bewertungssystemen,

– einer ökologisch erweiterten VGR bzw. Vermögensrechnung mit getrennter Erfassung der umweltbezogenen Ausgaben bzw. Einkommensveränderungen innerhalb der traditionellen Sozialproduktsrechnung, Erfassung der nicht ausgaben- (bzw. einkommens-)wirksamen Verluste bei Sachgütern, Menschen und Pflanzen außerhalb der traditionellen Sozialproduktrechnung sowie Wohlfahrtsberichterstattung für intangible, ökologische Schadensfolgen des Wirtschaftens mittels der Bildung und Fortschreibung repräsentativer Indikatoren.

2 Entwicklungsansätze für eine umweltökonomische Berichterstattung

2.1 Satellitensystem für Umweltschutz zu den Volkswirtschaftlichen Gesamtrechnungen

2.1.1 Intention und konzeptionelle Ausgangspunkte

Die Bemühungen auf internationaler Ebene zur Schaffung eines Satellitensystems zu den VGR sind bereits geschildert worden. [11]) Im folgenden wird im wesentlichen auf die Diskussion in der Bundesrepublik Deutschland abgestellt.

Im Rahmen von Umweltsatellitensystemen zu den VGR sollen ökonomisch-ökologische Verflechtungen ergänzend zur VGR dargestellt werden.[12]) Die VGR bleiben dabei als Kernsystem unverändert. [13]) Die ausgewiesenen Daten können monetärer und nicht-monetärer Art sein. Eine derartige Ausrichtung wird vor allem aus zwei Gründen angestrebt:

- Die Vergleichbarkeit im internationalen Bereich sollte durch Beibehaltung des VGR-Konzepts gesichert werden, und

- die herkömmlichen VGR sollten für kurz- und mittelfristige Wirtschaftsanalysen erhalten bleiben.

Zur Ergänzung der VGR durch ein Satellitensystem, das die Beziehung zwischen Umwelt und wirtschaftlichen Aktivitäten beschreibt, wurden in Deutschland drei Analysemodule gefordert: [14])

A) Die Disaggregation der konventionellen Gesamtrechnungskonten zur Identifikation der monetären Ströme und Bestände, die mit defensiven Aktivitäten verbunden sind (Vermeidung, Restauration und Kompensation).

B) Die Beschreibung der Beziehungen Umwelt - Wirtschaft in physischen Einheiten, ebenfalls bezogen auf Strom- und Bestandsdaten.

C) Die Berechnung von monetären Werten der Ausbeutung und Verschlechterung der natürlichen Umwelt aufgrund wirtschaftlicher Aktivitäten bzw. der entsprechenden Vermeidungskosten.

2.1.2 Erfassung der nach Ausgaben bzw. Kosten gegliederten Umweltschutzaktivitäten der Wirtschaftsbereiche

Im Rahmen der empirischen Arbeiten im Statistischen Bundesamt werden seit Anfang der achtziger Jahre monetäre Ausgaben aus dem Umweltbereich (Investitionen, laufende Ausgaben, Entgelte für Entsorgungsleistungen Dritter, Anlagevermögen) u. a. auch in Form von erweiterten Input-Output-Tabellen gesondert dargestellt.

Ihre besondere Eignung, die Verflechtungen einzelner Sektoren differenziert darzustellen, macht Input-Output-Tabellen auch zum geeigneten Instrument im Zusammenhang bestimmter umweltökonomischer Fragestellungen, so zum Beispiel im Hinblick auf

---

[11] Vgl. Kapitel „Anstöße und Ansätze zur Umweltberichterstattung . . .".
[12] Reich/Stahmer (1988).
[13] Vgl. Schäfer/Stahmer (1988), Klaus/Ebert (1989).
[14] Schäfer/Stahmer (1990).

- „die Bestimmung der Höhe und Struktur der Ausgaben für den Umweltschutz und ihres Bezugs zu den gesamtwirtschaftlichen Strom- und Bestandsgrößen,

- die Wirkung umweltpolitischer Maßnahmen auf Produktion, Beschäftigung, Investition und Anlagevermögen,

- die Auswirkungen der Kosten umweltschützender Maßnahmen auf Preisniveau und sektoralen Strukturwandel, . . ." [15])

Ausgangspunkt bei der Erstellung von Umwelt-Input-Output-Tabellen im Rahmen eines Umweltsatellitensystems ist die Identifizierung der Umweltschutzausgaben. Im Statistischen Bundesamt wird dabei pragmatisch von „allgemein akzeptierten" Grundbereichen des Umweltschutzes ausgegangen, nämlich Abfallbeseitigung, Gewässerschutz, Lärmbekämpfung und Luftreinhaltung. [16])

Das Darstellungsschema und die Darstellungseinheiten orientieren sich an der traditionellen VGR. Bei der Abgrenzung von Produzenten und wirtschaftlichen Vorgängen sowie bei Bildung des Darstellungsschemas werden die traditionellen Konten, die Input-Output-Rechnung und die Anlagevermögensrechnung berücksichtigt. Über Input-Output-Tabellen werden Umweltschutzaktivitäten explizit dargestellt (siehe Übersicht 1, S. 200 f). Schwerpunkt ist eindeutig die Darstellung der Produktion von Umweltschutzleistungen; noch ausgeklammert bleiben die Finanzierungsseite sowie die Analyse von Verteilungsströmen. [17])

Bei der Produktion von Umweltschutzleistungen werden zwei „Produktionsarten" unterschieden. Zum einen geht es um die externe Produktion von Umweltschutzleistungen. Dazu werden alle Inputs bei marktbestimmten Dienstleistungen (Entsorgungsunternehmen) oder nicht-marktbestimmten Dienstleistungen (staatliche Entsorgung) ausgewiesen (Darstellung in Zeilen und Spalten). Zum anderen werden im Rahmen der internen Produktion die Inputs direkt bei den Produktionsbereichen nachgewiesen, die diese Umweltschutzleistungen miterbringen. Da es sich im letzten Fall nicht mehr um einen eigenständigen Teil des Produktionsprozesses handelt, wird auch kein eigener Produktionswert aufgeführt (Darstellung nur in Spalten).

In den Spalten der erweiterten Input-Output-Tabelle sind somit Vorleistungen (Sekundärinputs) und Wertschöpfungskomponenten (Primärinputs) im Zusammenhang mit der Produktion von Umweltschutzleistungen ausgewiesen. Die zeilenweise Betrachtung zeigt dagegen auf, wie die externen Umweltschutzleistungen verwendet werden. Berücksichtigt werden hier auch die mit dem Umweltschutz verbundenen Waren. Diese haben keine größere Bedeutung im Umweltbereich, so daß Produktion und Inputstruktur in der Umwelt-Input-Output-Tabelle nicht dargestellt werden (z. B. Kauf von Müllsäcken oder Einbau von Katalysatoren in Autos). Vorleistungen und Investitionsgüter, die bei interner und externer Produktion verwendet werden, dienen nicht dem Umweltschutz, sondern gehen lediglich in die Produktion von Umweltschutzleistungen ein. Sie werden auch nicht als mit Umweltschutz verbundene Waren betrachtet . [18])

---

[15]) Ryll/Schäfer (1988), S. 129.
[16]) Ryll/Schäfer (1988), S. 143 f.
[17]) Ryll/Schäfer (1988), S. 144 - 146; für Umweltangaben wird momentan ein anderer Aggregationsgrad (15 Produktionsbereiche) verwandt.
[18]) Ryll/Schäfer (1988), S. 146 f.

Geographisches Institut der Universität Kiel

Über
Input-Output-Tabelle 1980 zu Ab-Werk-Preisen mit
— Inländische
Mill.

Lfd. Nr. / Aufkommen	Erzg. v. Produkten d. Land- u. Forst-wirtschaft, Fischerei (1)	Erzg. v. Energie, Gew. v. Wasser u. Berg-bauerzeugn. (2)	H. v. chemischen Erzeug-nissen (3)	H. v. Mineralöl-erzeug-nissen (4)	H. v. Kunst-stoff-erzeugn. Gew. v. Verarb. v. Steinen u. Erden usw. (5)	Erzg. u. Bearb. v. Eisen, Stahl u. NE-Me-tallen (6)	H. v. Stahl- u. Maschinen-bau-erzeugn. ADV-Einr. Fahr-zeugen (7)	H. v. elektro-techn. feinmech. Erzeugn. EBM-Waren usw. (8)	H. v. Holz-Papier-, Leder-waren, Textilien Beklei-dung (9)	H. v. Nahrungs-mitteln Ge-tränken Tabak-waren (10)	Bau (11)
Output nach Gütergruppen (Z 1 bis Z 17)											
1 Produkte der Land- und Forstwirtschaft, Fischerei	7 804	112	179	20	173	14	25	35	3 400	40 519	177
2 Energie, Wasser, Bergbauerzeugnisse	1 292	30 719	7 138	1 015	3 220	11 431	2 177	1 048	2 691	1 692	826
3 Chemische Erzeugnisse	3 202	246	72 744	203	7 951	1 954	2 145	2 137	5 616	936	1 541
4 Mineralölerzeugnisse	3 289	2 400	3 962	6 461	1 772	1 093	1 736	1 060	1 734	1 925	2 122
5 Kunststofferzeugnisse Steine u. Erden usw.	453	456	2 424	82	11 054	1 807	8 692	5 451	3 474	2 499	27 314
6 Eisen, Stahl, NE-Metalle, Gießereierzeugnisse	702	1 576	389	187	1 212	81 191	31 406	13 997	628	68	5 022
7 Stahl- u. Maschinenbau-erzeugnisse, ADV-Einrichtungen, Fahrzeuge	1 334	4 173	1 892	586	2 345	1 101	46 787	2 712	1 741	1 140	4 989
8 Elektrotechnische und feinmechanische Erzeugnisse, EBM-Waren usw.	414	1 668	1 776	124	1 013	1 384	17 000	16 382	2 104	1 922	6 800
9 Holz-, Papier-, Lederwaren, Textilien, Bekleidung	515	298	2 845	91	2 292	538	2 957	2 816	32 068	3 098	7 986
10 Nahrungsmittel, Getränke, Tabakwaren	8 244	48	1 482	49	116	113	102	92	529	21 503	90
11 Bauleistungen	430	1 548	123	90	175	269	326	119	146	179	5 550
12 Dienstleistungen des Handels, Verkehrs, Postdienstes usw.	3 313	2 850	6 877	3 849	5 601	3 493	14 539	7 022	13 584	10 787	10 404
13 Marktbest. Dienstl. ohne Umweltschutzleistg	2 043	2 565	8 271	896	6 811	4 844	19 652	11 556	10 217	6 071	9 099
14 Umweltschutzleistungen	-	1 226	2 836	526	640	1 206	725	524	767	688	261
15 Nichtmarktbest. Dienstl. ohne Umweltschutzleistg	335	182	900	71	255	328	1 332	319	221	485	869
16 Vorleistungen der Produktionsbereiche (Sp. 1 bis Sp. 16) bzw. letzte Verwendung von Gütern (Sp. 17 bis Sp. 23) aus inländ. Produktion ohne Umsatzsteuer	33 370	49 867	73 838	14 305	44 630	118 766	149 601	65 270	76 920	93 510	83 050
17 Vorleistungen der Produktionsbereiche (Sp. 1 bis Sp. 16) bzw. letzte Verwendung von Gütern (Sp. 17 bis Sp. 23) aus Einfuhr ohne Umsatzsteuer	5 507	11 980	21 113	46 519	9 429	20 732	26 281	16 691	23 200	21 961	12 102
18 Nichtabzugsfähige Umsatzsteuer	-	-	-	-	-	-	-	-	-	-	-
19 Vorleistungen der Produktionsbereiche (Sp. 1 bis Sp. 16) bzw. letzte Verwendung von Gütern (Sp. 17 bis Sp. 23) einschl. nichtabzugsfähiger Umsatzsteuer	38 877	61 847	94 951	60 824	54 059	137 498	175 882	81 961	100 120	115 471	95 152
20 Abschreibungen	9 042	11 911	5 522	996	5 491	5 045	12 252	6 354	5 858	5 399	5 028
21 Produktionsteuern abzügl. Subventionen	- 855	2 076	1 029	19 366	961	480	2 038	1 005	1 100	14 662	1 866
22 Einkommen aus unselbständiger Arbeit	6 498	24 914	27 002	1 425	26 730	29 656	100 890	63 678	45 779	22 990	66 759
23 Einkommen aus Unternehmertätigkeit und Vermögen	15 389	11 841	2 818	- 1 048	5 470	2 239	8 859	10 923	10 486	13 523	28 773
24 Bruttowertschöpfung zu Marktpreisen	30 074	50 742	36 371	20 741	38 652	37 420	124 039	81 960	63 223	56 579	102 426
25 Produktionswert	68 951	112 589	131 322	81 565	92 711	174 918	299 921	163 921	163 343	172 050	197 578

[1]) Umweltschutzleistungen im Produzierenden Gewerbe für eigene Zwecke; Umweltschutzleistungen der Entsorgungsunternehmen und des Staates für Dritte.

sicht 1

gesondertem Nachweis der Umweltschutzleistungen
Produktion —
DM

| Leistungen des Handels, Verkehrs, Postdienstes usw. | Markt bestimmte Dienstleistg. ohne Umweltschutzleistg. | Umweltschutzleistg. 1) | Nicht-marktbestimmte Dienstleistg. ohne Umweltschutzleistg. | zusammen | Letzte Verwendung von Gütern | | | | | | | Gesamte Verwendung von Gütern | Lfd Nr |
| | | | | | Privater Verbrauch im Inland | Staatsverbrauch | Anlageinvestitionen | | Vorratsveränderung | Ausfuhr von Waren und Dienstleistungen | zusammen | | |
							für den Umweltschutz 2)	für sonstige Zwecke 3)					
12	13	14	15	16	17	18	19	20	21	22	23	24	
201	4 599	-	1 244	58 502	8 011		5	316	447	2 564	10 449	68 951	1
6 215	6 996	1 859	5 445	83 764	21 373				777	6 675	28 825	112 589	2
461	4 108	749	10 239	74 232	13 180				816	43 094	57 090	131 322	3
9 119	3 003	499	3 539	43 714	30 914				1 983	4 954	37 851	81 565	4
1 279	1 809	53	1 323	67 975	7 259			16	2 741	14 720	24 736	92 711	5
1 051	421	-	187	138 037	78		5	5 755	1 488	29 555	36 881	174 916	6
5 958	1 997	658	5 527	82 940	34 139		2 087	64 419	7 321	109 015	216 981	299 921	7
2 196	8 100	120	7 214	68 217	14 771		549	29 318	2 691	48 375	95 704	163 921	8
8 350	12 607	106	3 981	78 548	53 249		13	5 492	1 916	24 125	84 795	163 343	9
818	15 915	-	4 011	53 112	105 269				512	14 181	118 938	172 050	10
1 462	8 433	845	4 914	24 409	2 550		6 658	156 754		7 207	173 169	197 578	11
18 264	14 141	267	13 846	132 887	158 404		482	13 294	557	40 312	211 049	343 736	12
35 935	110 547	15	52 249	280 771	206 368	-	407	10 179		10 785	227 739	508 510	13
218	6 557	1 271	8	17 451		1 423					1 423	18 874	14
1 271	114	45	36 895	43 622	27 689	296 477				536	324 702	368 324	15
90 798	199 147	8 287	150 622	1 247 983	681 254	297 900	10 206	285 543	19 331	356 098	1 650 332	2 898 313	16
15 673	17 187	869	15 078	264 322	70 518		281	23 170	431	20 532	114 048	378 370	17
401	4 735	278	9 136	14 550	62 800		924	17 876	-	300	81 900	96 450	18
106 872	221 069	7 434	174 836	1 526 853	814 570	297 900	11 391	326 589	18 900	376 930	1 846 280	3 373 133	19
28 913	57 222	5 863	8 424	173 320									20
- 3 528	12 838	-	259	53 100									21
144 822	89 540	5 222	184 805	840 710									22
66 657	128 043	355	-	304 330									23
236 864	287 441	11 440	193 488	1 371 460									24
343 736	508 510	18 874	368 324	2 898 313									25

2) Ohne Investitionen privater Entsorgungsunternehmen.
3) Einschließlich Investitionen privater Entsorgungsunternehmen

Quelle: Stahmer (1988), S. 64 f. u.a.

Insgesamt muß also festgehalten werden, welche Umweltschutzleistungen produziert, in welchem Ausmaß dafür Investitionen getätigt und Vorleistungen eingesetzt werden, und auch, wie sich Investitionen und Vorleistungen gütermäßig zusammensetzen. Dazu sind folgende Berechnungsschritte notwendig: [19])

(1) Aufstellung der Vorleistungsmatrix für Umweltschutzzwecke nach Wirtschaftsbereichen und Gütergruppen.

(a) Aufgliederung der wirtschaftsbereichsspezifischen Vorleistungen zur (internen) Produktion von Umweltschutzleistungen im produzierenden Gewerbe nach Gütergruppen – ausgehend von der Berechnung der Betriebskosten für Umweltschutzanlagen nach Kostenarten.

(b) Einbeziehung der laufenden Ausgaben der Entsorgungsunternehmen und des Staates nach Gütergruppen, Erfassung der Inanspruchnahme seitens der Wirtschaftsbereiche bzw. der privaten Haushalte und des Staates (Konzeptionelle Besonderheit: Verbuchung der Müllabfuhrgebühr von privaten Haushalten im Wirtschaftsbereich Wohnungsvermietung).

(c) Umrechnung von Anschaffungspreisen zu Ab-Werk-Preisen, d.h. Umbuchung der Handels- und Transportleistungen in die entsprechende Gütergruppe bei Berücksichtigung der nichtabzugsfähigen Umsatzsteuer.

(2) Aufstellung der Matrix der primären Inputs für Umweltschutzzwecke nach Wirtschaftsbereichen, d.h. Berechnung der Abschreibungen, der Differenz aus indirekten Steuern und Subventionen, der Einkommen aus Unternehmertätigkeit und Vermögen sowie der Einkommen aus unselbständiger Arbeit.

(3) Überleitung von Wirtschaftsbereichen zu Produktionsbereichen, d. h. Umsetzung der Umweltschutzausgaben entsprechend der Tabelle der Produktionswerte.

(4) Aufstellung der Matrix der Endnachfragekomponenten, d. h. Schätzung der im privaten Verbrauch, im Staatsverbrauch, in staatlichen und privaten Bruttoinvestitionen und Exporten enthaltenen Umweltschutzausgaben und deren Aufteilung nach Gütergruppen.

Nach der Darstellung der Produktion von Umweltschutzleistungen folgen Angaben zum eingesetzten Anlagevermögen und Zahlen bezüglich der Erwerbstätigen, die mit der Produktion von externen und internen Umweltschutzleistungen beschäftigt sind. Diese erweiterten Input-Output-Tabellen werden in Fünf-Jahres-Abständen erstellt; für die Jahre 1980 und 1985 liegen entsprechende Berechnungen vor.

Zudem werden in Jahresabständen die monetären Umweltschutzleistungen des Produzierenden Gewerbes und des Staates dargestellt. Die gesonderten Veröffentlichungen zeigen die Investitionen, den Wert der Umweltschutzeinrichtungen, die Abschreibungen dieser Vermögen sowie die laufenden Ausgaben (siehe Abbildung 2, S. 203).[20]) Diese monetären Daten decken damit einen Teilbereich eines Satellitensystems „Umwelt" ab.

Ausgangspunkt der monetären Darstellung sind umweltschutzbezogene Investitionszeitreihen des Produzierenden Gewerbes und des Staates – auch differenziert nach den Umweltbereichen Abfallbeseitigung, Gewässerschutz, Lärmbekämpfung und Luftreinhaltung. Diese Investitionen wiederum sind Grundlage für die Berechnung des Anlagevermögens für Umweltschutz

---

[19]) Ryll/Schäfer (1988), S. 152 f.
[20]) Statistisches Bundesamt (1990 c), S.1.

Abbildung 2

**Umweltschutzanforderungen im Produzierenden Gewerbe
und beim Staat**

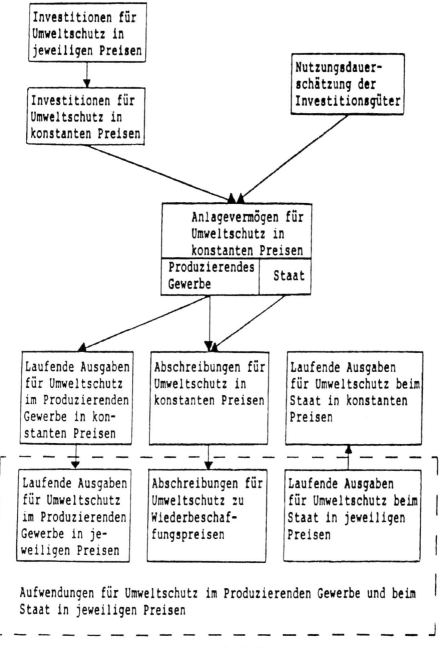

Quelle: Statistisches Bundesamt (1990 c), S. 1

Abfallbeseitigung, Gewässerschutz, Lärmbekämpfung und Luftreinhaltung. Diese Investitionen wiederum sind Grundlage für die Berechnung des Anlagevermögens für Umweltschutz sowie der damit verbundenen Abschreibungen. Die Schätzung und Ermittlung der laufenden Umweltschutzausgaben vervollständigen die Darstellung. Die Ergebnisse werden schließlich zu Gesamtaufwendungen (Abschreibungen und laufende Ausgaben) bzw. Gesamtausgaben (Investitionen und laufende Ausgaben) für Umweltschutzzweke des Produzierenden Gewerbes und des Staates zusammengefaßt.[21])

Derzeit laufen im Statistischen Bundesamt einige Studien mit dem Ziel einer Revision und Erweiterung der bisherigen Berechnungen.[22]) Diese Aktivitäten umfassen eine Überarbeitung der Daten sowie eine verbesserte Erfassung öffentlicher Umweltschutzausgaben, der Umweltschutzaktivitäten privater Haushalte und der Umweltschutzmaßnahmen im Sektor der sonstigen Dienstleistungen.

2.1.3 Erfordernisse einer erweiterten Fassung

Die nationale und internationale Diskussion über umweltökonomische Rechnungslegung während der letzten Jahre hat die Konzepte von Satellitensystemen klargestellt und eine Entwicklung in Richtung auf eine breitere Konzeption gefördert.[23]) In der gegenwärtigen erweiterten Version wird die Aufmerksamkeit zusätzlich nicht nur auf die Verschlechterung der natürlichen Umwelt durch Emissionen gerichtet, sondern auch auf die Ausbeutung natürlicher Ressourcen und die Probleme, die mit der wirtschaftlichen Landnutzung und der Zerstörung von Ökosystemen verbunden sind.

Die entsprechenden monetären Größen werden für den letzteren Tatbestand in der Entstehungsrechnung (analog zur Verbuchung der Wertminderung ökonomischen Kapitals) als Abschreibungsposten zur Umweltqualität ausgewiesen. Bei einer Betrachtung der Verwendungsseite wird die Wertminderung verschiedener Umweltbereiche zusätzlich spaltenweise dargestellt.

Sofern die Bewertungsprobleme gelöst werden, kann das Konzept der nachhaltigen Entwicklung[24]) als grundlegender Maßstab benutzt werden, um eine monetäre Meßgröße für die Ausbeutung und Verschlechterung der natürlichen Aktiva durch die ökonomischen Aktivitäten zu berechnen.

In der Form, wie das Satellitensystem Umwelt in der Bundesrepublik Deutschland bislang konzipiert wurde, kann es zwar als erster Beitrag, jedoch naturgemäß noch nicht als umfassenderes System ökonomisch-ökologischer Berichterstattung angesehen werden, da der Informationsbedarf ökologischer Fragestellungen noch nachrangig behandelt wird. [25]) Allerdings muß in diesem Zusammenhang gesehen werden, daß Satellitensystemen keine abgeschlossene Modellvorstellung zugrunde liegt. Sie sind – wie das Beispiel der Arbeiten im Rahmen der Vereinten Nationen zeigt – entwicklungsfähige Denkansätze, die für eine zukünftige Ausgestaltung alle Optionen offen lassen.

---

[21]) Statistisches Bundesamt (1990 c), S. 2 f.

[22]) Bolleyer/Radermacher (1993), S. 147 ff.

[23]) UNSO (1990), Hamer/Stahmer (1991).

[24]) Vgl. Kapitel „Ansatzpunkte, Ziele und methodischer Rahmen. . .", Abschnitt 2.

[25]) Ryll/Schäfer (1988), S. 130 f.

2.2   Systematischer Ansatz zur Ermittlung einer „Emittentenstruktur"

2.2.1   Anlaß und Zielsetzung

In dem Umweltgutachten 1987 hat der Rat von Sachverständigen für Umweltfragen einen Ansatz zur Ermittlung der „Emittentenstruktur" in der BRD skizziert und zur Diskussion gestellt. [26] Mit der Gewinnung von Daten betreffend die Zusammenhänge zwischen dem Niveau und der Struktur wirtschaftlicher Aktivitäten einerseits, der Umweltbelastung durch die verschiedenen Emissionen andererseits, sollten zugleich Prognosemöglichkeiten und Entscheidungshilfen für die Umweltpolitik verbessert werden, insbesondere auch eine Differenzierung von Maßnahmenempfehlungen ermöglicht werden.

Mit der Erstellung der Grundlagen hierfür in einer systematischen Studie wurde das Fraunhofer-Institut für Systemtechnik und Innovationsforschung (ISI) vom Umweltbundesamt beauftragt. Ziel der Studie war es, „den Einfluß der Wirtschaftsstrukturen und -prozesse auf die Emissionssituation der Bundesrepublik durch Konzeption und versuchsweise Erprobung einer zentralen Datenbasis (Emittentenstruktur) besser analysierbar zu machen." [27]

Die Bemühungen gingen deshalb dahin,

die Methodik einer Emittentenstruktur zu erstellen,

- die damit verbundenen Probleme darzustellen und zu diskutieren,
- die Datenverfügbarkeit zu überprüfen sowie
- das Konzept mittels vorhandener Daten zu erproben.

2.2.2   Methodik

Der besondere Bedarf an Daten zur Emissionssituation resultiert aus dem zu erbringenden Verursachernachweis. Geht man von einer beobachteten Schädigung der Umwelt in Form reiner Immissionswerte aus, dann läßt das oft unzureichende Wissen um natürliche Verteilungs- und Transformationsprozesse eine Identifizierung der verursachenden Aktivität allein aus den Immissionswerten nicht zu. Erforderlich ist demnach eine Erfassung der sektor- und/oder güterspezifischen Emissionswerte (strenggenommen in regionalisierter Form).

Eine umfassende Darstellung der Emittentenstruktur hat eine Reihe von Anforderungen zu erfüllen; [28] insbesondere stellt sich die Aufgabe,

- aufzuklären, welche Emittenten zu den jeweiligen Emissionen beitragen,
- sektorspezifische oder regionale Emissionsschwerpunkte zu benennen, für die weitergehende Analysen erforderlich sind,
- Datengrundlage für gezieltere Umweltschutzmaßnahmen zu liefern. [29]

---

[26] SRU (1987), S. 91 ff.
[27] ISI (1992), S. 3.
[28] ISI (1992), S. 14 f.
[29] SRU (1987), S. 91 ff.

Darüber hinaus liegen die Vorteile einer Erfassung der Emissionsdaten in

– einem genaueren Nachweis bereits erfolgter Emissionsminderungen und damit des umweltpolitischen Erfolges einer Branche,

– der Analysierbarkeit umweltpolitischer Ziele und Strategien auf ihre Auswirkungen in der
Wirtschaft,

– einer gezielten Ausrichtung der Vorsorgemaßnahmen auf die Wirtschaftsbereiche, in denen
die Emissionsentwicklung bedrohlich erscheint.

Darzustellen sind Emittenten und Emissionen in jeweils ausreichend differenzierter schad-
stoffspezifischer Gliederung. Da Emissionen vor allem von wirtschaftlichen und technologischen Entwicklungen determiniert werden, ist es vorteilhaft, diesen Informationsbaustein so
zu konzipieren, daß die Emissionsdaten mit wirtschaftsstatistischen Daten (Systematik der
VGR) verknüpft werden können. Das führt zu dem methodischen Vorgehen, daß als zentrales
Darstellungsinstrument die – um spezifische Branchenemissionskoeffizienten erweiterten –
funktionalen Input-Output-Tabellen des Statistischen Bundesamtes zugrundegelegt werden.[30])

Der input-output-analytische Modellansatz ergibt sich für das ISI aus den Forderungen nach
einer disaggregierten Emittentenstruktur. Der Hauptvorteil der Input-Output-Rechnung liegt
darin, daß indirekte ökonomische und ökologische Auswirkungen von Wirtschaftsprozessen
analysiert werden können. Speziell die Emissionen können so einzelnen Branchen- oder
Produktgruppen zugerechnet werden.

Um die von Produktion und Konsum ausgehenden Emissionen abschätzen zu können, müssen
die spezifischen Emissionen für jeden Produktionsbereich und jeden Endnachfragebereich
erfaßt werden. Alle relevanten Schadstoffe sind dabei in den unterschiedlichen Aggregatzu-
ständen empirisch zu ermitteln und in einer Matrix zusammenzufassen. In den Spalten werden
die einzelnen Produktions- und Endnachfragebereiche, in den Zeilen die verschiedenen
Schadstoffemissionen abgebildet (siehe Abbildung 3, S. 207).

Im Rahmen der Bildung von Produktionsbereichen ist vorgesehen, den sogenannten Umweltdienstleistungssektor gesondert auszuweisen. Dazu werden v. a. aus den ,,Sonstigen marktbestimmten Dienstleistungen" und aus den ,,Leistungen der Gebietskörperschaften" die Bereiche
Abwasserbehandlung in öffentlichen Kläranlagen, Müllverbrennung sowie Deponierung von
Abfällen aus den relevanten Branchen ausgegliedert. Zudem soll auch der ,,Recycling-Sektor"
aus den Aggregaten der 58 Produktionsbereiche herausgelöst werden, sofern es sich um
prozeßexternes Recycling handelt.

Bei der Darstellung muß auch unterschieden werden, ob erstens die Emissionen direkt ohne
weitere Umwandlung in die Umwelt gelangen oder zweitens dem ,,Umweltdienstleistungssek-
tor" zugeleitet werden. Ein dritter Teilstrom sind die Primäremissionen, die noch ,,vor Ort"
reduziert werden. Daraus resultiert eine Dreiteilung der Matrix der Emissionskoeffizienten:

– Direktemissionen,

– intern behandelte Emissionen,

– extern nachbehandelte Emissionen.

---

[30]) ISI (1990), S. 18 und 20 f. sowie ISI (1992), S. 16.

Abbildung 3

Erweiterte Input-Output-Tabelle mit ausgewiesenem Recycling- und Umweltdienstleistungssektor und angeschlossener Tabelle der spezifischen Emissionskoeffizienten der Produktionsbereiche

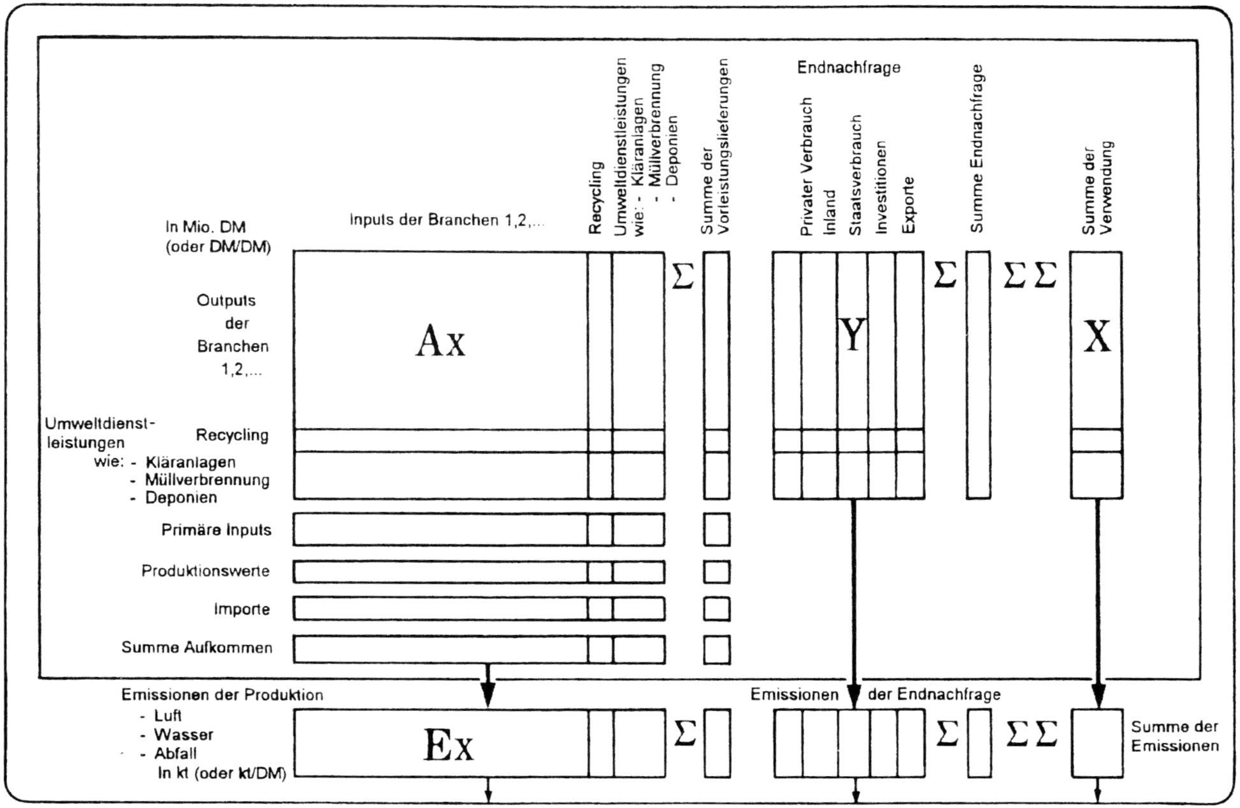

Quelle: ISI (1992), S. 26

Für die Berechnung der benötigten Emissionskoeffizienten stellt die amtliche Statistik jedoch nicht in ausreichendem Maße Daten zur Verfügung, so daß auf andere Informationsquellen zurückgegriffen werden muß. Vor allem das Wissen über die Schadstoffemissionen einzelner technischer Prozesse (technische Emissionskoeffizienten) und auch zulässige Grenzwerte leisten hier eine wichtige Hilfestellung. Gerade die technisch berechneten Emissionskoeffizienten eignen sich, Emissionseffekte aus Veränderungen der Produktions- und Umwelttechnologie zu analysieren.

Das ISI kommt so bezüglich der Handhabbarkeit zu folgendem Schluß:

„Auch wenn manche Emissionskoeffizienten heute noch auf der Basis unzureichender Ausgangsdaten berechnet bzw. abgeschätzt werden müssen, so ist es doch systematisch ohne große Probleme möglich, eine Verknüpfung der verfügbaren Emissionsdaten mit den funktional aggregierten Input-Output-Tabellen zu gewährleisten." [31])

2.2.3 Analysemöglichkeiten

Wird das ökonomische komparativ-statische Input-Output-Modell um spezifische Emissionsfaktoren erweitert, erhält man ein komfortables Analyseinstrument. Untersuchbar sind damit die Zusammenhänge zwischen ökonomischen Aktivitäten, technischem Wandel, Umweltpolitik und Schadstoffemissionen. [32])

So können die Veränderungen der direkten und indirekten Emissionen infolge ökonomischer Strukturveränderungen (z. B. Nachfragestruktur, Produktmix eines Produktionsbereiches u. a.) analysiert, der Zusammenhang zwischen ökonomischem Wachstum und Veränderung der Emissionen über die Zeit dargestellt oder auch die Auswirkungen von Änderungen der Umweltschutztechnik, des Recyclings und der umweltpolitischen Rahmenbedingungen auf die direkten und indirekten Emissionen nachgerechnet werden.

Auf dieser Grundlage kann ermittelt werden, welche Umweltschutzbereiche bzw. Produkte ausgeweitet und/oder welche traditionellen Sektoren bzw. Produkte zurückgenommen werden müßten, um das gesamte Emissionsvolumen zu senken bzw. die Gefährlichkeit, die aus der Emissionsstruktur resultiert, zu reduzieren. Dazu ist es sinnvoll, besonders gefährliche Emissionsarten zu kennzeichnen. Derartige Analysen liefern dann Anhaltspunkte für eine ökologisch orientierte Strukturpolitik.

Zudem ist es möglich, die ökologischen Effekte von Umweltschutzmaßnahmen zu eruieren und die wirksamste Strategie zur Minderung des Emissionsvolumens aufzudecken. Wie verändern sich Niveau und Struktur der Gesamtemissionen bei einer Steigerung der Umweltschutzaktivitäten bzw. bei einer Förderung bestimmter Umweltbereiche? Erkennbar sein muß zusätzlich, welche sekundären Belastungseffekte auch von Umweltschutzanlagen ausgehen können. Die Entscheidungshilfe besteht dann darin, daß es „End-of-Pipe-Technologien" geben kann, bei deren Anwendung sich die Emissionssituation verschlechtert, so daß es sinnvoller wäre, auf den Einsatz zu verzichten bzw. nur präventionsorientierte Maßnahmen zu ergreifen.

---

[31]) ISI (1990), S. 40.
[32]) Ebert/Klaus/Reichert (1991), S. 164 f bzw. ISI (1990), S. 51-53.

Emissionsverflechtungen sollten so umfassend wie möglich verfolgt werden können. Zum einen ist über die verursachenden, ökonomischen Aktivitäten hinausgehend nach der spezifischen Herkunft der Emissionen zu fragen (z. B. SO_2 aus der Energieerzeugung in Zusammenhang mit Menge und Qualität von geförderter Kohle). Auf der anderen Seite ist der Verbleib der Schadstoffe darzustellen. Erforderlich sind Angaben zu Emissionen, die in technischen Anlagen vermindert bzw. umgewandelt werden, genauso wie Informationen zu Schadstoffen, die natürliche Prozesse und Umweltbestände qualitativ direkt beeinflussen. Die umweltpolitische Bedeutung solcher Verflechtungsanalysen liegt vor allem in der Erkennung von Schwerpunkten und in der Planung gezielter Minderungsstrategien.[33])

In der Systematik der Autoren bietet das Modell folgende Analysemöglichkeiten:[34])

1. Darstellung der direkten Emissionen aus Produktion und Nachfrage (nach Produktions- und Endnachfragebereichen disaggregiert).

2. Ermittlung der indirekten Emissionen der Produktion auf verschiedenen Vorleistungsebenen (nach Produktionsbereichen disaggregiert).

3. Veränderungen der direkten und indirekten Emissionen aufgrund bereits stattgefundener und zukünftiger ökonomischer Strukturveränderungen:

   - Veränderungen in der Nachfragestruktur,

   - Veränderungen innerhalb des Produktmixes eines Produktionsbereichs,

   - Verschiebungen zwischen verschiedenen Produktionsbereichen,

   - Veränderungen in der Struktur des Energieträgereinsatzes,

   - Veränderungen in Volumen und Struktur der Exporte,

   - Veränderungen in Volumen und Struktur der Importe.

4. Zusammenhang zwischen ökonomischem Wachstum und Veränderung der Emissionen über die Zeit.

5. Anteil der Umweltdienstleistungen an der Produktion und den Investitionen.

6. Auswirkungen von Veränderungen in der Zusammensetzung des Kapitalstocks auf direkte und indirekte Emissionen.

7. Auswirkungen vergangener und zukünftiger technischer Veränderungen auf die direkten und indirekten Emissionen:

   - technische Veränderungen in Endnachfragebereichen,

   - Produktverbesserung,

   - Produktsubstitution,

   - technische Veränderungen in der Produktion,

   - „End-of-Pipe-Technologien",

   - integrierter Umweltschutz,

   - technische Veränderungen im Bereich der Umweltdienstleistungen,

---

33) SRU (1987), S. 94.
34) ISI (1992), S. 47 f.

- „End-of-Pipe -Technologien“,

- integrierter Umweltschutz.

8. Auswirkungen von Veränderungen im Bereich des Recycling auf die direkten und indirekten Emissionen:

   - Erhöhung von Recyclingraten,

   - Ausdehnung des Recycling auf andere Güter bzw. Stoffe,

   - technische Veränderungen im Recyclingprozeß,

   - technische Veränderungen beim Recycling eingesetzter „ End-of-Pipe-Umwelttechnologien“.

9. Auswirkungen veränderter umweltpolitischer Rahmenbedingungen auf die direkten und indirekten Emissionen:

   - veränderte Emissionsgrenzwerte im Bereich der Endnachfrage,

   - veränderte Emissionsgrenzwerte für einzelne Prozesse oder Prozeßgruppen,

   - Verbot bestimmter Stoffe oder Stoffgruppen (z. B. FCKW),

   - veränderte Anforderungen an durchzuführendes Recycling,

   - Anforderungen an Abwärmenutzung,

   - höhere staatliche Eigenaktivitäten im Bereich der allgemeinen Umweltdienstleistungen.

10. Zusammenhänge zwischen ökonomischen Veränderungen im Bereich institutionell abgegrenzter Erfassungseinheiten und direkter Emissionen.

Nach der Einschätzung der Autoren hat das entwickelte Modell „in den ersten Analysen schon ein erhebliches praktisches Nutzenpotential unter Beweis gestellt. Es wird empfohlen, die Emittentenstruktur weiter auszubauen und als festen Bestandteil der Umweltstatistik zu etablieren.“ [35]

Um einige im Zusammenhang mit dem Aufbau einer Emittentenstruktur noch offene konzeptionelle Fragen zu klären, wurden vom Statistischen Bundesamt im Anschluß an die ISI-Studie weitere Forschungsaufträge vergeben. Sie haben zum Ziel u.a. die Erstellung von Emissionsinventaren für die Bereiche Luft und Wasser, deren Verknüpfung mit der Input-Output-Rechnung sowie die Integration der Emissionsdaten für die neuen Länder in die UGR. [36]

2.3 Methodische und empirische Ergebnisse hinsichtlich „Kosten der Umweltverschmutzung / Nutzen des Umweltschutzes“

2.3.1 Zielsetzung, Themenbereiche und Fragestellungen des Forschungsschwerpunktprogrammes

Im Jahr 1985 wurde vom Bundesministerium für Umwelt, Naturschutz und Reaktorsicherheit ein Forschungsschwerpunktprogramm zu den Kosten der Umweltverschmutzung bzw. dem Nutzen des Umweltschutzes angeregt. Zielsetzung war dabei die „umfassende, wissenschaftlich verläßliche und „möglichst“ flächendeckende Ermittlung der Umweltschäden für die Bundesrepublik Deutschland.“ [37]

---

[35] ISI (1992), Berichtskennblatt; erläuternd dazu: S. 301 ff.
[36] Bolleyer/Radermacher (1993), S. 141.
[37] Schulz/Schulz (1989), S. 14.

Das Programm ist abgeschlossen. Damit können Teilbereiche der monetären Bausteine von Umweltsatellitensystemen und Umweltökonomischer Gesamtrechnung abgedeckt werden. Eine Zusammenfassung der Ergebnisse ist 1991 erschienen. [38]) Eine Wertung im Hinblick auf die Bezüge zu der Umweltökonomischen Gesamtrechnung ist ebenfalls vorgelegt worden. [39])

Das Programm folgte nach mehreren, sehr unterschiedlich angelegten empirischen Untersuchungen verschiedener Personen bzw. Institutionen, die jede für sich aufgrund ihrer methodischen Besonderheiten nur von begrenztem Exemplarwert für eine Umweltökonomische Gesamtrechnung sein können. Den Gesamtrahmen vermittelt die folgende Übersicht 2.

Übersicht 2
Forschungsschwerpunktprogramm des Bundesministeriums für Umwelt, Naturschutz und Reaktorsicherheit

Heinz, I., R. Klaaßen-Mielke u. S. Barth: Ökonomische Bewertung von Gesundheitsschäden durch Luftverunreinigungen. INFU, Institut für Umweltschutz der Universität Dortmund, Dortmund. Juli 1987, UFO-Plan-Nr. 101 03 110 - 01. Inzwischen erschienen als: Krankheitskosten durch Luftverschmutzung, Wirtschaftswissenschaftliche Beiträge, Band 28, Physica-Verlag, Heidelberg 1990.

Isecke, B., M. Weltchev u. I. Heinz: Volkswirtschaftliche Verluste durch umweltverschmutzungsbedingte Materialschäden in der Bundesrepublik Deutschland, Bundesanstalt für Materialforschung und -prüfung (BAM) und Institut für Umweltschutz, Universität Dortmund, Berlin und Dortmund, Oktober 1990, UFO-Plan-Nr. 101 03 110 - 02.

Hampicke, U., Th. Horlitz, H. Kiemstedt, K. Tampe, D. Timp, M. Walters: Die volkswirtschaftliche Bedeutung des Arten- und Biotopschwundes in der Bundesrepublik Deutschland, Kassel, Oktober 1990, UFO-Plan-Nr. 101 03 110 - 04.

Willeke, R., N. Weinberger u. G. Thomassen: Kosten des Lärms in der Bundesrepublik Deutschland, Institut für Verkehrswissenschaft an der Universität zu Köln, Köln, März 1990, UFO-Plan-Nr. 101 03 110 - 05.

Klockow, S., U. Matthes unter Mitwirkung v. C. Trepplin u. M. Voltenauer-Lagemann sowie Fachberatung v. U. Ammer, M. Behrens-Egge, W. Nohl, U. Probsti, H. Scharpf u. H. H. Wöbse: Volkswirtschaftliche Kosten durch Beeinträchtigung des Freizeit- und Erholungswertes aufgrund der Umweltverschmutzung in der Bundesrepublik Deutschland. PROGNOS-AG u. SOCIALDATA, Basel u. Berlin, Mai 1990, OFO-Plan-Nr. 101 03 110 - 06.

Rasmussen, T., A. Makies u. J. Ohde u. Mitwirkung der Experten P. Dehus, V. Dethlefsen, J. Deufel, H. Möller u. W. Weber: Umweltverschmutzungs- und andere anthropogenbedingte Einkommensverluste der Fischwirtschaft in der Bundesrepublik Deutschland, FUTURAS - Forschungsinstitut für Umwelt, Technologie und Unternehmensplanung GmbH & Co. KG, Hamburg, Mai 1990, UFO-Plan-Nr. 101 03 100 - 07.

Winje, D., H. Homann, H.-P. Lühr u. E. Bütow: Der Einfluß der Gewässerverschmutzung auf die Kosten der Trink- und Brauchwasserversorgung in der Bundesrepublik Deutschland, TU Berlin, Berlin, Mai 1990, UFO-Plan-Nr. 101 03 110 - 08.

Hübler, K.-H., G. Schablitzki u. Mitwirkung v. D. Höppe, P. Mayenknecht u. D. Schindler sowie beratender Mitwirkung v. A. Koloke: Volkswirtschaftliche Verluste durch Bodenbelastung in der Bundesrepublik Deutschland. IfS Institut für Stadtforschung und Strukturpolitik GmbH, Berlin, März 1990, UFO-Plan-Nr. 101 03 110 - 09.

Schluchter, W., U. Elger u. H. Hönigsberger in Zusammenarbeit mit W. Pflügner u. T. Schrader: Die psychosozialen Kosten der Umweltverschmutzung, IST-GmbH; Gesellschaft für angewandte Sozialwissenschaft und Statistik, Berlin-Heidelberg, Berlin und Heidelberg, November 1989, UFO-Plan-Nr. 101 03 110 - 10.

Holm-Müller, K., H. Hansen, M. Klockmann u. P. Lutner: Die Nachfrage nach Umweltqualität in der Bundesrepublik Deutschland, IfS Institut für Stadtforschung und Strukturpolitik GmbH, Berlin, Mai 1990, UFO-Plan-Nr. 101 03 110 - 11.

Quelle: Endres et al. (1991), S. 14 f

---

[38] Endres et al. (1991).
[39] Zusätzlich zu der voranstehend zitierten Publikation vgl. auch Zimmermann (1992).

Entwickelt wurde für das eingangs genannte Forschungsschwerpunktprogramm ein „in sich geschlossenes modulartig aufgebautes Forschungsdesign."[40]) Die Umweltschadenskosten sollten damit unter verschiedenen Blickwinkeln untersucht werden:

-   Medienspezifisch (Luft, Wasser, Boden, Lärm),

-   Aggregatsspezifisch (private Haushalte, Unternehmen, Staat),

-   Branchenspezifisch (Land- und Forstwirtschaft, Fischerei, Fremdenverkehrs-, Bau- und Wohnungs- sowie Wasserversorgungswirtschaft),

-   Schadensspezifisch (Gesundheits- und Materialschäden, Schäden im Bereich Fauna und Flora, immaterielle Schäden).

Besonders zu betonen ist, daß neben den materiellen auch immaterielle Umweltwirkungen erfaßt werden sollten (z. B. physiologische Kosten der Umweltverschmutzung, Einbußen an „Non-User-Benefits"). Das Programm setzt sich aus zehn Forschungsvorhaben zusammen, in denen die am besten geeigneten Verfahren aus den bis zu fünfzig denkbaren Bewertungsansätzen diskutiert werden. [41]) Die Teilprogramme beziehen sich auf folgende Bereiche:

-   Gesundheitsschäden durch Luftverunreinigungen,

-   Umweltverschmutzungsbedingte Materialschäden,

-   Volkswirtschaftliche Bedeutung des Arten- und Biotopschutzes,

-   Volkswirtschaftliche Verluste durch Lärm,

-   Volkswirtschaftliche Kosten durch Beeinträchtigung des Freizeit- und Erholungswertes,

-   Umweltverschmutzungsbedingte Einkommensverluste in der Fischereiwirtschaft,

-   Einflüsse der Gewässerverschmutzung auf die Kosten der Wasserversorgung,

-   Volkswirtschaftliche Verluste durch Bodenbelastung,

-   Psychisch-soziale Kosten der Umweltverschmutzung,

-   Nachfrage nach Umweltqualität.

Die Initiierung des Forschungsprogramms war mit der Hoffnung verbunden, Methoden zu testen bzw. zu entwickeln, mittels derer quantitative Anhaltspunkte über Größenordnungen von Kosten bzw. Nutzen im Umweltbereich zu gewinnen wären. Damit könnten neben der Information der Öffentlichkeit auch besondere Hinweise für die Orientierung umweltpolitischer Maßnahmen resultieren. Besondere Schwerpunkte lagen auf den Fragen [42])

-   nach dem Ausmaß, in dem sich Umweltschutzmaßnahmen gesamtwirtschaftlich lohnen,

-   nach den Möglichkeiten, mittels der Kenntnis von Nutzen- und Kostenrelationen den regionalen, medialen und temporalen Mitteleinsatz im Umwelschutz zu optimieren,

-   nach Anhaltspunkten für eine Kalkulation verursachergerechter Preise,

---

[40]) Endres et al. (1991), S. 14.
[41]) Schulz/Schulz (1989), S. 43 ff.
[42]) Endres et al. (1991), S. 10 ff.

– nach den Möglichkeiten, über Fortentwicklung und Erprobung monetärer Bewertungsmethoden die Entwicklung einer Umweltökonomischen Gesamtrechnung zu fördern, und die Diskussion um umweltpolitische Prioritäten zu versachlichen.

2.3.2 Methodenspektrum der Studien

Eine Synopse der thematisch sehr unterschiedlichen Ansätze zeigt einen für Monetarisierungsbemühungen äußerst wichtigen Tatbestand: Je nach Sachzusammenhang mußten zum Teil sehr unterschiedliche Erfassungsmethoden gewählt werden,[43]) die zugleich eine (gedachte) Verbuchung monetärer Kosten bzw. Nutzen an sehr unterschiedlichen Stellen eines volkswirtschaftlichen Rechnungszusammenhangs erfordern.

Die unterschiedlichen Methoden weisen (z. T. auch in kombinierter Anwendung) eine große Vielfalt auf:

1. Die Erfassung mittelbar anfallender Kosten, etwa in Form von Einkommensverlusten und Produktionsausfällen: Als sinnvoll erwies sich dieses methodische Vorgehen im Fall der Auswirkungen, die von Luftverunreinigung, Lärm, und Bodenbelastung ausgehen sowie diejenigen, die in der Fischerei und im Freizeit- und Erholungsbereich anfallen.

2. Die Analyse von Anpassungsreaktionen: Kosten, die zum Ausgleich von Wirkungen aus Umweltverschlechterungen in Kauf genommen werden, treten zunächst bei Krankheitsbehandlung und bei Reparaturen von Materialschädigungen auf, darüber hinaus in Gestalt der Aufbereitungskosten bei der Trinkwassergewinnung. Sie schlagen sich vielfach auch unmittelbar in Verbrauchsausgaben der privaten und den Ausgaben der öffentlichen Hand nieder.

3. Die Analyse von Marktpreisdifferenzen: Mietpreissenkungen, die auf dem Markt als Folge von Lärmbelastungen eintreten, spiegeln der Tendenz nach die Wertverschlechterung von Immobilien wider. Allerdings treten in diesem Bereich besondere Zurechnungs- und Signifikanzprobleme auf.

4. Befragungen nach der Zahlungsbereitschaft: Sie zielen auf eine monetäre Verzichtswilligkeit einer Gruppe von Personen zugunsten einer Verbesserung der Umweltqualität ab. Sie sind in sehr verschiedenen Einzelstudien vorgenommen worden. Für verwertbare Ergebnisse ist die Wahl der Fragestellung selbst sowie die Stützung der Vorstellungskraft der Befragten maßgeblich. Da einerseits Aggregationen von Befragungsergebnissen über einzelne Umweltbereiche nicht zulässig sind, andererseits aber auch die Sicherung zuverlässiger Einzelergebnisse durch ,,Einkreisungsverfahren" nicht voll gewährleistet ist und eine Fülle weiterer methodischer Probleme besteht, können Befragungsmethoden nur äußerst vorsichtig zu interpretierende Ergebnisse liefern.

Ein wichtiges Ergebnis des mit diesen Methoden durchgeführten Analyseprogramms ist es, zu verdeutlichen, wie heterogen die Zugangsmöglichkeiten zu den Bewertungen auf dem vorliegenden Gebiet sind. Dies führt zu der Folgerung, daß sich die Forschung bei Kosten- und Nutzenschätzungen auf dem Gebiet von Umweltschutzaktivitäten ,,weniger auf die Schätzung von

---

[43]) Überblick bei Junkernheinrich/Klemmer (1992).

Globalzahlen, sondern . . . eher auf bereichsbezogene Betrachtungsweisen konzentrieren sollte." [44])

2.3.3 Bezüge zu einer umweltökonomischen Berichterstattung

Aufgrund der Auswertung der Einzelstudien werden Zweifel daran geäußert, ob bzw. inwieweit ein voll VGR-kompatibles System Umweltökonomischer Gesamtrechnungen aufgebaut werden kann, ,,insbesondere, wenn der Wunsch dahin geht, eine möglichst genaue Vorstellung vom Umfang der ökologischen Folgekosten zu gewinnen, um eine solche Wertgröße dann anschließend von den klassischen Sozialproduktgrößen abzuziehen". [45]) Die Konsequenz hiervon wäre, daß andere Darstellungsmethoden für die Ergebnisse gewählt werden müßten, die eine sachgerechte umweltökonomische Berichterstattung ermöglichen. Innerhalb eines Satellitensystems kann dann tendenziell durchaus das Interesse befriedigt werden, ein Mengen- und Wertgerüst zur Verfügung gestellt zu bekommen, das rationale Nutzen-Kosten-Abwägungen ermöglicht und das von allen beteiligten und betroffenen Gruppen der Gesellschaft als sachbezogener Beitrag sowie als Ausgangspunkt für gemeinsame Konfliktklärungen in der Umweltpolitik akzeptiert werden könnte. [46])

Insgesamt ist damit der Wert des skizzierten Forschungsschwerpunktprogramms für die Umweltökonomischen Gesamtrechnungen je nach Projekt sehr unterschiedlich. Da ein laufendes, periodisches Berichtssystem angestrebt wird, können die monographischen, isolierten Fallstudien nur erste Anhaltspunkte über quantitative Zusammenhänge liefern. Dies gilt auch für ähnlich geartete Untersuchungen; ein besonderes Beispiel hierfür ist eine vom Umweltbundesamt in Auftrag gegebene Methodenstudie und empirische Nutzen-Kosten-Untersuchung über neun ausgewählte Umweltschutzmaßnahmen mit Kurzcharakterisierungen von 114 Wirtschaftlichkeitsuntersuchungen. [47]) Unter dem Gesichtspunkt einer laufenden Berichterstattung sowie in Anbetracht der bestehenden und vielfältigen Kontroversen bezüglich Methodik, Interpretation und Stellenwert der Ergebnisse ist noch viel Entwicklungsarbeit für ein zweckgerechtes Darstellungssystem zu leisten.

3   Umweltökonomische Gesamtrechnungen als integrative Berichts- und Analysesysteme

3.1   Intention und Synthesekonzept

3.1.1   Orientierung und Ziele der Umweltökonomischen Gesamtrechnungen

Wie in den vergangenen Abschnitten deutlich wurde, haben sich die Bemühungen um eine Umweltberichterstattung auf internationaler Ebene und in den einzelnen Staaten in zwei wesentliche Richtungen entwickelt:

Eine stärker ökonomisch orientierte Konzeption führte zu einem Environmental Accounting im Sinne eines Satellitensystems zu den Volkswirtschaftlichen Gesamtrechnungen. Zu diesem Ansatz wurden, wie bereits skizziert, auch in der Bundesrepublik relativ früh umfangreiche Vorarbeiten geleistet. Demgegenüber sind in einer Reihe von Ländern Systeme einer stärker

---

[44]) Endres et al. (1991), S. 75.
[45]) Endres et al. (1991), S. 79.
[46]) Endres et al. (1991), S. 87.
[47]) Umweltbundesamt (Hrsg., 1992).

ökologisch orientierten, teilweise breit angelegten, vielfach jedoch auch ausschnittweisen Umweltbeobachtung entwickelt worden. Wesentliches Anliegen war in vielen Fällen, „daß die sektorale und regionale Umweltbeobachtung (nach dem Zustand der Medien, für einzelne Pflanzen und Tierarten, für einzelne Biotope, für einzelne umweltrelevante Chemikalien) einerseits ergänzt und komplettiert wird, andererseits aber in eine integrierte Umweltbeobachtung überführt werden muß (sog. umfassendes Bio - Monitoring), die auch eine Beobachtung von Ökosystemen als Ganzes (nach unterschiedlichen Typen) ermöglicht." [48])

In den Umweltökonomischen Gesamtrechnungen (UGR) des Statistischen Bundesamtes wird gegenüber derartigen spezifischen Ausrichtungen „ein gemeinsames ökonomisch-ökologisches Berichtssystem" [49]) angestrebt. Als offenes leicht veränderbares System sind die UGR „ein Ansatz, der Elemente aus Umweltbeobachtungssystemen mit umwelt- oder wirtschaftsstatistischen Elementen so verbindet, daß daraus Rückschlüsse auf die Beziehung zwischen sozioökonomischen Prozessen und dem Zustand von Natur und Umwelt abgeleitet werden können" (siehe Abbildung 4, S. 216).[50])

In diesem Gesamtrahmen kann die „Integrierte Volkswirtschaftliche und Umweltgesamtrechnung als [...] wichtiges Datensystem im Rahmen des Analyseteils der Umweltökonomischen Gesamtrechnung angesehen werden". [51])

3.1.2 Aufgabenbereiche und Standortbestimmung

Das Gesamtsystem der Umweltökonomischen Gesamtrechnungen ist angelegt auf eine nach Arten und Aufbereitungsniveau differenzierte Informationsvermittlung:

- Datenbeschaffung aus unterschiedlichen gesellschaftlichen Bereichen (Institutionen),

- systematische Aufbewahrung und Aufbereitung ökonomischer Daten nach thematischen Feldern,

- problemorientierte Analysen unterschiedlicher Methodik,

- zielentsprechende Datenveröffentlichungen.

Für diese differenzierte Aufgabenstellung sind eine Reihe von Anforderungen zu erfüllen[52]) und besondere Methoden zur Erfassung, Verwaltung, Aufbereitung und Auswertung der Daten zu entwickeln. Von besonderer Bedeutung hierfür ist der Aufbau einer Datenbank (UGR-Informationssystem UGRIS in Verbindung mit einem GEO-Informationssystem STABIS,[53]) die sowohl laufende Berichterstattung als auch spezielle Analysen ermöglicht, deren Ergebnisse wiederum in der Datenbank selbst gespeichert werden.

Die Umweltökonomischen Gesamtrechnungen nimmt mit ihrer spezifischen Ausrichtung eine wichtige Stellung im Gesamtrahmen der gesellschaftlichen Berichtssysteme ein. [54]) Ihre Standortbestimmung ist aus der Abbildung 5 (siehe S. 217) zu ersehen.

---

48) Beirat „Umweltökonomische Gesamtrechnung" (1992), S. 44.
49) Beirat „Umweltökonomische Gesamtrechnung" (1992), S. 44.
50) Radermacher (1992), S. 413.
51) Beirat „Umweltökonomische Gesamtrechnung" (1992), S. 61.
52) Dickertmann (1991), S. 28 f. und Radermacher (1992), S. 413.
53) Radermacher (1992), S. 411.
54) Dickertmann (1991), S. 33 ff.

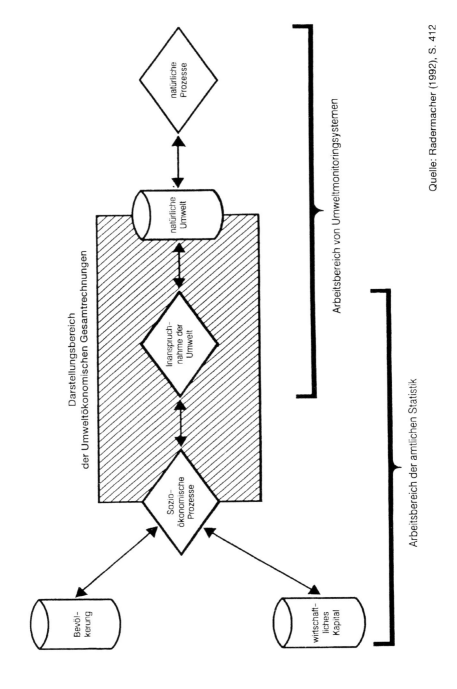

Abbildung 4

Standort der Umweltökonomischen Gesamtrechnungen

Quelle: Radermacher (1992), S. 412

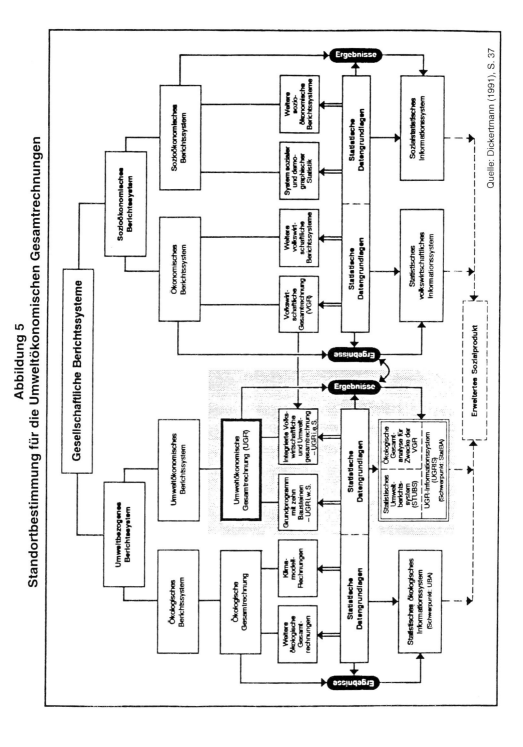

Abbildung 5

Standortbestimmung für die Umweltökonomischen Gesamtrechnungen

Quelle: Dickertmann (1991), S. 37

3.2   Aufbau und mögliche Module sowie Analyseebenen

3.2.1   Darstellungsgegenstände

Die eingehende Diskussion um ein 1990/1991 vorgelegtes Konzept zu den Umweltökonomischen Gesamtrechnungen [55]) hat deren wesentliche Darstellungsbereiche herauskristallisiert. Sie beziehen sich zunächst auf fünf Erfassungsfelder (siehe Abbildung 6, S. 219):

1. Umweltbezogene ökonomische Aktivitäten, bei denen aktuelle Kosten des Umweltschutzes anfallen. Hier steht die Gliederung nach Wirtschaftssektoren sowie nach den Umweltschutzbereichen und Kostenarten im besonderen Interesse.

2. Nutzung natürlicher abiotischer und biotischer Rohstoffe und Elementargüter. Aufwendungen für Ersatztechnologien, Einsparmaßnahmen und Erschließung neuer Lagerstätten sind zusätzlich gegenüberzustellen. Entnahme- und Verwendungsbereiche sind zu spezifizieren. Bilanzierungen werden angestrebt.

3. Emissionen und deren Entstehung sowie deren Verbleib. Produktionstechnologien, Entsorgungsarten, Recyclingverfahren und endgültiger Ausstoß von Reststoffen sind hier in spezifischer Aufgliederung zu erfassen und zu analysieren.

4. Räumliche Nutzung der Umwelt. Zustandsbeschreibungen und Konfliktsituationen sind, auch unter besonderer Anwendung von Angaben des statistischen Systems zur Bodennutzung, STABIS, für die Zwecke einer umweltpolitischen Analyse quantitativ zu beschreiben.

5. Der qualitative Zustand der Umwelt und seine Veränderungen. Für Immissionszustände sind vielfältige Einzeldaten, Belastungsindikatoren und auch komplexe Schädigungsbeschreibungen heranzuziehen und zu Meßziffern zu verdichten.

Monetäre und nicht-monetäre Bewertungen können in den unterschiedlichen Feldern vorgenommen werden (siehe Abbildung 7, S. 220). Die Methodik solcher Bewertungen bedarf noch besonderer Forschungsanstrengungen (siehe Übersicht 3, S. 221).[56])

3.2.2   Analyseebenen

Die konkrete Ausgestaltung der Module in dem Gesamtsystem der Umweltökonomischen Gesamtrechnung hängt nicht nur von den sachlichen Bereichen (Emissionen oder Immissionen) ab, sondern von unterschiedlichen, für die jeweilige Fragestellung erforderlichen Analyseebenen und Darstellungsformen. Zu unterscheiden sind mindestens vier Ebenen für die Erstellung bzw. Aufbereitung der umweltrelevanten Informationen (siehe Abbildung 8, S. 222). [57])

1. Die unterste Ebene (im Sinne der Bearbeitungsintensität für Umweltdatenbestände) wird zunächst durch das UGR-Informationssystem UGRIS als umfassende Datenbeschaffungs- und -verwaltungsebene gegeben. Dies ist die Ebene des geringsten Abstraktionsgrades.

---

[55]) Hölder et al. (1991), S. 20 ff. und 81 ff., Statistisches Bundesamt (1991 a), S. 46 ff. sowie Radermacher (1992), S. 413 f.
[56]) Radermacher (1992), S. 414 f.
[57]) Radermacher (1992), S. 416.

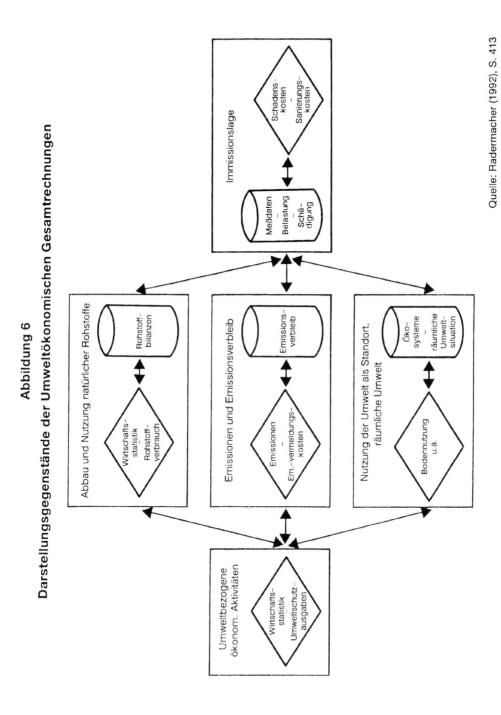

Abbildung 6

Darstellungsgegenstände der Umweltökonomischen Gesamtrechnungen

Quelle: Radermacher (1992), S. 413

Abbildung 7

Umweltökonomische Gesamtrechnungen: Zusammenhänge zwischen Analysebausteinen

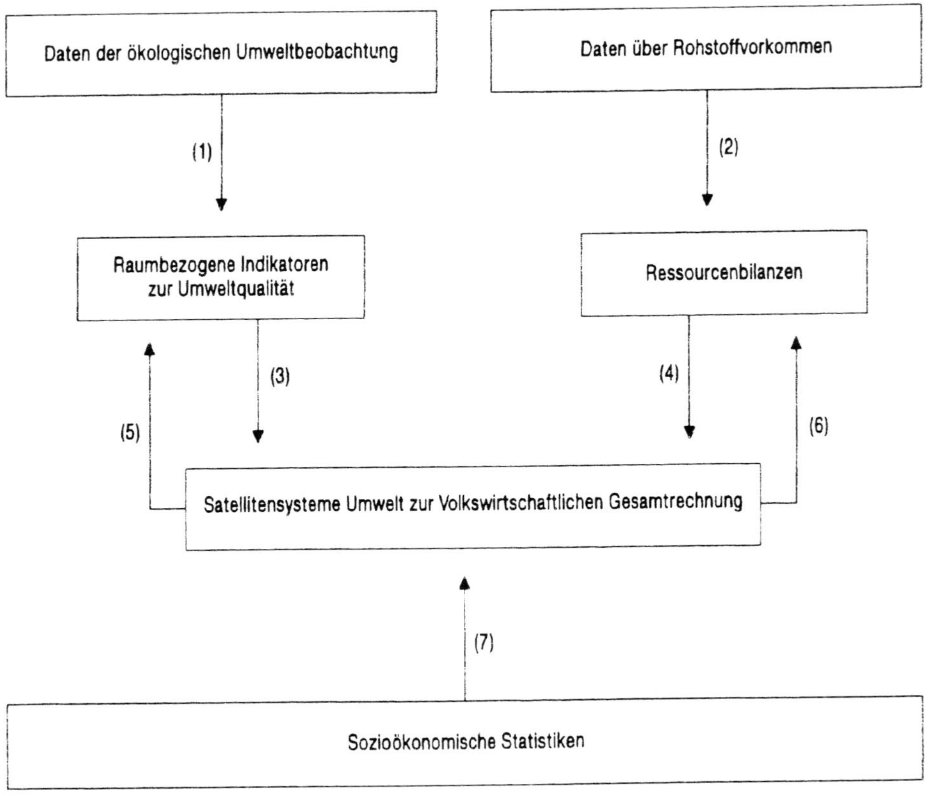

Verbindungsglieder

(1) Indikatoren des Zustandes von Umweltelementen und Ökosystemen

(2) Daten über physische Rohstoffbestände

(3) Fiktive Emissionsvermeidungskosten

(4) Fiktive Kosten der Ressourcenverknappung

(5) Emittentenstruktur

(6) Rohstoffverbrauchsstruktur

(7) Umweltschutzmaßnahmen, Produktion,....

Daten über Rohstoffvorkommen

Daten der ökologischen Umweltbeobachtung

Ressourcenbilanzen

Raumbezogene Indikatoren zur Umweltqualität

(2)

(6)

(4)

(1)

(3)

(5)

(7)

Satellitensysteme Umwelt zur Volkswirtschaftlichen Gesamtrechnung

Sozioökonomische Statistiken

Quelle: Radermacher (1992), nach: Vorlage von Friend (1991)

Übersicht 3

Darstellungsdimensionen der Umweltökonomischen Gesamtrechnungen

Art der Fragestellung	Merkmal	Dimension	Gliederung
Ausgaben	Rohstoffverbrauch, Umweltschutz, Sanierung, Flächenverbrauch	Marktpreise	Periodenbezogen nach Art des Merkmals und nach Sektoren
Ursachen	Rohstoffverbrauch, Emissionen, Flächenverbrauch	Physische Einheiten	Periodenbezogen nach Art des Merkmals und nach Sektoren
Wirkungen	Raumnutzung, Belastungsfaktoren, Bioindikatoren	Physische Einheiten und Qualitäten	Zeitlich unregelmäßig nach Art des Merkmals, nach Umweltmedien/-problemen und nach geographischer Lage
Abschreibungen	Rohstoffverbrauch, Emissionen, Flächenverbrauch	Kosten zur Erreichung eines umweltverträglichen Standards	Periodenbezogen nach Art des Merkmals und nach Sektoren

Quelle: Radermacher (1992), S. 415

Abbildung 8

Ebenenmodell der Umweltökonomischen Gesamtrechnungen

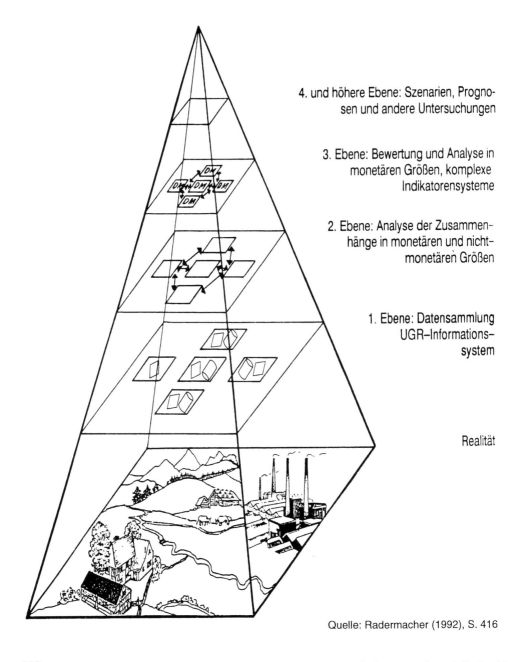

4. und höhere Ebene: Szenarien, Prognosen und andere Untersuchungen

3. Ebene: Bewertung und Analyse in
monetären Größen, komplexe
Indikatorensysteme

2. Ebene: Analyse der Zusammenhänge in monetären und nicht-
monetären Größen

1. Ebene: Datensammlung
UGR–Informations-
system

Realität

Quelle: Radermacher (1992), S. 416

2. Eine Analyse der Zusammenhänge in monetären und nicht-monetären Größen stellt bereits Verknüpfungen her, die jedoch eine spezifische Sichtweise von Beziehungen und Wirkungszusammenhängen voraussetzt.

3. Monetäre Zusammenfassungen und komplexe Indikatorensysteme setzen zusätzlich Bewertungen voraus, die methodischer Fundierung bedürfen.

4. Szenarien und Prognosen schließlich basieren auf Annahmen über Entwicklungen und Wirkungszusammenhängen, die nicht oder nur schwer in funktionalen Abhängigkeiten ausdrückbar sind.

3.3 Forschungsprogramm des Statistischen Bundesamtes und Arbeitsplan UGR: Projekte zur Methodenentwicklung und Datensammlung

Ein wichtiger Teil der skizzierten Orientierungen zur Umweltberichterstattung in der Bundesrepublik Deutschland findet seinen Niederschlag in dem 1992 publizierten Forschungs- und Entwicklungsplan 1992 bis 1996 des Statistischen Bundesamtes. [58]) Er stellt als Angebot zur Zusammenarbeit mit der Forschung zwei große Arbeitsblöcke in den Vordergrund. Sie enthalten als wesentliche Aufgaben:

– die Erstellung eines Satellitensystems für Umweltschutz zu den Volkswirtschaftlichen Gesamtrechnungen mit Hilfe von Daten für die Themenbereiche,

   – Umweltschutzaktivititäten der Wirtschaftbereiche,

   – Emissionen der Wirtschaftsbereiche,

   – Folgekosten einer Verschlechterung der Umweltqualität,

– den Aufbau einer Umweltökonomischen Gesamtrechnung mit dem besonderen Anliegen,

   – der Entwicklung eines methodischen Konzepts für ein gemeinsames ökonomisch-ökologisches Berichtssystem,

   – der Nutzbarmachung sowohl intern vorhandener wie auch externer Daten in Kooperation mit anderen Stellen,

   – und schließlich der zusammenfassenden Darstellung aller Daten in einem konsistenten Gesamtsystem.

Die verschiedenen Entwicklungsstränge und Initiativen sind inzwischen in den Arbeitsplan UGR vom 30. November 1992 [59]) eingemündet und werden unter Koordination des Bundesministeriums für Umwelt, Naturschutz und Reaktorsicherheit und des Statistischen Bundesamtes vorangetrieben. Um die vorrangige Gewichtung der Umweltökonomischen Gesamtrechnungen auch organisatorisch zu verankern, hat das Statistische Bundesamt eine neue Gruppe für dieses spezielle Aufgabengebiet eingerichtet. Die Auflistung des Amtes enthält 24 Projekte zur Methodenentwicklung und Datensammlung unter den Stichworten

– übergreifende Projekte,

– Rohstoffe,

---

[58]) Statistisches Bundesamt (1992 a), S. 36 f.
[59]) Statistisches Bundesamt (1992 b), S. 1 ff.

- Emissionen,

- Nutzungen, räumliche Umwelt,

- Immissionslage,

- Maßnahmen,

- UGR-Informationssystem.

Satellitensystem für Umweltschutz zu den VGR und Methodenstudie sowie Berechnungen zur Emittentenstruktur bilden zusammen mit einer „Pilotstudie Vermeidungskosten" wichtige Teilprojekte des Gesamtkomplexes der UGR. Die breite Anlage der Arbeiten zu den UGR insgesamt ist aus der Aufzählung in Übersicht 4 (siehe S. 225 f) zu ersehen. Inhaltliche Erläuterungen dazu sind in einem „Bericht aus der Werkstatt" veröffentlicht worden. [60])

3.4 Zeitprobleme und sachliche Abklärungserfordernisse

Die Schaffung eines so komplex konzipierten Systems wie das der Umweltökonomischen Gesamtrechnungen setzt zeitraubende Vorarbeiten voraus. Auch für die inhaltliche Erstellung der Berichtsmodule werden Prioritäten zu setzen sein. Die Anlage muß im einzelnen sach- und nutzerbezogen einer intensiven Diskussion unterzogen werden. Verschiedene Bereiche der Wissenschaft vermögen Beiträge zu leisten. Ihre Zuarbeit muß genutzt werden: Dies ist unverzichtbarer Bestandteil des konzipierten Systems.

Zum Zweck der Diskussion des UGR-Vorhabens zwischen Vertretern der Wissenschaft, der Verwaltung und der Verbände hat das Bundesministerium für Umwelt, Naturschutz und Reaktorsicherheit 1990 einen Beirat „Umweltökonomische Gesamtrechnung" ins Leben gerufen. Auftragsgemäß „soll der Beirat die vorliegenden Konzeptionen für die Umweltökonomische Gesamtrechnungen prüfen und insbesondere die entsprechenden Arbeiten des Statistischen Bundesamtes kritisch und konstruktiv begleiten sowie Empfehlungen für das weitere Vorgehen geben." [61])

1991 wurde die Stellungnahme des Gremiums vorgelegt (und 1992 veröffentlicht).[62]) Sie bezieht sich zunächst auf die generelle Notwendigkeit, Charakteristik und Orientierung der Umweltökonomischen Gesamtrechnungen, sodann spezifisch auf das Konzept des Statistischen Bundesamtes, im weiteren auf die Problematik der Publikation eines Ökosozialproduktes und schließlich auf die weiteren erforderlichen Aktivitäten zur Unterstützung der Umweltökonomischen Gesamtrechnungen. Im Grundsatz wird starker Akzent gelegt auf „die Notwendigkeit einer umfassenden, in sich abgestimmten Berichterstattung über den Zusammenhang zwischen Umwelt und wirtschaftlichen Aktivitäten." [63])

Im Hinblick auf die kapazitativen Möglichkeiten sollen sich die zentralen Bemühungen um das Datenbanksystem UGRIS primär auf die Erfassung beobachtbarer physischer und monetärer Daten richten, „ohne daß bereits besondere Analysen und Bewertungen präsentiert werden müssen." [64]) Auf dieser Basis kann die Verknüpfung der Bausteine erfolgen, vor allem im

---

[60]) Bolleyer/Radermacher (1993), S. 138 ff.
[61]) Beirat „Umweltökonomische Gesamtrechnung" (1992), S. 3.
[62]) Beirat „Umweltökonomische Gesamtrechnung" (1992).
[63]) Beirat „Umweltökonomische Gesamtrechnung" (1992), S. 3.
[64]) Beirat „Umweltökonomische Gesamtrechnung" (1992), S. 4.

Hinblick auf die physischen Größen. Erst in weiteren Schritten sollen zusätzliche monetäre Bewertungen und Indikatorenrechnungen erfolgen. Allerdings würde eine teilweise Parallelität der unterschiedlichen Erhebungs- und Analyseschritte die Aussagefähigkeit der Umweltökonomischen Gesamtrechnung bereits in frühen Stadien erhöhen. Im Hinblick auf ihren Ausbau werden Prioritäten gesetzt. Besondere Vordringlichkeit wird konzeptionellen Überlegungen beigemessen, die sich auf die Klassifizierung von Emissions- und Immissionslagen, die Beschreibung von Ökosystemen sowie die monetären Bewertungsmöglichkeiten für Umweltbelastungen beziehen.

Über diesen engeren Horizont hinaus stellt sich im Hinblick auf die längerfristigen Ziele der Gesellschaft die Frage nach der erforderlichen Berücksichtigung des Konzepts einer nachhaltigen, zukunftsfähigen Entwicklung (Sustainable Development) [65]) im System der Umweltökonomischen Gesamtrechnungen. Hier bedarf es, vor jedem Versuch der statistischen Implementierung eines Analysesystems, umfangreicher Vorklärungen des begrifflichen, analytischen und statistisch-methodischen Rahmens, in dem eine Annäherung an dieses – für die Menschheit vitale – Problem erfolgen kann. Der Beirat mußte sich hier Zurückhaltung auferlegen: Forschung und politische Wegweisung haben hier erste wichtige Schritte zu machen. [66])

Übersicht 4
Arbeitsplan UGR
– Projekte zur Methodenentwicklung und Datensammlung –

1   Übergreifende Projekte

1.1 Ansätze zur ökonomisch-ökologischen Berichterstattung
Bearbeiter extern: Prof. Dr. Klaus, Uni Erlangen
Abschluß: 1992 (Endbericht liegt im Entwurf vor)

1.2 ECE/CES task force Studie "nutrients"
Beabeiter extern: Italien, Finnland, Niederlande, Norwegen, Schweden, Ungarn
Abschluß: 1994

1.3 ECE/CES task force Studie "land use changes"
Bearbeiter extern: Frankreich, Vereinigtes Königreich, Polen, Österreich
Abschluß: 1994

1.4 Pilotstudie Vermeidungskosten (ggf. Teil der AG "Green GDP" der KEG)
Bearbeiter extern: CBS Niederlande (Kooperation geplant)
Abschluß: –

1.5 Forstwirtschaft und Umwelt
Bearbeiter extern: –
Abschluß: 1993

1.6 EUROSTAT-Projekt "SERIEE"
Bearbeiter extern: u.a. difu im Auftrag von EUROSTAT
Abschluß: –

1.7 Umweltsatellitensystem zu den VGR (SEEA)
Bearbeiter extern: –
Abschluß: –

1.8 Veröffentlichung von Querschnittsergebnissen
Berarbeiter extern: –
Abschluß: erschienen: Fachserie 19, Reihe 4

2   Rohstoffe

2.1 Klärung methodischer Fragen zu Sekundärrohstoffen, Recycling
Bearbeiter extern: DIW, Berlin
Abschluß: 1993

---

[65]) Zur stark unterschiedlichen Ausfüllung dieses Begriffs Pezzey (1989).
[66]) Siehe etwa die im Kapitel „Umweltberichterstattung in ausgewählten Staaten . . . ", Abschnitt 8.3.1, erwähnte Übernahme der Zielsetzung eines Sustainable Development als eine Leitlinie der Politik der Regierung der Niederlande.

Übersicht 4

Arbeitsplan UGR

– Projekte zur Methodenentwicklung und Datensammlung –

2.2 Rohstoffkoeffizienten in Im- und Exporten
Bearbeiter extern: –
Abschluß: –

2.3 vollständige Bilanzen für einzelne Rohstoffe (Holz, Wasser, . .)
Bearbeiter extern: BAW, BGR, DIW, EUROSTAT
Abschluß: –

3   Emissionen

3.1 Methodenstudie Emittentenstruktur
Bearbeiter extern: Kernforschungszentrum Karlsruhe
Abschluß: 1993

3.2 Berechnungen zur Emittentenstruktur im Rahmen der IO-Rechnung
Bearbeiter extern: –
Abschluß: –

3.3 Untersuchung ,,Landwirtschaft und Umwelt"
Bearbeiter extern: Uni Gießen, Inst. f. Agrarpol. u. Marktf.
Abschluß: abgeschlossen, Bericht liegt vor

4   Nutzungen, räumliche Umwelt

4.1 CORINE Land Cover
Bearbeiter extern: Dornier + 5 Büros (Ausschr. in Vorb.)
Abschluß: 1994

4.2 STABIS Ostdeutschland, PHARE-Projekt STABIS im Großraum Berlin
Bearbeiter extern: 2 Büros (noch nicht ausgeschr.)
Abschluß: 1. Phase weitgehend abgeschlossen; Rest: 1993

5   Immissionslage

5.1 Vorstudie Indikatorensysteme
Bearbeiter extern: FU Berlin, Forschungsst. f. Umweltpolitik
Abschluß: 1993

5.2 Praxistest Indikatorensysteme: Naturschutz/Tourismus
Bearbeiter extern: TU Berlin, Inst. f. Landespflege
Abschluß: 1993

6   Maßnahmen

6.1 Maßnahmen des öffemtlichen Sektors
Bearbeiter extern: difu, Berlin
Abschluß: 1993

6.2 Maßnahmen des Dienstleistungssektors
Bearbeiter extern: ifo, München
Abschluß 1993

6.3 Maßnahmen der privaten Haushalte
Bearbeiter extern: RWI, Essen
Abschluß: 1993

6.4 Revision/Ausbau der Berechnungen zu Ausgaben/Anlagevermögen für Umweltschutz
Bearbeiter extern: –
Abschluß: –

7   UGR-Informationssystem

7.1 Entwicklung eines IT-Konzeptes zum Aufbau des Informationssystems UGRIS
Bearbeiter extern: –
Abschluß: bis 1993 interne Vorstudie, bis 1994 externe Systemanalyse, ab 1995 schrittweiser Aufbau

Quelle: Statistisches Bundesamt (1992), S. 1 - 3

Verzeichnis der Abkürzungen

AESOP	= Australian Environmental Statistics Project
AFB	= Agences financières de bassin
BSP	= Bruttosozialprodukt
CBS	= Statistisches Zentralamt der Niederlande
CICPN	= Commission Interministerielle des Comptes du Patrimoine Naturel
CIP	= Change in Process
CNR	= Nationalforschungsrat (Italien)
CPN	= Les Comptes du Patrimoine Naturel
CSE	= Les Comptes de l'Environnement
ECE	= Economic Commission for Europe
EDP	= Environmentally Adjusted Net Domestic Product
EG	= Europäische Gemeinschaft(en)
ENEA	= Nationalamt für Atomenergie (Italien)
EOP	= End of Pipe
ESA	= European Space Agency
FDES	= Framework of the Development of Environment Statistics
GIS	= Geographische Informationssysteme
INSEE	= Institut National de la Statistique et des Etudes Economiques
ISI	= Fraunhofer-Institut für Systemtechnik und Innovationsforschung
ISTAT	= Statistisches Amt Italiens
MEW	= Measure of Economic Welfare
MITI	= Ministry of International Trade and Industry
NNW	= Net National Welfare
NRA	= Natural Resource Accounting
OECD	= Organisation für wirtschaftliche Zusammenarbeit und Entwicklung
PAC	= Pollution Abatement and Control Expenditures
SEEA	= System of Integrated Economic and Environmental Accounting
SERIEE	= Europäisches System zur Sammlung umweltbezogener Wirtschaftsdaten
SINA	= Umweltinformations- und -monitoringsystem
SINFONIA	= Informationssystem über Umweltinformationsquellen
SNA	= System of National Accounts
SRA	= System of Resource Accounts
SRU	= Rat von Sachverständigen für Umweltfragen
STABIS	= Statistisches System zur Bodennutzung
STRESS	= Stress-Response Environmental Statistics System
UGR	= Umweltökonomische Gesamtrechnungen
UGRIS	= UGR-Informationssystem
UN	= Vereinte Nationen
UNEP	= Umweltprogramm der Vereinten Nationen
UNSO	= Statistisches Amt des Sekretariats der Vereinten Nationen
VGR	= Volkswirtschaftliche Gesamtrechnungen
VIA	= Amt für die Einschätzung von Umweltwirkungen (Italien)
WHO	= Weltgesundheitsorganistion

Literaturverzeichnis

A

Aaheim, A., Lone, O., Nyborg, K. (1991): Natural Resource Accounting: The Norwegian Experience, Paper prepared for the IARIW Special Conference on Environmental Accounting, Baden.

Ahmad, Y. J., El Serafy, S., Lutz, E. (1989): Environmental Accounting for Sustainable Development, World Bank, Washington.

Alfsen, K. H. (1991): Use of Macroeconomic Models in Analysis of Environmental Problems in Norway, Consequences for Environmental Statistics, United Nations, Economic Commission for Europe, Work Session on Specific Methodological Issues in Environmental Statistics, Ottawa.

Alfsen, K. H. (1993): Natural Resource Accounting and Analysis in Norway, Working Paper for the UNSTAT/UNDP Workshop on Environmental and Natural Resource Accounting in Beijing, April.

Alfsen, K. H., Lorentsen, L. (1989): Statistics and Analytical Methods for a Sustainable Development, Nordiska statistikermotet, Esbo, Finnland.

Alfsen, K. H., Bye,T., Lorentsen, L. (1987): Natural Resource Accounting and Analysis – The Norwegian Experience 1978 – 1986, Sosiale og Okonomiske Studier, 65, Statistisk Sentralbyra, Oslo.

Allen, R. M. (1991): Environment Statistics in Africa, Paper Prepared for the IARIW Special Conference of Environmental Accounting, Baden.

Anon (1991): Definitief regeringsstandpunt Brundtland, Tweede Kamer 1990 – 1991: 20.298.

Arbeitsgruppe Ökobilanzen (1992): Ökobilanzen für Produkte. Bedeutung – Sachstand – Perspektiven, Umweltbundesamt, Texte 38/92, Berlin.

Archambault, E., Arkhipoff, O. (Hrsg., 1986): Études de Comptabilité Nationale, Paris.

Ayres, R. U. (1978): Resources, Environment and Economics, Applications of the Materials/Energy Balance Principle, New York.

Ayres, R. U. (1991): Materials/Energy Flows and Balances as a Component of Environmental Statistics, Paper prepared for the IARIW Special Conference on Environmental Accounting, Baden.

B

Bakkes, J. A. (1991): Information Management for Environmental Forecasting, Paper prepared for the Work Session on Specific Methodological Issues in Environment Statistics, Ottawa.

Bartelmus, P. (1974): Probleme der Entwicklung eines Umweltstatistischen Systems, Statistische Hefte, Vol. 14 (2), S. 123 – 147.

Bartelmus, P. (1987): Beyond GDP – New Approaches to Applied Statistics, Review of Income and Wealth, Series 33 No.4.

Bartelmus, P. (1989): Sustainable Development, A Conceptual Framework, United Nations, Department of International Economic and Social Affairs, Working Paper No. 13, New York.

Bartelmus, P. (1991): Environment Statistics and Accounting, United Nations Statistical Office, Paper prepared for the 48th ISI Session, Cairo.

Bartelmus,P. (1992): Environmental Accounting and Statistics, in: Natural Resources Forum, S. 77 – 84.

Bartelmus, P., Stahmer, C., van Tongeren, J. (1989): SNA Framework for Integrated Environmental and Economic Accounting, International Association for Research in Income and Wealth, 21st. General Conference, Lahnstein.

Bartelmus, P., Stahmer, C., van Tongeren, J. (1991a): Integrated Environmental and Economic Accounting: Framework for a SNA Satellite System, Review of Income and Wealth, Series 37, No.2.

Bartelmus, P., Stahmer, C., van Tongeren, J. (1991b): Selected Issues in Integrated Environmental-Economic Accounting, Paper prepared for the IARIW Special Conference on Environmental Accounting, Baden.

Baumgartner, Th. (1988): Die Produktlinienanalyse als neue Form der Informationserhebung und -darstellung, in: Beckenbach, F., Schreyer, M. (Hrsg.): Gesellschaftliche Folgekosten, Frankfurt/M., New York.

Beckenbach, F., Hampicke, U., Schulz, W. (1989): Möglichkeiten und Grenzen der Monetarisierung von Natur und Umwelt, Schriftenreihe des IÖW 20/88, Berlin.

Beckenbach, F., Schreyer, M. (Hrsg.) (1988): Gesellschaftliche Folgekosten, Was kostet ein Wirtschafssystem? Frankfurt/M., New York.

Behrens-Egge, M. (1991): Möglichkeiten und Grenzen der monetären Bewertung in der Umweltpolitik, in: Zeitschrift für Umweltpolitik und Umweltrecht 1/91, S. 71 – 94.

Beirat „Umweltökonomische Gesamtrechnung" beim BMU (1991): Umweltökonomische Gesamtrechnung, Stellungnahme des Beirats zur Konzeption und zu den Entwicklungserfordernissen des Vorhabens des Statistischen Bundesamtes, hrsg. vom Bundesministerium für Umwelt, Naturschutz und Reaktorsicherheit, Wiesbaden (1992).

Beltratti, A. (1991): Elementi teorici per la organizzazione di un sistema di contabilità ambientale, Manuskript, Turin.

Beutel, J. (1983): Verflechtungsanalysen des Umweltschutzes, in: Reich, U.-P., Stahmer, C.: Gesamtwirtschaftliche Wohlfahrtsmessung und Umweltqualität, S. 171 ff.

Blazejczak, J., Edler, D. (1991): Modelling in Order to Calculate Avoidance Costs, Paper prepared for the IARIW Special Conference on Environmental Accounting, Baden.

van Bochove, C. A., van Tuinen, H. K. (1986a): Flexibility in the next SNA: The Case for an Institutional Core, in: Review of Income and Wealth, Series 32, No. 2, S. 127 ff.

van Bochove, C. A., van Tuinen, H. K. (1986b): Revision of the System of National Accounts: The Case of Flexibility, in: Review of Income and Wealth, Series 32, No. 2.

Bolleyer, R., Radermacher, W. (1993): Aufbau der Umweltökonomischen Gesamtrechnung, Wirtschaft und Statistik, Heft 2, S. 138 – 152.

de Boo, B. et al. (1991): An Environmental Module and the Complete System of National Accounts, Paper prepared for the IARIW Special Conference on Environmental Accounting, Baden.

de Boo, A. J. (1992): Technological Development and the Costs of Environmental Control, Paper prepared for the Working Group „Statistics on the Environment" of the Statistical Office of the European Communities, Voorburg.

Brouwer, F., Nijkamp, P. (1986): Aspects and Application of an Integrated Environmental Model with a Satellite Design, Serie Research Memorandum 1986-2, Amsterdam.

Brown, B. J. et al. (1987): Global Sustainability: Towards Definition, in: Environmental Management 11, S. 713 – 719.

Brüngger, H., Kahnert, A. (1987): Kann man den Umweltzustand statistisch erfassen, in: Schweiz. Zeitschrift für Volkswirtschaft und Statistik, Heft 3, S. 353 ff.

C

Carson, C. S. (1989): The United Nations System of National Accounts: A Revision for the 21st Century, Paper presented to the American Economic Association, Atlanta, Georgia.

Castles, I. (1992): Australia's Environment, Issues and Facts, Belconnen Act.

Central Bureau of Statistics of Norway (1993): Natural Resources and the Environment 1992, Rapporter 93/1A, Oslo-Kongsvinger.

Chies, L. (1992): Die Italienischen Umweltinstitutionen und die Umweltberichterstattung, Manuskript, Nürnberg.

Commission for Environmental Accounting (1991): Taking Nature into Account, Proposed Scheme of Resource and Environmental Accounting, Stockholm.

Committee of International Development Institutions on the Environment (1992a): Workshop on Environmental and Natural Resource Accounting – Summary Record, Nairobi.

Committee of International Development Institutions on the Environment (1992b): The Present State of Environmental and Resource Accounting and Its Potential Application in Developing Countries, Environmental and Natural Resource Accounting Workshop, Nairobi.

Cornaert, M. (1992): A Better Knowledge of the European Environment for its Better Management: the CORINE Programme 1985 – 1990, in: Radermacher, W. et al. (Hrsg.): Neue Wege raumbezogener Statistik, Band 20 der Schriftenreihe Forum der Bundesstatistik, hrsg. vom Statistischen Bundesamt, Wiesbaden, S. 33 – 48.

Costantino, C. (1991): Evaluation of Environmental Public Expenditure and Related Classification Problems in Italy, Paper prepared for the Work Session on Specific Methodological Issues in Environment Statistics, Ottawa.

Costanza, R. (Hrsg., 1991): Ecological Economics, The Science and Management of Sustainability, New York.

D

Daly, H. E. (1992): Allocation, Distribution and Scale: Towards an Economics that is Efficient, Just, and Sustainable, in: Ecological Economics, Vol. 6, S. 185 – 193.

Dell'mour, R. et al. (1991): A Model for the Linkage between Economy and Environment, Paper prepared for the IARIW Special Conference on Environmental Accounting, Baden.

Department of Arts, Heritage and Environment (1987): State of the Environment in Australia 1987, Australian Government Publishing Service, Canberra.

Department of Regional Development and Environment of the Organization of American States (1990): Environmental Accounts: An Application to Agricultural Soil Loss in Uruguay, National Environmental Study under an Agreement with the Inter-American Development Bank and the Government of Uruguay, o.Ort.

Department of Regional Development and Environment of the Organization of American States (1991): An Environmental Account System for Uruguay, National Environmental Study under an Agreement with the Inter-American Development Bank and the Government of Uruguay, o.Ort.

Desiderio Aranda, M. (1991): Methodological Problems in Compiling Economic Statistics on the Environment in the General Government Sector in Spain, Working Group Statistics on the Environment of the Statistical Office of the European Communities, Manuskript, Luxemburg.

Deutscher Bundestag (1986): Ökologische und soziale Folgekosten der Industriegesellschaft (I – V), Große Anfrage der Abgeordneten Tatge, Bueb und der Fraktion Die Grünen, Bundestagsdrucksache 10/5849 – 5853, Bonn.

Deutscher Bundestag, Ausschuß für Wirtschaft (1989): Entwicklung der ökologischen und sozialen Folgekosten des Wirtschaftens in der Bundesrepublik, Stellungnahmen der Sachverständigen, Protokoll der öffentlichen Anhörung vom 10.5.89, Bonn.

Dickertmann, D. (1991): Umweltökonomische Gesamtrechnung – eine Standortbestimmung, ergänzender Beitrag zu: Beirat „Umweltökonomische Gesamtrechnung" beim BMU: Umweltökonomische Gesamtrechnung, Stellungnahme des Beirats zur Konzeption und zu den

Entwicklungserfordernissen des Vorhabens des Statistischen Bundesamtes, hrsg. vom Bundesministerium für Umwelt, Naturschutz und Reaktorsicherheit, Wiesbaden (1992).

Dorow, F. (1991): Bewertungsprobleme im Rahmen der Umweltökonomischen Gesamtrechnung, Wiesbaden.

Dorow, F. (o.J.): Probleme der monetären Bewertung in einer Umweltökonomischen Gesamtrechnung, Wiesbaden.

Drechsler, L. (1976): Problems of Recording Environmental Phenomena in National Accounting Aggregates, in: Review of Income and Wealth, Series 22, S. 239 – 252.

E

Ebert, W., Klaus, J., Reichert, F. (1991): Ansätze zur ökonomisch-ökologischen Berichterstattung, Ausgewählte Systeme auf nationaler und internationaler Ebene, in: Beiträge zur wirtschaftswissenschaftlichen Forschung, Band 2, Nürnberg.

Eisner, R. (1988): Extended Accounts for National Income and Product, Journal of Economic Literature, Vol. 26, S. 1611 – 1684.

El Serafy, S. (1991a): Depletable Resources: Fixed Capital or Inventories? Paper prepared for the IARIW Special Conference on Environmental Accounting, Baden.

El Serafy, S. (1991b): The Environment as Capital, Paper prepared for the IARIW Special Conference on Environmental Accounting, Baden.

Endres, A., Jarre, J., Klemmer, P., Zimmermann, K. (1991): Der Nutzen des Umweltschutzes, Synthese der Ergebnisse des Forschungsschwerpunktes ,,Kosten der Umweltverschmutzung / Nutzen des Umweltschutzes" des Bundesministers für Umwelt, Naturschutz und Reaktorsicherheit, Bonn.

Ewers, H.-J. (1986): Kosten der Umweltverschmutzung – Probleme ihrer Erfassung, Quantifizierung und Bewertung, in: Umweltbundesamt (Hrsg.): Kosten der Umweltverschmutzung, S. 9 – 20.

F

Faber, M., Niemes, H., Stephan, G.(1983): Entropie, Umweltschutz und Rohstoffverbrauch, Berlin, Heidelberg, New York.

Faber, K. D., Rutledge,G.L. (1989): Pollution Abatement and Control Expenditures, 1984 – 87, in: United States Department of Commerce, Bureau of Economic Analysis (Hrsg.): Survey of Current Business, Vol.69, Number 6, S. 19 – 26.

Fickl, S. (1990): Ökologische VGR in Österreich, Arbeitspapier für das Symposium über Umweltstatistik, Wien.

Fickl, S. (1991): Environment in a National Accounts Framework: The Austrian Approach to Environmental Accounting, Paper prepared for the IARIW Special Conference on Environmental Accounting, Baden.

Fischer-Kowalski, M. et al. (1991a): Causer-Related Environmental Indicators, Paper prepared for the IARIW Special Conference on Environmental Accounting, Baden.

Fischer-Kowalski, M. et al. (1991b): Verursacherbezogene Umweltinformationen, Kurzfassung des Zwischenberichts zum Internationalen Workshop ,,Verursacherbezogene Umweltinformationen – Bausteine für ein Satellitensystem zur österreichischen Volkswirtschaftlichen Gesamtrechnung des Universitären Forschungsinstituts für Fernstudien", Wien.

Franz, A. (1988): Grundzüge einer ökologischen Gesamtrechnung für Österreich, in: Österreichs Volkseinkommen 1987, in: Österreichisches Statistisches Zentralamt (Hrsg.): Beiträge zur österreichischen Statistik, Heft 918, Wien, S. 225 – 234.

Franz, A. (1989): Ein Bearbeitungsraster für die ökologische Gesamtrechnung in der VGR, Manuskript, Wien.

Franz, A. (1991): Entwicklung einer Öko-VGR in Österreich: Input-Output als Alpha und Omega?, in: Österreichische Zeitschrift für Statistik und Informatik (ZSI) 21, No. 1 – 2, S. 15 – 37.

Franz, A., Rainer, N. (1991): Classification in Environmental Accounting: Some Observations in the Present State, Paper prepared for the IARIW Special Conference on Environmental Accounting, Baden.

Friend, A. M. (1988): Land Use Statistics in Natural Resource Accounting Systems, Statistics Canada, Ottawa.

Friend, A. M. (1989): UNEP/World Bank Expert Meeting on Environmental Accounting and the SNA, Paris, 21. – 22. November 1988, in: Ecological Economics, 1, S. 283 – 285.

Friend, A. M. (1991): Towards a Pluralistic Approach in National Accounting Systems, Paper prepared for the IARIW Special Conference of Environmental Accounting, Baden.

Friend, A. M. (1992): Feasibility of Environmental and Resource Accounting in Developing Countries, Paper prepared for the CIDIE Workshop on Environmental and Natural Resource Accounting, Nairobi.

Friend, A. M., Moll, R. (1988): Macro Evaluation of Natural Resource Stocks in the SNA: Forestland and Timber Stands, Statistics Canada, Ottawa.

Friend, A. M., Rapport, D.J. (1990): The Evolution of Information Systems for Sustainable Development, Institute for Research on Environment and Economy, IREE Occasional Paper Series, No.1, Ottawa.

G

Garnasjordet, P. A., Longva, P. (1980): A System of Resource Accounts – The Norwegian Experience, OECD, Paris.

Georgescu-Roegen, N. (1987): The Entropy Law and the Economic Process in Retrospect, deutsche Übersetzung, Schriftenreihe des IÖW, Berlin.

Giannone, A., Carlucci, M. (1991): Environmental Variables in National Accounts: A Case Study for Italy, Paper prepared for the IARIW Special Conference on Environmental Accounting, Baden.

Gilbert, A. J. (1990a): Natural Resource Accounting: Issues Related to Classification and Valuation of Environmental Assets, Beitrag für das United Nations Environmental Programme (UNEP).

Gilbert, A. J. (1990b): Natural Resource Accounting: Some Experiences, Paper prepared for the Conference: Environmental Cooperation and Policy in the Single European Market, Venedig.

Gilbert, A. J., Hafkamp, W. (1986): Natural Resource Accounting in a Multi-Objective Context, in: The Annals of Regional Science, Special Edition: Environmental Conflict Analysis, Vol. 20, No.3, S. 10 – 37.

Gilbert, A. J., James, D. E. (1988): Natural Resource Accounting: A Review of Current Activity and its Application to Australia, Environment Papers Series, Australian Government Publishing Service.

Gilbert, A. J., Kuik, O., Arntzen, J. (1990): Natural Resource Accounting: Issues Related to Classification and Valuation of Environmental Assets, Paper Prepared for the United Nations Environmental Programme.

H

Hamer, G. (1986): Satellitensysteme im Rahmen der Weiterentwicklung der Volkswirtschaftlichen Gesamtrechnungen, in: Hanau, K. et al. (Hrsg.): Wirtschafts- und Sozialstatistik, Heinz Grohmann zum 65. Geburtstag, Göttingen, S. 60 ff.

Hamer, G. (1990): Verzahnung von Ökonomie und Umwelt in der Umweltökonomischen Gesamtrechnung, Wiesbaden.

Hamer, G., Stahmer, C. (1991): Integrierte Volkswirtschaftliche und Umweltgesamtrechnung, Konzeptionelle Überlegungen des Statistischen Amtes der Vereinten Nationen, Arbeitspapier zur Sitzung des Wissenschaftlichen Beirats zur Umweltökonomischen Gesamtrechnung, o. Ort.

Hamer, G., Stahmer, C. (1992a): Integrierte Volkswirtschaftliche und Umweltgesamtrechnung (I): Konzeption, in: Zeitschrift für Umweltpolitik und Umweltrecht 1/92, S. 85 – 117.

Hamer, G., Stahmer, C. (1992b): Integrierte Volkswirtschaftliche und Umweltgesamtrechnung (II): (Zahlen-)Beispiel und Realisierungsmöglichkeiten, in: Zeitschrift für Umweltpolitik und Umweltrecht 2/92, S. 237 – 256.

Hamilton, K. (1989): Natural Resources and National Wealth, unveröffentlichtes Manuskript, Statistics Canada.

Harrison, A. (1989a): Introducing Natural Capital into the SNA, in: Ahmad, Y. J. et al. (Hrsg.): Environmental Accounting for Sustainable Development, Washington, D.C., S. 19 – 25.

Harrison, A. (1989b): Environmental Issues and the SNA, Review of Income and Wealth, Series 35, No. 4, S. 377 – 388.

Harrison, A. (1992): Natural Assets and National Income; World Bank, Environment Department, Divisional Working Paper, Washington.

Hartwick, J. M. (o. J.): Notes on Economic Depreciation of Natural Resource Stocks and National Accounting, Manuskript.

Hartwick, J. M. (1990): Natural Resources, National Accounting, and Economic Depreciation, in: Journal of Public Economics, Vol. 43, S. 291 – 304.

Hartwick, J. M. (1991): Degradation of Environmental Capital and National Accounting Procedures, in: European Economic Review, Vol. 35, S. 642 – 649.

Hartwick, J. M., Hageman, AP. (1991): Economic Depreciation of Mineral Stocks and the Contribution of El Serafy, The World Bank Environment Department, No. 1191 – 27, Washington.

Hartwick, J. M., Lindsey, R. (1989): NNP and Economic Depreciation of Natural Resource Stocks, Queens University, Department of Economics Discussion Paper No. 741.

Hautau, H., Lorenzen, U., Sander, D., Bertram, M. (1987): Monetäre Bewertungsansätze von Umweltbelastungen, Göttingen.

Hawrylshyn, O. (1974): A Review of Recent Proposals for Modifying and Extending the Measure of GNP , Statistics Canada, Office of Senior Adviser on Integration, Ottawa.

Hecht, J. A., Peskin, H. M. (1992): Natural Resource Accounting in the Developing World: A Neo-Classical Approach, Paper prepared for the CIDIE Workshop on Environmental and Natural Resource Accounting, Nairobi.

Hicks, J. R. (1939): Value and Capital, Oxford.

Hölder, E. (1991): Umweltökonomische Gesamtrechnung, in: Energiewirtschaftliche Tagesfragen, Vol. 41, No. 5, S. 314 – 317.

Hölder, E. et al. (1991): Wege zu einer Umweltökonomischen Gesamtrechnung, in: Forum der Bundesstatistik, Band 16, Stuttgart.

Hohmeyer, O. et al. (1990): Methodenstudie zur Emittentenstruktur in der Bundesrepublik Deutschland, Verknüpfung von Wirtschaftsstruktur- und Umweltbelastungsdaten, Erster Zwischenbericht, Karlsruhe.

Hohmeyer, O. et al. (1992): Methodenstudie zur Emittentenstruktur in der Bundesrepublik Deutschland, Verknüpfung von Wirtschaftsstruktur- und Umweltbelastungsdaten, Umweltforschungsplan des Bundesministeriums für Umwelt, Naturschutz und Reaktorsicherheit, Forschungsbericht 92 – 101 05 014 (Abschlußbericht), Karlsruhe.

Holub, H. et al. (1992): Darstellung und Beurteilung von Ansätzen zum Aufbau einer umweltbezogenen Volkswirtschaftlichen Gesamtrechnung, Manuskript, Innsbruck.

Horlitz, T. (1989): Monetäre Bewertung von Umweltschäden – Ein geeignetes Instrument zur Erfassung ökologischer Folgekosten?, in H. Donner et al. (Hrsg.): Umweltschutz zwischen Staat und Markt, Baden-Baden, S. 125 – 151.

Hueting, R. (1980): New Scarcity and Economic Growth, More Welfare through Less Production? Amsterdam, New York, Oxford.

Hueting, R. (1988): Should National Income be Corrected for Environmental Losses? A Theoretical Dilemma, but a Practical Solution, Working Paper.

Hueting, R. (1989): Correcting National Income for Environmental Losses: Towards a Practical Solution, in: Ahmad, Y. J., et al.: Environmental Accounting for Sustainable Development, World Bank, Washington, S. 32 – 39.

Hueting, R. (1991): Correcting National Income for Environmental Losses: A Practical Solution for a Theoretical Dilemma, Paper prepared for the IARIW Special Conference on Environmental Accounting, Baden.

Hueting, R., Bosch, P. (1990): On the Correction of National Income for Environmental Losses, in: Statistical Journal of the United Nations ECE 7, S. 75 – 83.

Hueting, R., Bosch, P. (1992): The Calculation of a Sustainable National Income in the Netherlands, Environment Statistics and other Information Requirements, Paper prepared for the Joint ECE/Eurostat Work Session on Specific Methodological Issues in Environment Statistics, Lissabon.

Hueting, R., Bosch, P., de Boer, B. (1991): Methodology for the Calculation of Sustainable National Income, Voorburg.

I

Ingham, L. H. (1991): Natural Resource and Environmental Accounting in the National Accounts, in: Journal of Official Statistics, Vol. 7, No. 4, S. 499 – 513.

INSEE (1986 a): Institut National de la Statistique et des Etudes Economiques: Les Comptes du Patrimoine Naturel, Les Collections de l'INSEE, C 137 – 138, Paris.

INSEE (1986 b): Institut National de la Statistique et des Etudes Economiques: Les Comptes Satellites de l'Environnement, Les Collections de l'INSEE, C 130, Paris.

Institut Wallon (1991): Bilans des émissions atmosphériques et coûts de la réduction des émissions atmosphériques dans l'industrie, Etude réalisée pour le compte d'Eurostat et de la Région Wallone, Working Group Statistics of the Environment, Luxemburg.

Interuniversitäres Forschungsinstitut für Fernstudien/Österreichisches Ökologie-Institut (1991): Verursacherbezogene Umweltinformationen, Zwischenbericht, Wien.

Isard, W. (1969): Some Notes on the Linkage of the Ecologic and Economic Systems, Region Science Association Papers, Vol. 22, S. 85 – 96.

ISI-Fraunhofer-Institut für Systemtechnik und Innovationsforschung (1990): Methodenstudie zur Emittentenstruktur in der Bundesrepublik Deutschland, Verknüpfung von Wirtschaftsstruktur- und Umweltbelastungsdaten, 1. Zwischenbericht, Karlsruhe.

ISI-Fraunhofer-Institut für Systemtechnik und Innovationsforschung (1992): Methodenstudie zur Emittentenstruktur in der Bundesrepublik Deutschland, Verknüpfung von Wirtschaftsstruktur und Umweltbelastungsdaten, Forschungsbericht 92 – 101 05 014, Karlsruhe.

ISTAT (1984): Statistiche Ambientali, Volume 1.

ISTAT (1991): Statistiche Ambientali, Volume 2.

J

Jinchang, L. (1991): Forming a Natural Resources' Value Outlook is the Fundamental Countermeasure to Solve the Resources' Problems, Paper prepared for the IARIW Special Conference on Environmental Accounting, Baden.

Jinchang, L. (1992a): Research on Natural Resource Accounting in China, Paper prepared for the CIDIE Workshop on Environmental and Natural Resource Accounting, Nairobi.

Jinchang, L. (1992b): China's Research on Resource Accounting and its Application to National Economic Accounting System, Paper prepared for the IARW Special Conference on Environmental Accounting, Baden.

Johansson, P.- O. (1990): Valueing Environmental Damage, in: Oxford Review of Economic Policy, Vol. 6 (1), S. 34 – 50.

Junkernheinrich, M., Klemmer, P. (Hrsg., 1991): Ökologie und Wirtschaftswachstum, Zeitschrift für angewandte Umweltforschung, Sonderheft 2.

Junkernheinrich, M., Klemmer, P. (Hrsg., 1992): Wirtschaftlichkeit des Umweltschutzes, Zeitschrift für angewandte Umweltforschung, Sonderheft 3.

K

Klaus, J. (1991): Umweltökonomische Rechnungslegung – Konzeptionelle Ausgangsposition und Entwicklungserfordernisse, in: Beiträge zur wirtschaftswissenschaftlichen Forschung, Band 4, Nürnberg, S. 1 – 14.

Klaus, J. (1992): Erweiterung der Volkswirtschaftlichen Gesamtrechnung aus umweltökonomischer Sicht, in: WISU, Heft 1, S. 56 – 62.

Klaus, J., Ebert, W. (1989): Satellitensystem „Umwelt", in: WiSta, Heft 2, S. 59 – 63.

Klaus, J., Stahmer, C. (1991): Environmental Accounting in Germany, IARIW-Konferenzbeitrag Mai, in: Beiträge zur wirtschaftswissenschaftlichen Forschung, Band 4, Nürnberg, S. 15 – 42.

Klaus, J., Stahmer, C. (1991): Environmental Accounting in Germany, Paper prepared for the IARIW Special Conference on Environmental Accounting, Baden.

Kolttola, L. (1988a): Natural Resource Accounting and Sustainable Development, Central Statistical Office of Finland, Manuskript.

Kolttola, L. (1988b): The Finnish System of Wood Material Accounting: A Draft, Central Statistical Office of Finland, Manuskript.

Kolttola, L. (1989): Development of Resource Accounting in Finland, Central Statistical Office of Finland, Manuskript.

Kolttola, L. (1991): Natural Resource Accounting in Finland, Paper prepared for the Special IARIW Conference on Environmental Accounting, Baden.

Kolttola, L., Tammilehto-Luode, M. (1988): Development of Natural Resource Accounting in Finland, Central Statistical Office of Finland, Status Report.

Kuik, O., Verbruggen, H. (1991): Indicators of Sustainable Development, Paper prepared for the IARIW Special Conference on Environmental Accounting, Baden.

Kuznets, S. (1948): Discussion of the New Department of Commerce Income Series, in: Review of Economics and Statistics, Vol. 30, S. 151 ff.

L

Leipert, C. (1989a): Die heimlichen Kosten des Fortschritts, Frankfurt/M.

Leipert, C. (1989b): Bruttosozialprodukt und Wachstumsillusion, in: Wirtschaftsdienst, 1989/X, S. 483 – 486.

Leipert, C. (1991): The Role of Defensive Expenditures in a System of Integrated Economic-Ecological Accounting, Science Center Berlin for Social Research.

Leipert, C., Simonis, U. E. (1990): Environmental Damage – Environmental Expenditure 1: Statistical Evidence on the Federal Republic of Germany, in: The Environmentalist, Volume 10, No. 4.

Lemaire, M. (1987): Satellite Accounts: A Relevant Framework for Analysis in Social Fields, in: Review of Income and Wealth, Series 33, No.3, Sept, S. 305 ff.

Lemaire, M., Weber, J.-L. (1983): L'expérience francaise d'extension des comptes nationaux, in: Bulletin of the International Statistical Institute, Proceedings of the 44th Session, Book 2, Vol.L, S. 1016.

Levin, J. (1990): The Economy and the Environment: Revising the National Accounts, IMF Survey.

Levin, J. (1991): Varying Perspectives on the Valuation of Depletable Resources, Paper prepared for the IARIW Special Conference on Environmental Accounting, Baden.

von der Lippe, P. (1990): Bemerkungen zur Umweltökonomischen Gesamtrechnung (UGR) des Statistischen Bundesamtes, Diskussionsbeiträge aus dem Fachbereich Wirtschaftswissenschaften Universität-Gesamthochschule Essen, Nr. 78.

Liverman, D. et al. (1988): Global Sustainability: Toward measurement, in: Environmental Management Vol. 12, No. 2, S. 133 – 143.

Lone, O. (1992): Accounting for Sustainability: „Greening" the National Accounts? Paper prepared for the CIDIE Workshop on Environmental and Natural Resource Accounting, Nairobi.

Longva, P. (1981): A System of Natural Resource Accounts, Rapporter fra Statistisk Sentralbyra 81/9, Oslo.

Lörcher, S. (1976): Zur Quantifizierung der „Sozialen Wohlfahrt" in Japan, in: Mitteilungen des Instituts für Asienkunde Hamburg, Nummer 80.

Luther, G. (1990): On History of the Finnish Statistics, The 125th Anniversary of the Central Statistical Office of Finland, A Lecture in the Finlandia Hall (in finnischer Sprache).

M

Marin, A. (1978): National Income, Welfare, and the Environment, in: Review of Income and Wealth, Series 24, No. 2, S. 415 – 428.

Markandya, A.,Perrings, C. (1991): Accounting for Ecologically Sustainable Development.

Marquez Leon, J. (1992): Intégration des données physiques et économiques sur l'environnement, Paper prepared for the Working Group Statistics on the Environment of the Statistical Office of the European Communities, Luxemburg.

McKenry, K. (1981): An Emerging Framework for a System of Australian Environmental Statistics, Environmental Studies Paper (AESOP 9), Department of Home Affairs and Environment, Canberra.

Michaels, R. G., Grambsch, A. E., Peskin, H. M. (1991): Neither Fish nor Fowl?, Paper prepared for the IARIW Special Conference on Environmental Accounting, Baden.

Milot, J.- P., Teillet, P., Vanoli, A. (1987): How to Deal with Nonproduced Assets and Exceptional Events in the National Accounts? Considerations on the Variations of Wealth Accounts, Revised version of a paper prepared for the 20th General Conference of the International Association for Research in Income and Wealth.

Moll, R. (1990): Prototype Design for a Forest Resource Account, Statistics Canada, Manuskript.

Morita, T. (1992): Environmental and Natural Resource Accounting in Japan, Paper prepared for the CIDIE Workshop on Environmental and Natural Resource Accounting, Nairobi.

Moss, M. (Hrsg., 1973): The Measurement of Economic and Social Performance, Studies in Income and Wealth, Vol. 38, New York, London.

Müller, F. G. (1992): Konzepte einer umweltverträglichen volkswirtschaftlichen Gesamtrechnung – ein internationaler Überblick, in: Zeitschrift für angewandte Umweltforschung, Sonderheft 3, S. 185 – 197.

Muukkonen, J. (1990): Sustainable Development and Natural Resource Accounting, Helsinki.

Myers, N. (1988): Natural Resource Systems and Human Exploitation Systems: Physibiotic and Ecological Linkages, World Bank, Environment Department Working Paper No. 12, Washington.

N

Natural Resources Council (1984): A Proposal for a Preliminary Study of Natural Resource Accounting, Ministry of Agriculture and Forestry (in Finnischer Sprache).

Netherlands Central Bureau of Statistics (o.J.): Environmental Statistics at the Central Bureau of Statistics, Voorburg.

NNW Measurement Committee (1973): Measuring Net National Welfare of Japan, Tokyo.

Nordhaus, W. D., Tobin, J. (1973): Is Growth Obsolete ?, in: Moss, M. (Hrsg.): The Measurement of Economic and Social Performance, Studies in Income and Wealth, Vol. 38, New York, London.

Norgaard, R. B. (1989): Three Dilemmas of Environmental Accounting, in: Ecological Economics, (1), S. 303 – 314.

Norwegian Central Bureau of Statistics (1990): Natural Resources and the Environment, Reports from the Central Bureau of Statistics, No 90/1A, Oslo.

Norwegian Central Bureau of Statistics (1987): Natural Resource Accounting and Analysis, The Norwegian Experience 1978 – 1986, Social and Economic Studies, Vol. 65, Oslo.

O

OECD (1980): A System of Resource Accounts. The Norwegian Experience, Paris.

OECD (1986): Information and Natural Resources, Paris.

OECD (1989): Environmental Policy Benefits: Monetary Valuation, Study prepared by Pearce, D.W., Markandya, A., Paris.

OECD (1991a): The State of the Environment, Paris.

OECD (1991b): Environmental Indicators, A Preliminary Set, Paris.

OECD (1992): Environmental Accounting, The Approach and Activities of OECD, Paris.

Öhmann, I. (1991): Plans for a System of Environmental Accounting in Sweden, Paper prepared for the Work Session on Specific Methodological Issues in Environment Statistics, Ottawa.

Österreichisches Statistisches Zentralamt (1990): Statistik mit Umweltbezug, Wien.

Ohne Verfasser (1983): The Norwegian System of Resource Accounts, *in:* Statistical Journal of the United Nations Economic Commission for Europe, North Holland, I, S. 445 – 461.

Olson, M. (1977): The Treatment of Externalities in National Income Statistics, in: Wigo, L., Evans, A. (Hrsg.): Public Economics and the Quality of Life, Baltimore.

Opschoor, J. B. (1989): Towards Sustainable Development: Environmental Change and Macro Indicators, Joint Seminar on The Economics of Environmental Issues, Working Paper No. 4 (1st revision), OECD, Paris.

Opschoor, J. B., Reijnders, L. (1991): Towards Sustainable Development Indicators, in: Kuik, O., Verbruggen, H. (Hrsg.): In Search of Indicators of Sustainable Development, Dordrecht, Boston, London, S. 7 – 27.

P

Pearce, D. (1989): Sustainable Development: Towards an Operational Definition and its Practical Implications, OECD Economics and Statistics Department/Environment Directorate, Joint Seminar on the Economics of Environmental Issues, Paris.

Pearce, D. Markandya, A., Barbier, E.B. (1989): Blueprint for a Green Economy, London.

Peskin, H. (1975): Accounting for the environment, Social Indicators Research Vol. 2, S. 191 – 210.

Peskin, H. (1976): A National Accounting Framework for Environmental Assets, in: Journal of Environmental Economics and Management 2, S. 255 – 262.

Peskin, H. (1989a): Accounting for Natural Resource Depletion and Degradation in Developing Countries, World Bank, Environment Department Working Paper No. 13, Washington.

Peskin, H. (1989b): National Accounts and the Environment, Draft, Edgevale Associates, Silver Spring.

Peskin, H. (1991): National Accounting for Resource and Environmental Degradation: Alternative Approaches and Concepts, Paper prepared for the IARIW Special Conference on Environmental Accounting, Baden.

Peskin, H., Floor, W., Barnes, D. F. (1992): Accounting for Traditional Fuel Production: The Household Energy Sector and Its Implications for the Development Process, World Bank, Industry and Energy Department Working Paper, Energy Series Paper No. 49, Washington.

Peskin, H. M., Lutz, E. (1990): A Survey of Resource and Environmental Accounting in Industrialized Countries, The World Bank, Sector Policy and Research Staff, Environment Department Working Paper No. 37, Washington.

Pezzey, J. (1989): Economic Analysis of Sustainable Growth and Sustainable Development, World Bank, Environment Department Working Paper No. 15, Washington.

Pillet, G. (1991): Accounting for the Contribution of Environments to Economic Macroprocesses, Paper prepared for the IARIW Special Conference on Environmental Accounting, Baden.

Puech, D. (1991a): European System for the Collection of Economic Information on the Environment SERIEE, Statistical Office of the European Communities, Doc. ENV/47 rev2/A.

Puech, D. (1991b): European System for the Collection of Economic Information on the Environment SERIEE , Statistical Office of the European Communities, Doc. ENV/47 rev2/B.

Puech, D. (1991c): Europäisches System für die Sammlung Umweltbezogener Wirtschaftsdaten, Statistisches Amt der Europäischen Gemeinschaften, Doc. Nr. 2158/91 DE.

R

Radermacher, W. (1992): Konzept für eine Umweltökonomische Gesamtrechnung des Statistischen Bundesamtes, in: Wirtschaft und Statistik 7/1992, S. 411 – 417.

Rapport, D., Friend, A. (1979): Towards a Comprehensive Framework for Environmental Statistics: a Stress-Response Approach, Statistics Canada, Ottawa.

Reich, U.-P. (1989): Essence and Appearance: Reflections on Input-Output Methodology in Terms of Classical Paradigm, in: Economic Systems Research, Vol. 1, No. 2.

Reich, U.- P. (1991): Implications for the National Accounts of the Treatment of Depletable Resources in Business Accounts, Paper prepared for the IARIW Special Conference on Environmental Accounting, Baden.

Reich, U.- P., Stahmer, C. (Hrsg., 1981): Input-Output-Rechnung: Energiemodelle und Methoden der Preisbereinigung, Frankfurt, New York.

Reich, U.- P., Stahmer, C. (1983) L: Gesamtwirtschaftliche Wohlfahrtsmessung und Umweltqualität, Frankfurt.

Reich, U.-P., Stahmer, C., et al. (1984): Darstellungskonzepte der Input-Output-Rechnung, Stuttgart, Mainz.

Reich, U.- P., Stahmer, C., et al. (1986): Internationales System Volkswirtschaftlicher Gesamtrechnungen – Revision und Erweiterungen, Stuttgart, Mainz.

Reich, U.-P., Stahmer, C. (Hrsg., 1988): Satellitensysteme zu den Volkswirtschaftlichen Gesamtrechnungen, Forum der Bundesstatistik, Band 6, Wiesbaden.

Reichert, F., Klaus, J., Ebert, W. (1991): Modellrahmen für eine umweltökonomische Berichterstattung, Bausteine und Analysemöglichkeiten, in: Beiträge zur wirtschaftswissenschaftlichen Forschung, Band 5, Nürnberg.

Repetto, R. (1988): The Forest for the Trees, Washington.

Repetto, R. (1989): National Accounts and the Environment, Working Paper No. 6, Joint Seminar on The Economics of Environmental Issues, OECD, Paris.

Repetto, R. (1990): Die Entwaldung der Tropen: ein ökonomischer Fehlschlag, in: Spektrum der Wissenschaft, Sonderdruck 2/90, S. 3 – 10.

Repetto, R. (1992): Die Bewertung natürlicher Ressourcen, in: Spektrum der Wissenschaft, August, S. 36 – 42.

Repetto, R. et al. (1989): Wasting Assets, Natural Resources in the National Income Accounts, World Resources Institute, Washington .

Repetto, R. et al. (1991): Accounts Overdue: Natural Resource Depreciation in Costa Rica, Tropical Science Center, San José, Costa Rica, World Resources Institute, Washington.

Rheinisch-Westfälisches Institut für Wirtschaftsforschung, Schwerpunktthema 1991: ,,Umweltschutz, Strukturwandel und Wirtschaftswachstum", RWI-Strukturberichterstattung, Essen.

Richter, J. (1991): Environmental Accounting: Some Nontechnical Remarks, Paper prepared for the IARIW Special Conference on Environmental Accounting, Baden.

Richter, J. (1989): Umwelt in der Volkswirtschaftlichen Gesamtrechnung, in: Wirtschaftspolitische Blätter, Nr. 4.

Ryll, A., Schäfer, D. (1988): Satellitensystem ,,Umwelt", in: Reich, U.-P., Stahmer, C.: Satellitensysteme zu den Volkswirtschaftlichen Gesamtrechnungen, S. 129 – 165.

Ryll, A., Schäfer, D. (1986): Bausteine für eine monetäre Umweltberichterstattung, in: Zeitschrift für Umweltpolitik und Umweltrecht, Band 9, Heft 2, S.105 ff.

Rymes, T. K. (1991): Some Theoretical Problems in Accounting for Sustainable Consumption, Paper prepared for the IARIW Special Conference on Environmental Accounting, Baden.

S

Sabatini, L. (1992): Recent Developments of Information on the Environment in Italy, Paper prepared for the Joint ECE/EUROSTAT Work Session on Specific Methodological Issues in Environment Statistics, Lissabon.

Sabatini, L. et al. (1991): 1985 – 1990: Six années décisives pour le Développement de l'information statistique sur l'environnement, in: Statistiche Ambientali – ISTAT, Vol. 2.

Sabo, V. (1993): The Norwegian Resource Accounting System, Central Bureau of Statistics of Norway, HVS 26/3.

Saebo, H.V. (1992): Environmental Indicators, Paper prepared for the Joint ECE/EUROSTAT Work Session on Specific Methodological Issues in Environment Statistics, Lissabon.

SAEG-Statistisches Amt der Europäischen Gemeinschaften-EUROSTAT (1989a): Gestaltung der Arbeiten zur Einführung des Europäischen Systems für die Sammlung umweltbezogener Wirtschaftsdaten Doc. ENV/37., Manuskript, Luxemburg.

SAEG-Statistisches Amt der Europäischen Gemeinschaften-EUROSTAT (1989b): Allgemeiner Aufbau des europäischen Systems zur Sammlung umweltbezogener Wirtschaftsdaten (SE-RIEE), Manuskript, Luxemburg.

SAEG-Statistisches Amt der Europäischen Gemeinschaften-EUROSTAT (1989c): Zusammenstellung von Grunddaten. Doc. ENV/35, Manuskript, Luxemburg.

SAEG-Statistisches Amt der Europäischen Gemeinschaften-EUROSTAT (1990): Surveys of Environmental Expenditure by Manufacturing Industry in Selected Countries, Working Document Doc. ENV/ECO/2, Luxemburg.

SAEG-Statistisches Amt der Europäischen Gemeinschaften-EUROSTAT (1991): Statistical Programme 1993 – 1997, Environment Statistics, Manuskript Doc ENV/70, Working Group Statistics of the Environment, Luxemburg.

SAEG-Statistisches Amt der Europäischen Gemeinschaften-EUROSTAT (1992a): Statistiques de l'environnement, Système Européen de rassemblement de l'information économique sur l'environnement, Luxemburg.

SAEG-Statistisches Amt der Europäischen Gemeinschaften-EUROSTAT (1992b): Pollution Control and Abatement Expenditure Data, Revised Questionnaire, Luxemburg.

SAEG-Statistisches Amt der Europäischen Gemeinschaften-EUROSTAT (1992c): Proposition for a Joint ECE/EUROSTAT Standard Classification Environmental Expenditures (including financing) and Facilities, Manuskript, Working Group Statistics on the Environment, Luxemburg.

Schäfer, D. (1986): Anlagevermögen für Umweltschutz, in: Wirtschaft und Statistik, Heft 3, S. 214 – 223.

Schäfer, D., Stahmer, C. (1988): Überlegungen zu den Konzepten von Satellitensystemen, Manuskript zur Sitzung der ECE-Arbeitsgruppe „Volkswirtschaftliche Gesamtrechnungen", Genf.

Schäfer, D., Stahmer, C. (1989): Input-Output-Modelle zur gesamtwirtschaftlichen Analyse von Umweltschutzaktivitäten, in: Zeitschrift für Umweltpoltik und Umweltrecht, Heft 2, S. 127 ff.

Schäfer, D., Stahmer, C. (1990): Conceptual Considerations on Satellite Systems, in: Review of Income and Wealth, Series 36, No. 2, S. 167 ff.

Schabl, H. (Hrsg., 1993): Ökointegrative Gesamtrechnung, Ansätze, Probleme, Prognosen, Berlin, New York.

Schulz, W., Schulz, E. (1989): Zur umweltpolitischen Relevanz von Nutzen-Kosten-Analysen in der Bundesrepublik Deutschland, Manuskript, Berlin.

Secretariat of the Conference of European Statisticians (1991): Approaches to Environmental Accounting, Paper prepared for the 39th Plenary Session of the Conference of European Statisticians, Genf.

Siebert, H. (1978): Ökonomische Theorie der Umwelt, Tübingen.

Siniscalco, D. (1991): Intervento presso la „Commissione ISTAT-Fondazione Mattei per lo Studio di un sistema di statistiche ambientali, Manuskript, Rom.

Spies, H. (1984): Zum Stand der umweltstatistischen Arbeiten auf internationaler Ebene, in: Wirtschaft und Statistik 9/84, S. 810 ff.

Sprenger, R. U., et al. (1992): Möglichkeiten und Grenzen einer umweltökonomischen Berichterstattung, ifo – Studien zur Umweltökonomie, Nr. 17, München.

SRU (Rat von Sachverständigen für Umweltfragen) (1974): Umweltgutachten, Stuttgart und Mainz.

SRU (Rat von Sachverständigen für Umweltfragen) (1987): Umweltgutachten, Stuttgart und Mainz.

Stahmer, C. (1988): Umweltsatellitensystem zu den Volkswirtschaftlichen Gesamtrechnungen, in: Allgemeines Statistisches Archiv, Heft 1, S. 58 – 71.

Stahmer, C. (1989): Vom Bruttosozialprodukt zum Ökosozialprodukt ? Umweltberichterstattung im Rahmen der Volkswirtschaftlichen Gesamtrechnung, Vortrag gehalten bei der Tagung „Meßgröße Wohlstand?" der Evangelischen Akademie Loccum, Wiesbaden.

Stahmer, C. (1991): Cost- and Welfare-oriented Measurement in Environmental Accounting, in: Aven, P. O., Schneider, C. M. (Hrsg.): Economics in Transition: Statistical Measures Now and in the Future, IIASA, Luxemburg (Österreich), S. 51 – 67.

Stahmer, C. (1992a): Integrierte Volkswirtschaftliche und Umweltgesamtrechnung, Überblick über die Konzepte der Vereinten Nationen, Sonderdruck aus: Wirtschaft und Statistik 9, S. 577 – 593.

Stahmer, C. (1992b): System for Integrated Environmental and Economic Accounting (SEEA) of the United Nations, s.l.

Statistics Canada (1986): Human Activity and the Environment – A Statistical Compendium, Ottawa.

Statistics Canada (1990): Natural Resource Accounting in Canada, Statuspapier.

Statistisches Bundesamt (1990a): Umweltökonomische Gesamtrechnung, Entwurf eines Grundprogramms, Wiesbaden.

Statistisches Bundesamt (1990b): Umweltökonomische Gesamtrechnung – Ein Beitrag der amtlichen Statistik, Wiesbaden.

Statistisches Bundesamt (1990c): Umweltschutzaktivitäten des Produzierenden Gewerbes und des Staates in der Bundesrepublik Deutschland, 1975 – 1988, Arbeitsunterlage, Wiesbaden.

Statistisches Bundesamt (1990d): Volkswirtschaftliche Gesamtrechnungen, Input-Output-Tabellen 1985 – 1988, Fachserie 18, Reihe 2, Wiesbaden.

Statistisches Bundesamt (1991a): Konzept für eine Umweltökonomische Gesamtrechnung, ergänzender Beitrag zu: Beirat „Umweltökonomische Gesamtrechnung" beim BMU: Umweltökonomische Gesamtrechnung, Stellungnahme des Beirats zur Konzeption und zu den Entwicklungserfordernissen des Vorhabens des Statistischen Bundesamtes, hrsg. vom Bundesministerium für Umwelt, Naturschutz und Reaktorsicherheit, Bonn (1992).

Statistisches Bundesamt (1991b): Studie „Ökonomische Umweltstatistiken im Produzierenden Gewerbe" im Auftrag des Statistischen Amtes der Europäischen Gemeinschaften (EUROSTAT), Nr. OSCE 088 000 3, Wiesbaden.

Statistisches Bundesamt (1991c): Zielsetzungen und Arbeitsprogramm für die Umweltökonomische Gesamtrechnung – Entwurf eines Diskussionspapiers, Wiesbaden.

Statistisches Bundesamt (1992a): Forschungs- und Entwicklungsplan 1992 – 1996, Wiesbaden.

Statistisches Bundesamt (1992b): Arbeitsplan UGR – Projekte zur Methodenentwicklung und Datensammlung.

Statistisches Bundesamt (1992c): Aktualisierte Ergebnisse zu den Ausgaben und zum Anlagevermögen für Umweltschutz 1975 bis 1991 im bisherigen Bundesgebiet, Wiesbaden.

Stevens, J., Cook, P. (1991): Zen and the Art of Capital Maintenance, Paper prepared for the IARIW Special Conference on Environmental Accounting, Baden.

Strathmann, E., Roth, W., Wissmann, M. (1989): Ökologische Folgekosten des Wirtschaftens, in: Zeitschrift für angewandte Umweltforschung, Jg. 2, Heft 4, S. 311 – 324.

Study Group for Global Environment and Economics (1991): Pollution in Japan – Our Tragic Experiences, Case Studies of Pollution-Related Damage at Yokkaichi, Minamata, and the Jinzu River, Tokyo.

T

Teillet, P. (1988): A Concept of Satellite Accounts in the Revised System of National Accounts, in: Reich, U.- P., Stahmer, C. (Hrsg.): Satellitensysteme zu den Volkswirtschaftlichen Gesamtrechnungen, S. 29 ff.

Thage, B. (1990): Statistical Analysis of Economic Activity and the Environment, Report to the Government Commitee on the Environment and Development, Danmarks Statistik, Kopenhagen.

Timmermann, M. (1981): Umwelt im wirtschaftlichen Rechnungswesen – Ansätze zu einer ökologischen Berichterstattung, in Timmermann, M. (Hrsg.): Nationalökonomie morgen, Stuttgart 1981, S. 159 – 182.

Tinbergen, J., Hueting, R. (1991): GNP and Market Prices – Wrong Signals for Sustainable Economic Success that Mask Environmental Destruction, in: R. Goodland et al. (Hrsg.): Environmentally Sustainable Economic Development, Building on Brundtland, Paris, S. 51 – 57.

Tongeren, van J., Schweinfest, S., Lutz, E., Gomez Luna, M., Martin, F.G. (1991): Integrated Environmental and Economic Accounting: A Case Study for Mexico, The World Bank, Sector Policy and Research Staff, Washington.

Tsuru, S. (1972): In Place of GNP, Political Economy of Environment, Problem of Method, Paris, S. 11 ff.

U

Uexküll, J. von (1909): Umwelt und Innenwelt der Tiere, Berlin.

Umwelt- und Prognose-Institut Heidelberg (1991): Ökologische und soziale Kosten der Umweltbelastung in der Bundesrepublik Deutschland im Jahr 1989, UPI-Bericht Nr. 20.

Umweltbundesamt (Hrsg., 1986a): Kosten der Umweltverschmutzung, Tagungsband zum Symposium im Bundesministerium des Innern am 12. und 13. September 1985.

Umweltbundesamt (Hrsg., 1986b): Zur monetären Bewertung von Umweltschäden, Methodische Untersuchung am Beispiel der Waldschäden, Berichte 4/86, Berlin.

Umweltbundesamt (Hrsg., 1986c): Kosten der Umweltverschmutzung, Berichte 7/86.

Umweltbundesamt (Hrsg., 1991a): Kosten und Wertschätzung des Arten- und Biotopschutzes, Berichte 3/91, Berlin.

Umweltbundesamt (Hrsg., 1991b): Die Nachfrage nach Umweltqualität in der Bundesrepublik Deutschland, Berichte 4/91, Berlin.

Umweltbundesamt (Hrsg., 1991c): Kosten des Lärms in der Bundesrepublik Deutschland, Berichte 9/91, Berlin.

Umweltbundesamt (Hrsg., 1991d): Volkswirtschaftliche Verluste durch Bodenbelastung in der Bundesrepublik Deutschland, Berichte 10/91, Berlin.

Umweltbundesamt (Hrsg., 1991e): Der Nutzen des Umweltschutzes, Berichte 12/91, Berlin.

Umweltbundesamt (Hrsg., 1992): Umweltschutzmaßnahmen und volkswirtschaftliche Rentabilität, Berichte 4/92, Berlin.

United Nations (1968): A System of National Accounts, Studies in Methods, Series F, No. 2, Rev. 3, New York.

United Nations (1982): Survey of Environment Statistics: Frameworks, Approaches and Statistical Publications, Statistical Papers, Series M, No. 73, New York.

United Nations (1987): Environment Statistics in Europe and North America, An Experimental Compendium, Paper prepared for the Conference of European Statisticians, Statistical Standards and Studies, New York.

United Nations (1991): Approaches to Environmental Accounting, Economic and Social Council, Paper Prepared for the 39th Plenary Session of the Conference of European Statisticians, Genf.

United Nations, Economic Commission for Europe (1973): The Treatment of Environmental Problems in the National Accounts and Balances, CES/A, 40/4, Genf.

United Nations, Economic Commission for Europe (1988): Environment Statistics in the Work Programme of the Conference of European Statisticians, in: Statistical Journal of the United Nations ECE, Vol. 5, S. 113 – 121.

Uno, K. (1987): Japanese Industrial Performance, Amsterdam.

Uno, K. (1991): Produce-Consume-and-Recycle: Operationalizing the Concept of Sustainability, Paper prepared for the UN Conference on Environment and Development, Genf.

UNSO-Statistical Office of the United Nations (1982): Survey of Environmental Statistics: Frameworks, Approaches and Statistical Publications, Statistical Papers, Series M, No.73, New York.

UNSO-Statistical Office of the United Nations (1984): A Framework for Development of Environment Statistics, Statistical Papers, Series M, No. 78, New York.

UNSO-Statistical Office of the United Nations (1987): Environmental Accounting and SNA, Draft, New York.

UNSO-Statistical Office of the United Nations (1988): Concepts and Methods of Environment Statistics. Human Settlements Statistics – a Technical Report, Studies in Methods, Series F, No. 51, New York.

UNSO-Statistical Office of the United Nations (1990): SNA Handbook of Integrated Environmental and Economic Accounting, Preliminary Draft of the Part I: General Concepts, New York.

UNSO-Statistical Office of the United Nations (1991a): Concepts and Methods of Environment Statistics, Statistics of the Natural Environment, Studies in Methods, Series F, No. 57, New York.

UNSO-Statistical Office of the United Nations (1991b): Environment Statistics and Environmental Accounting, Paper prepared for the 39th Plenary Session of the Conference of European Statisticians, Genf.

UNSO-Statistical Office of the United Nations (1992): SNA Handbook on Integrated Environmental and Economic Accounting, New York (interim version).

V

Vanoli, A.(1986): Sur la structure générale du SCN à partir de l'expérience du système élargi de comptabilité nationale francais, in: Review of Income and Wealth, Series 32, No.2, S. 155 ff.

Vanoli, A. (1989): Satellite Accounts, SNA Expert Group Coordination Meeting, New York.

Verbruggen, H., Opschoor, J. B. (1991): Ein System von Umweltindikatoren, Neuere Entwicklungen in den Niederlanden, in: Diefenbacher, H., Habicht-Erenler (Hrsg.): Wachstum und Wohlstand, Marburg, S. 89 – 100.

W

Walther, A. (1990): Die Folgekostenrechnung von Umweltschäden, Erweiterung des volkswirtschaftlichen Rechnungswesens am Beispiel der Schweiz, Bamberg.

Ward, M. (1982): Accounting for the Depletion of Natural Resources in the National Accounts of Developing Countries, OECD Development Centre Publication, Paris.

Weber, J.- L. (1983): The French Natural Patrimony Accounts, in: Statistical Journal of the United Nations Economic Commission for Europe, Jg.1, Heft 4, S. 419 – 444.

Weber, J.- L. (1986): Articulation des comptes nationaux et des données physiques: comptes satellites de l'environnement et comptes du patrimoine naturel, in: Archambault, E., Arkhipoff,O.: Etudes de comptabilité nationale, Paris, S. 187 ff.

Weber, J.- L. (1989): Comptabilité Nationale: Prendre la Nature en Compte(s), Paris.

Weber, J.- L. (1990): L'Etat de l'Observation de l'Environnement, Commission Suisse pour L'Observation de l'Environnement, 2e Symposium, Bern.

Weber, J.- L. (1991): Approches Sectorielles ou Intégrées? Comptabilité du Patrimoine Naturel et Intégration des Statistiques de l'Environnement, Paper prepared for the IARIW Special Conference on Environmental Accounting, Baden.

Weidner, H. (1987): Umweltberichterstattung in Japan – Erhebung, Verarbeitung und Veröffentlichung von Umweltdaten, Berlin.

Wicke, L. (1986): Die ökologischen Milliarden, München.

Wissenschaftszentrum Berlin für Sozialforschung (o.J.): Economic Growth, National Income and the Blocked Choices for the Environment, Forschungsschwerpunkt Umweltpolitik IIUG dp 87 – 10, discussion paper.

World Bank (1988): Report on the Joint UNEP/WORLD Bank Expert Meeting on Environmental Accounting and the SNA in Paris, Washington.

World Commission on Environment and Development (1987): Our Common Future, Oxford, New York.

World Resource Institute (1991): Accounts Overdue: Natural Resource Depreciation in Costa Rica, Washington.

Y

Young, M. D. (1991): Natural Resource Accounting, Some Australian Experiences and Observations, Paper prepared for the IARIW Special Conference on Environmental Accounting, Baden.

Young, M. D. (1992): Sustainable Investment and Resource Use, Carnforth, Park Ridge.

Z

Zimmermann, H. (1991): Kosten der Umweltverschmutzung und ,,Umweltökonomische Gesamtrechnung", Referat auf dem Symposium ,,Kosten der Umweltverschmutzung/Nutzen des Umweltschutzes" des Bundesministers für Umwelt, Naturschutz und Reaktorsicherheit in Bonn, Marburg.

Zimmermann, H. (1992): Kosten der Umweltverschmutzung und ,,Umweltökonomische Gesamtrechnung", in: Zeitschrift für angewandte Umweltforschung, Sonderheft 3, S. 171 – 184.

Zipfel, T. (1991): Verfügbarkeit umweltbezogener Daten in der Wasserwirtschaft, Manuskript, Nürnberg.